泰戈尔

书信选

白开元 编译

商务印书馆

2015年·北京

图书在版编目（CIP）数据

泰戈尔书信选 /（印）泰戈尔著；白开元编译. —北京：商务印书馆，2015
ISBN 978-7-100-11135-5

Ⅰ.①泰… Ⅱ.①泰… ②白… Ⅲ.①泰戈尔，R.（1861~1941）—书信集 Ⅳ.① K833.515.6

中国版本图书馆 CIP 数据核字（2015）第 049983 号

所有权利保留。
未经许可，不得以任何方式使用。

泰戈尔书信选

白开元　编译

商 务 印 书 馆 出 版
（北京王府井大街36号　邮政编码100710）
商 务 印 书 馆 发 行
北京新华印刷有限公司印刷
ISBN 978-7-100-11135-5

2015年4月第1版　　开本 880×1230 1/32
2015年4月北京第1次印刷　印张 13⅞

定价：35.00 元

目 录

译 序 / V

写给妻子穆丽纳里妮的信 / 1

写给儿子罗亭德拉纳特的信 / 17

写给儿媳波罗蒂玛·黛维的信 / 29

写给大女儿玛杜莉洛达的信 / 43

写给小女儿米拉·黛维的信 / 49

写给外孙德拉纳特·贡迦巴达尼杜亚的信 / 59

写给外孙女南蒂达·黛维的信 / 63

写给孙女南蒂尼·黛维的信 / 69

写给二哥索登德拉纳特的信 / 73

写给五哥乔迪宾德拉纳特的信 / 77

写给侄女英迪拉·黛维的信 / 81

写给波罗穆特·乔德里的信　/119

写给贾格迪斯·昌德拉·巴苏的信　/135

写给奥波腊·巴苏的信　/153

写给柯达姆妮·黛维的信　/159

写给波里耶纳特·森的信　/171

写给赫蒙达芭拉的信　/187

写给迪纳斯·昌德拉·桑的信　/201

写给奥隆·昌德拉·桑的信　/213

写给阿米亚·贾格拉帕尔迪的信　/221

写给拉马南德·贾特巴达耶的信　/261

写给格达纳德·贾特巴达耶的信　/279

写给阿苏克·贾特巴达耶的信　/283

写给加里达斯·纳格的信　/285

写给穆诺朗昌·邦达巴达亚的信　/297

写给孔查拉尔·高斯的信　/305

写给查鲁·昌德拉·邦达巴达亚的信　/309

写给萨登德拉纳特·达多的信　/315

写给拉蒙特罗松德尔·德里贝迪的信　/319

目 录

写给斯里索昌德拉·马宗达的信　/ 323

写给洛肯德拉纳特·帕里特的信　/ 335

写给普达德卜·巴苏的信　/ 341

写给比希诺·代的信　/ 353

写给迪琼德拉纳特·穆伊达拉的信　/ 357

写给法尼布松·奥迪卡尔的信　/ 361

写给拉努·奥迪卡尔的信　/ 365

给甘地的回信　/ 371

抗议镇压政策的公开信　/ 377

抗议在基里昂瓦拉巴格屠杀群众的公开信　/ 379

写给波罗桑多·昌德拉·穆赫兰比斯的信　/ 383

写给阿莎·奥迪卡尔的信　/ 387

写给妮尔穆库玛利·玛赫兰比希的信　/ 393

写给玛格雷德·桑吉尔的回信　/ 401

写给亨利·保尔布斯的回信　/ 403

写给一位欧洲女士的回信　/ 405

致《纽约时报》编辑的信　/ 409

抗议纳粹的公开信　/ 411

致捷克斯洛伐克的公开信　/ 415

致日本诗人野口的信　/ 419

支持中国人民抗日战争的公开信　/ 429

译 序

拉宾德拉纳特·泰戈尔（1861—1941）是享誉世界的印度大诗人，1913年，他因诗集《吉檀迦利》成为亚洲首位诺贝尔文学奖得主。

泰戈尔的孟加拉语创作，涵盖各种文学门类。28卷本孟加拉语《泰戈尔全集》，收入了53部孟加拉语诗集、12部中长篇小说、100多篇短篇小说、30多个剧本，以及50部散文集。

然而，作为泰戈尔散文的重要组成部分，他的书信并未编入全集。截至目前，国际大学出版社已编辑出版《泰戈尔书信选》十九卷。由于不断发现新的书信，编辑仍在继续。泰戈尔书信对于我国读者来说，仍是一块神奇的文学园地。

泰戈尔清晰的人生轨迹，贯透十九卷书信。

阅读泰戈尔的五卷家信，留下的深刻印象是，他是一个极为慈爱的父亲和感情专一的丈夫。

1883年，才华横溢、英俊潇洒的二十二岁的泰戈尔，与相貌平平、十一岁的穆丽纳里妮结为伉俪。可泰戈尔并未嫌弃只念过一年书、几乎是文盲的这个少女。在泰戈尔的具体指导下，妻子的语言水平不断提高，夫妻生活越来越和谐甜蜜。泰戈尔在写给妻子的信中，既有缠绵的思念之情，也有对陷入家庭矛盾、茫然无助的妻子的耐心开导，更有共同养儿育女的天伦之乐。

穆丽纳里妮生了五个孩子，可惜由于辛劳过度，三十一岁[①]身患重病。临终前两个月，泰戈尔昼夜守护在病榻前，喂药扇风，但最终未能把她从死神手中夺回来。泰戈尔怀着极为悲伤的心情，写了诗集《怀念》，共二十七首，悼念亡妻，首首充满哀切真挚的情愫。泰戈尔四十一岁丧妻，之后不乏爱慕他的女子，但泰戈尔坚守自己的誓言，不为所动。像他这样驰名世界的大文豪甘愿独处数十年，实属罕见。他真正做到了"以专一的爱"终生偿还妻子的情债。

泰戈尔对儿女关怀备至，但从不溺爱。在家境并非十分宽绰的情形下，他尽量周全地安排儿女的教育，张罗他们的婚事。泰戈尔是一个开明的父亲，女儿成婚后，他鼓励他们搬出祖居，经风雨见世面，培养独立生活的能力。然而，当他们身患疾病或者生活窘迫时，他万分焦急，千方百计帮助他们走出困境。泰戈尔的家庭生活是很不幸的。二女儿蕾努卡、小女儿米拉、小儿子索弥、外孙尼杜相继病逝。白发人送黑发人，泰戈尔内心的巨大悲痛，可想而知。但泰戈尔坦然面对现实，强忍悲戚，在潜心文学创作的同时，把大量精力用于教育事业。他这种积极的人生态度，为后人树立了榜样。

作为伟大的爱国者，泰戈尔在他的大量书信中，抒写了他炽热的赤子真情。在经管希拉伊达哈祖传田庄期间，他深入社会现

[①] 穆丽纳里妮生于1874年，卒于1902年，去世时实际不满29岁，这里是按照印度当时计算年龄的方式。——编者注

实,真切了解农民贫困生活。他在写给侄女英迪拉·黛维的信中说:"我仿佛看见幅员辽阔的印度,仿佛坐在失却光荣的、悲怆的祖国母亲的床头,浓厚愁悒笼罩我的心田。"他对殖民当局扼杀印度民族工业,阻遏印度经济发展的罪恶行径表示了极大愤慨。他讽刺英国女王是在国内外张开她的法院和机关的巨口的女妖怪。他一再提醒自己要保持民族气节,保护印度优秀的传统文化,永远和印度人民站在一起。

1919年,印度发生阿姆利则惨案。泰戈尔在致印度总督切姆斯福特勋爵的公开信中,愤怒宣布放弃英国政府授予他的爵士头衔,对殖民政府的血腥暴行表示强烈抗议,表达了"站在被认为无足轻重、必定沉沦、不配当人的印度人民一边"的坚定决心。

在给圣雄甘地的复信中,泰戈尔指出,甘地的理想"就是印度的理想"。他赞同甘地倡导的"非暴力、不合作"运动,呈上两首短诗,对甘地的崇高事业表示支持。

发展民族教育和创办合作社,是泰戈尔认定的救国之路。

从1901年开始,他在圣蒂尼克坦实施他的教育计划。他先是动用不多的家产,建了一座学校。之后把他的诺贝尔文学奖奖金、孟加拉语著作的稿酬,全部捐赠给学校。教学经费短缺、难以为继时,他毫不犹豫地卖掉作品的版权。他不顾年老体衰,在国内东奔西走,发表演讲;"带着国际大学的艺术团出来,表演歌舞,争取筹到一些款子",以确保学校的正常运转。他排除殖民当局设置的重重障碍,为印度培养了大批人才,在发展民族教育事业方面作出了杰出贡献。

泰戈尔虽是富翁的儿子,却对贫苦佃农心存愧疚,苦思冥想,为他们寻找脱贫的新路。他希望"农民每人付五至十个卢比,共同购买使用一台脱粒机,顺利开展农业合作生产"。他把"养蚕"当作农业发展项目之一。他引进了美国玉米种子、曼特拉茨细粒优良水稻,以帮助农民提高粮食产量。他的青年助手"和当地农民同吃同住,亲自办学校,宣传卫生知识,处理村民纠纷;组织人修路,挖池塘,开掘排水沟,清理杂草灌木"。泰戈尔试图在他的"田庄范围内树立一个建设新型农村的榜样",继而扩展到全国。由于历史条件的限制,泰戈尔的梦想未能实现,但他一生关心民众疾苦的崇高品质着实令人敬佩。

泰戈尔一生密切关注世界风云变幻,思考印度的未来。

1930年,已届古稀之年的泰戈尔,不顾"好心人"对他身体的担忧和劝阻,毅然接受邀请前往俄国访问。这是他人生道路上的一个重大转折点。他以前对十月革命曾心存疑虑。到了莫斯科,目睹各个领域日新月异的变化,工农业生产蒸蒸日上,科学文化事业迅速发展。他对暴力革命的疑虑消失了。联想到印度的现状,他断言:"强加在祖国母亲身上的枷锁,必须举锤砸碎……除此别无他法。"他预言:"俄国的革命是当代的革命,是打倒人类最残酷最强大的敌人的革命。"

他在写给阿米亚·贾格拉帕尔迪的信中,谴责英、法等国"无动于衷地看着意大利张开血盆大口,吞噬阿比尼西亚;在友谊的名义下,帮助德国用皮靴踩躏捷克斯洛伐克",揭露他们"执行不干涉的狡诈政策,葬送了西班牙共和国"。

在近代的世界文豪中,泰戈尔与中国有着特殊的亲密关系。他二十岁那年在《婆罗蒂》杂志上发表著名文章《鸦片——运往中国的死亡》，揭露英国殖民主义者向中国倾销鸦片，毒害中国人民的罪恶行径。1924年，他应邀访问中国，表达疏通蔓生着忘却的荒草的友谊大道的热切愿望。回国后，经过多年不懈努力，他创办的国际大学成立了中国学院。首届开学典礼上，他发表热情洋溢的讲话《中国和印度》。1937年7月7日发生卢沟桥事变，泰戈尔悲愤地望见"日本用利牙啃噬中国"。他两次致信日本诗人野口，严正驳斥他为侵华日军烧杀抢掠的滔天罪行所作的狡辩。他在致中国人民的公开信中，赞扬中国人民在抗战中"所表现的英雄气概，是一部宏伟史诗"。他预言："中国是不可战胜的"，"经过艰苦卓绝的斗争，胜利的种子正播入你们的心中，并将一次次证明，它是不朽的。"他的预言已为历史所证实。

泰戈尔书信内容范围极广，涉及政治、经济、文化教育、文学、宗教哲学、翻译理论，以及他的人生观、生死观、进化论。这十九卷书信记录了许多重大历史事件，展现了他漫长而复杂的人生旅程和丰富多彩的内心世界，为深入研究泰戈尔提供了可信的翔实史料。

翻译泰戈尔书信是我多年的梦想。为圆我这个梦，我的老师、达卡大学现代语言学院前院长蒙苏尔·穆萨（Munsur Musa）、我的印度朋友苏蒙德拉（Sumendra）和他的夫人菠勒弥（Paulmi），奔走于大大小小的书店，数年之间大海捞针似的先后为我买到了泰戈尔的十六卷书信。但第2、4、17卷却始终不见踪影。后来，穆萨老师请他的朋友、吉大港大学孟加拉系的伊克巴尔教授（Ikbal）在图书馆复印了这三卷，托人捎来。在此，谨向他们的热情帮助表示衷心感谢。

本书中,《给甘地的回信》《抗议镇压政策的公开信》《抗议在基里昂瓦拉巴格屠杀群众的公开信》《写给玛格雷德·桑吉尔的回信》《写给亨利·保尔布斯的回信》《写给一位欧洲女士的回信》《致〈纽约时报〉编辑的信》《抗议纳粹的公开信》《致日本诗人野口的信》《支持中国人民抗日战争的公开信》译自三卷本英语泰戈尔文集,其余的译自孟加拉语十九卷本《泰戈尔书信选》。《泰戈尔书信选》在我国是首次出版,希望拙译有助于读者了解泰戈尔的高尚品德和人格魅力。译文不当之处,欢迎读者和印度文学研究者批评指正。

白开元

2013年7月28日于北京

写给妻子穆丽纳里妮的信

一

小媳妇①：

今天我们将抵达一个叫亚丁的地方。许多日子之后，终于又将看到陆地了，但不能在那儿下船，原因是怕把那儿的传染病带上船来。到了亚丁要换船，这是一件特麻烦的事情。

这次海上旅行途中，我又生病了，真是一言难尽啊。一连三天，稍微吃点东西，马上吐个精光。头晕得厉害，身子摇摇晃晃，不想起床，真不明白，人居然还活着。

我记得很清楚，星期日夜里，我的灵魂脱离躯壳，飞回了朱拉萨迦②。你睡在一张床上，身边躺着小丫头蓓丽③。我同你稍稍亲热了一番，我说，小媳妇，你记住，今天夜里，我脱离身躯，回家与你相会了。等我从英国回来，我要问你，你可曾见到我。接着我吻了蓓丽，又悄悄地回到船上。我病倒的时候，你们会想起我吗？

旅途中我神魂不宁，急于回到你们身边。此时此刻，老觉得已没有老家一样的地方了。回国进了家门以后，再也不想到哪儿去了。

---

① 泰戈尔对妻子穆丽纳里妮（1874—1902）的昵称。
② 加尔各答泰戈尔祖宅。
③ 泰戈尔大女儿玛杜莉洛达·黛维（1886—1918）的小名。

写给妻子穆丽纳里妮的信

　　上船一星期，今天第一次洗澡。可洗了澡，一点儿也不舒服。用咸海水洗澡，全身黏乎乎的。头发讨厌地缠结在一起。身子怪难受的。我打定主意，下船之前，再也不洗澡了。大约一星期之后到达欧洲，踏上那儿的陆地，才能过真正的人的日子。

　　今天夜里，尽管海风凉爽，客轮并不剧烈摇晃，身上也无病痛，可大海丝毫不惹人喜爱。一整天，坐在船顶上一张大椅子上，不是和洛肯①聊天，想心事，就是看书。晚上在船顶上铺张席子躺下，尽量不进船舱。进了舱房，浑身不得劲儿。夜里突然下起了大雨，不得不把席子挪到雨水溅不到的地方。大雨从那时一直下到现在。

　　昨天阳光明媚。我们船上有两三个小女孩，她们的母亲去世了，这次跟着父亲乘船去英国。我看着这几个可怜的孩子，同情心油然而生。他总带着她们散步，他没有钱为她们买漂亮的衣服，不知道今后过怎样的日子。她们在雨中跑来跑去，他劝阻她们，可她们说在雨中玩得很开心。他听了微微一笑。也许看到她们玩得很快活，就不再阻止了。默默地望着她们，我想起了自己的孩子。昨天夜里，我梦见了蓓丽。她来到了船上，她太美了，太漂亮了，我简直无法形容。你跟我说说，我回国的时候，应为孩子们带哪些礼物？收到这封信，如写回信，也许我在英国可以收到。记住，星期二是往英国发送邮件的日子。替我多亲亲孩子们。你也让我亲吻几下。

泰戈尔

马沙里亚号船上

1890年8月29日

---

① 洛肯德拉纳特·帕里特的简称。

泰戈尔和新婚妻子

二

小妹朱蒂①：

  今天差一点儿呜呼哀哉。我的身躯之舟差一点儿和我乘的船一起沉没。上午，在般迪升帆起航，行至戈拉伊桥下，桅杆卡在桥石中间，太可怕了！急流猛推木船，而桅杆卡住了，扭动的桅杆发出嘎吱嘎吱的响声，一场灾难近在眉睫。这时，一艘渡船驶

---

① 泰戈尔对妻子的昵称。

写给妻子穆丽纳里妮的信

来,把我接上船。两位船夫拽着船上的缆绳,跳进河中,游到岸边,使劲儿拉船。谢天谢地,幸亏当时船上岸上有许多人,我们得救了,否则难逃灭顶之灾。桥下水流极为湍急,我不知道我能否游上岸,但木船肯定要沉没。这次旅程中,有过两三次这样的险情。前往般迪的途中,桅杆卡在很粗的榕树树枝中间,发生了类似的危险。在库斯蒂亚码头,拉升桅杆,绳子断了,桅杆倒下来,差一点儿砸死夫尔贾特[1]。船夫们都说,这次航行险象环生。

现在,天上乌云密布,河中波涛汹涌,看起来很美,但不是观赏的时间。快到中午了,我要去洗澡。雨季不在河上旅行,看不到河上的美景。然而,雨季几乎不能在水中游玩。到此搁笔,我要去洗澡了。

罗毗[2]

希拉伊达哈[3]

1892年7月20日

三

小妹朱蒂:

今天从达卡回来,收到你的来信。在卡里格拉姆尽快处理完公事,我立即返回加尔各答,采取解决问题的适当措施。

---

[1] 诗人船上的船夫。
[2] 泰戈尔的简称。罗毗是诗人全名的第一个音节。
[3] 泰戈尔家族田庄所在地。

小妹，你不要无谓地伤心。尽可能怀着一颗平静而满足的心，应对各种事件。我时刻在心中这样努力着，使自己在人生旅途中成熟起来。我们不可能时时心满意足，可你们若能保持平静的心境，那么，在彼此的鼓励下，我也能坚强起来，获得满足带来的安宁。当然，你年纪比我小很多①，生活中积累的各种经验是极为有限的，总的来说，你比我朴实、文静、克制、宽容。所以对你来说，想方设法使心儿摆脱各种烦恼的必要性，要少得多。然而，每个人的生活中，一旦遇到巨大困难，有时候需要努力保持冷静，事事处处满足的习惯，有利于问题的解决。这时就觉得，每天所有微小的亏损和阻碍，些许打击和痛苦，使人心里忧伤，坐立不安，实在算不了什么。怀着一颗爱心，把自己的事情做好，尽量愉快地完美地履行彼此承担的责任，之后，任何时候，让要发生的事都发生吧。

人的一生是短暂的，苦乐时刻在变化着。淡然面对哄蒙欺骗、损人利己，是困难的，但不这样面对，人生的负担将渐渐难以承受，就不可能守护心中的崇高理想。如果做不到这一点，如果一天天在不满意和烦躁中，在与客观环境中的一些细小阻力的对抗中消度岁月，那么，这一生就会碌碌无为。博大的恬静、高尚的淡泊、超越功利的情义、不谋私利的行事……这才体现人生的成功。

你如获得心境的安宁，能给周围的人以慰藉，你的一生就比女皇还要伟大。小妹，若让心儿不停地发牢骚，那只会伤害自己。我们大部分痛苦是自找的。你不要觉得我这是在发表演讲，说大

---

① 1883年，22岁的泰戈尔与11岁的穆丽纳里妮结为夫妻。

话,而生我的气。你不知道我内心怀着多么殷切的希望在说这番话。我和你的互敬互爱,相濡以沫,是一条纽带,越来越紧密,由此产生的纯净的安恬和幸福,是人世万物中最珍贵的,与此相比,每日所有的痛楚和灰心丧气,就太渺小了——此时此刻,它像一种诱惑闪现在我的眼前。

少男少女的爱恋中,蕴含狂热。也许你在自己的生活中也感受到了。到了成人的年龄,在奇妙的大家庭的波涛中,男女之间名副其实的持久、深沉、克制、无声的情爱游戏开始了。随着自己家庭的扩大,外部世界渐渐远去。所以,家庭大了,家中的宁静也随之增加。缠绵的纽带将两人紧紧连结在一起。没有什么比人的灵魂更美,一旦它在近处出现,与它面对面地认识,真正的爱情才首次萌生。这时,不再存在幻想,没有必要把对方当作神,团聚和分离中,不再刮起疯狂的风暴。但远离或相守,享福或危难,匮乏或富有,都沐浴于信赖的纯正快乐的净光。

我知道,你为我受了不少苦,可我坚信,正因为你为我受了苦,也许有一天,你将从中得到无穷快乐。在爱的宽容和吃苦受累中获得的那种幸福,在心遂意满和自我满足中是没有的。眼下我心中的唯一愿望,是让我们的生活朴素而简约,让我们四周的环境宁静、欢悦,让我们的人生旅程远离奢华,充满善德。我们的匮乏是寡少的,我们的目标是高洁的,我们的努力是无私的,国家的事业高于个人的事情。即使我们的孩子渐渐离弃我们的理想,渐渐远去,我们两个人,自始至终,也会成为彼此人性的支撑,成为为世事所累的心中的避风港,能够完美地走到人生的终点。所以,我如此急切地要让你们远离加尔各答的利益之神的石庙，来到这僻静乡村。在城里，无论如何无法忘记好处和损失、亲人和外人；那儿鸡毛蒜皮的小事，时常让人恼火，最后，高尚的人生目标，分崩离析。而在这儿，有一点儿东西就觉得足够了，不会误认为谎言就是真实。在这儿，时刻牢记誓言，不是件难事。

> 你的罗毗
> 希拉伊达哈
> 1898年6月

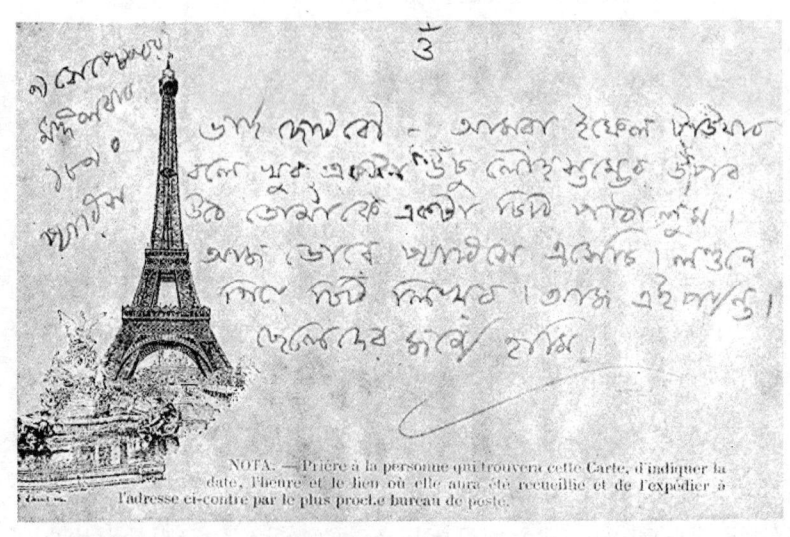

泰戈尔在埃菲尔铁塔寄给妻子的明信片

四

小妹朱蒂：

　　我总是设法打消心中对孩子们的担忧。我们应该尽力让他们接受良好教育，健康成长，但为此忧心忡忡，是不对的。他们或优或差，或者普普通通，一生将从事各自的事业。他们虽是我们的儿女，却是独立的。他们携带着各自的甘苦、善恶、事业，沿着无穷时光之路前行，他们的道路，是我们控制不了的。我们应尽父母的责任，但不必焦虑而热切地期待其结果。他们成为怎样的人，完全取决于天帝的意志。我们心里不必抱过多希望。我怀着对儿子的爱，强烈地期待他成为人中俊彦，这很大程度上源自骄傲情绪。其实，我没有权力对儿子心怀过分的期待。多少人的孩子身处极为艰难的境地，我们何尝为他们伤感！在人世间不管怎么奋斗，由于处境迥然不同，结局也千差万别，无人能够左右。所以作为父母，我们只能尽责，我们只有这点本事，不应因其结果而无端地寝食不安。我们应有坦然接受或优或劣两种结果的心理素质。这种直面现实的习惯，应一天天逐步培养。当出现情绪过分急躁的倾向时，应及时克制自己，超然物外。这时应该思忖，我与人世间所有的苦乐和结局是分开的——我不仅仅属于今世——今世与无穷既往岁月中的我，有什么关联！在我未来的无穷岁月中，哪有这些苦乐、好坏、收益与亏损！我在哪儿待几天，就只在哪儿认真做事——其他的不用我们操心！我们应时刻保持欢悦心情，也应使周围的人心情快乐；怀着毫无倦意的心，面带笑容，使他们日子过得更好,更幸福。之后,即使我毫无建树,那又何妨!竭尽全力使人生富有意义,当然最终结果,由天帝掌控着。

罗毗

加尔各答
1900年12月

五

小妹朱蒂:

你问一下你女儿,就知道我到了女婿家是多么注意自己的仪表。我穿的达卡产的围裤和披毡,太引人瞩目了!这儿的人知道,我是萨拉德的岳父、《孟加拉之镜》的编辑、梵社负责人,是举世闻名、令人尊敬的泰戈尔。看到我的衣服,他们的眼全瞪大了。每天傍晚,一群群孟加拉人来看我这个"怪物"——萨拉德家里简直没有立足之地了——看来我得换掉围裤——否则,就没法阻挡涌来的人群。萨拉德一见这阵势,慌了神。因为听你的话,我才陷入这种尴尬境地。照你说的那么做,蓓拉①的首饰丢了。所以我打定主意,对你不再言听计从。我们印度教徒的典籍中也说,女人的主意是可怕的。也许,那些典籍编纂者的妻子们,也曾强迫她们的丈夫穿达卡围裤。

看样子蓓拉现在已静下心来,操持家务。打扫房间,整理摆

---

① 泰戈尔大女儿玛杜莉洛达·黛维的小名之一。

写给妻子穆丽纳里妮的信

放衣物，要花几天时间。她的贝壳等小物品全从箱子里拿出来了。装饰的一间客厅，她很满意。萨拉德和她打算今后晚上一起阅读《鸠摩罗出世》。不过，学习能否坚持下去，我持怀疑态度。

今天一轮红日冉冉升起，周围的景色一目了然。来到这儿的头两天，天上阴云密布，天气异常闷热。来到一个新地方，进入一个新家庭，这种昏暗的景物和闷热的天气，折磨人心。闷热消散，今天阳光明媚，一切都令人心舒神爽。

我发现了一个奇迹：自始至终，婚姻每个阶段迈出的每一步，几乎全遇到困难，出现乱局。之后，克服一个个困难，终于理出个头绪，有条不紊。你还记得租车那件事吗？出门的时候，下起倾盆大雨。上了路，一切都顺当了。我向天帝祈祷：愿他们的生活中，任何危难、动荡或隔阂，都不长久存在。

我是越看越喜欢萨拉德这孩子了。他外表并不气宇轩昂，引人注目。他的一切全藏在心里。他甚至不能羞涩地显露一点儿，由此可见他是多么稳重。他很爱蓓拉，今后也会很爱蓓拉，这是毋庸置疑的。一方面，他意志坚定，勤快能干，毫不懈怠，能够挣钱，另一方面，生活上不拘小节，不太谨慎，东西乱放，丢失了，也不怀疑别人。每天无忧无虑，花钱出手太大方。像真正的男子汉一样爽快，洒脱。为此，我特别喜欢他。里希[①]和他恰恰相反。他锱铢必较，算盘打得太精，像女人一样斤斤计较，总以怀疑的目光看别人。他能说会道，善于交际，但缺乏诚意。萨拉德不像他那样张扬自己，可这儿的人都喜欢他。大家一致认为，在穆查法尔

[①] 萨拉德的哥哥。

泰戈尔的妻子穆丽纳里妮

普尔,像萨拉德这样受到大家喜欢的人,找不出第二个。在女人眼里,不管里希是多么能言善辩,说话头头是道,但在男人应有的宽容豁达、毫无矫饰的质朴和表里一致的坦诚方面,萨拉德比里希强一千倍。我找不到完全和我心里想象的一样的那种男孩子。你可能觉得他太严肃,实际上并非如此,他内心也有幽默感。他同蓓拉以及他的朋友也开玩笑。这儿有些时髦男孩不分场合、时间和对象,说话油腔滑调,没大没小,可他和他们截然不同。总之,你对萨拉德可以一百个放心。这个完全可以信赖的女婿,你是打着灯笼也找不到的。另外,他在这个世界上一定能够获得声誉。现在,只要蓓

写给妻子穆丽纳里妮的信

拉努力成为与丈夫匹配的妻子,我这个当父亲的就放心了。

你的罗毗

穆查法尔普尔

1901年7月16日

六

小妹朱蒂:

我已把蓓拉送到她婆家,返回圣蒂尼克坦①。实际情况和你们在远处想象的完全不同——蓓拉在那儿心情很愉快——毫无疑问,她非常喜欢新的生活。现在她不需要我们了。我认真想过,女孩子完婚后,至少需要远离父母一段时期,获得和丈夫朝夕相处的充分机会。父母置身于他们之间,是一种障碍。因为父亲一方和丈夫一方的习惯、情趣等等是不一样的。双方应保持一定的距离。女孩婚后待在父母身边,不可能完全忘记娘家的习惯,与丈夫相濡以沫。既然已把她嫁出去了,为什么还把她置于合拢的手掌里呢?在这种情形下,首先要考虑的是女儿的快乐和幸福,难道非得关注自己的苦乐,把她与娘家的纽带和与丈夫家的纽带缀联起来吗?想着蓓拉现在很快乐,平息你的离别之痛吧。

我确信,举行婚礼之后,我们要是老坐在他们身旁,不会有什

---

① 泰戈尔创办的国际大学所在地。

么好结果。她远离我们，才能永久维持对她的亲情。在杜尔迦大祭节期间，他们回来探亲，或者我们到他们家看望，可以品尝到亲密的新鲜快乐。各种各样的爱之中，应有一定程度的离别和自由。彼此总是形影不离，没有什么好处。拉妮①要是结婚住在很远的地方，对她来说是件好事。当然第一年他们两人可以和我们住在一起。但随着年龄增长，为了她的幸福，应该把她送到远离我们的婆家。我们家庭的教育、情趣、习惯、语言和志向，不同于其他孟加拉家庭。所以，我们家的女孩成婚之后，特别应该前往稍远的地方。否则，在新环境中一件件小事上稍稍受到挫折，就可能销蚀对丈夫的尊敬和信赖。拉妮生来就是这副脾性②——离开娘家，才能有所改变——总待在我们膝侧，她的习性是改变不了的。

想想你自己的经历吧。假如我娶了你住在福尔达拉③，你的性格和言谈举止可能和现在就不一样了。以往养育孩子们得到的苦乐，现在应完全忘记为好。他们来到世上不是为了让我们享福。他们的安康和人生的成功，是我们唯一的幸福。

昨天蓓拉儿时的情形一直在我脑子里萦绕。我花费大量心血把她培养成人。记得她当时坐在靠枕中间，顽皮极了，一看到同龄的小男孩，就大叫大嚷地朝人家扑过去。她是那么可爱，又是那么好强。住在公园路老宅子里，我为她洗澡。到大吉岭旅游，晚上起来热牛奶喂她。我一次次想起当初心中对她萌生的慈爱。可她对此一

---

① 拉妮是诗人的二女儿蕾努卡的小名，她十一岁成婚，两年后病逝。
② 印度女作家齐德拉·黛维的著作《泰戈尔家庭的女性》中，称拉妮是个任性的女孩。
③ 泰戈尔岳父家所在地。

写给妻子穆丽纳里妮的信

无所知,不知道也好。让她毫无牵挂地操持新的家务,心里怀着忠贞和情爱履行家庭责任,完美她的人生吧!我们就不要伤心了。

今天回到圣蒂尼克坦,我完全沉浸于宁静之海中。经常来这儿是多么必要,这一点,不来这儿,在很远的地方,是难以想象的。我独自被无垠天空、清风和阳光簇拥着,仿佛在远古母亲的怀里,啜吮着甘甜的乳汁。

你的罗毗
圣蒂尼克坦
1901年7月20日

七

小妹朱蒂:

到了希拉伊达哈,不知怎的心情有些激动。在我的想象中,不得不离别的一切,都那么美好。希拉伊达哈的一切,交织着我们的喜悦和艰辛,当然喜悦更多一些。

然而,希拉伊达哈的现状不太理想。露水浸湿了一切,早晨八点依然浓雾弥漫,傍晚天气寒冷。水井和池塘的水位下降,疟疾到处流行。我们及时离开了希拉伊达哈,否则带着孩子们有得病的危险。波尔普尔比这儿干净卫生得多。不过希拉伊达哈盛开的玫瑰花,数不胜数,花朵硕大,芳香扑鼻。四下里弥散着槐树的醉人花香。老朋友"希拉伊达哈"想通过这封信送给你几朵槐花。

从这儿寄出的豌豆、黄豆、粗糖和书箱，你收到了吗？豌豆、黄豆是送给学校的。等绿豆熟了，再寄些绿豆。

我一定要让罗梯①拥有高尚人生，所以要求他严于律己，经受艰苦锻炼，培养自制力。只要他意志坚强，不偏离正确方向，埋头苦干，就能成为有真才实学的人。我们小时候只关心实现个人意愿，其结果是，我们关注自己最渺小的意愿，大大超过关注崇高理想、至圣目标、人性，甚至大大超过关注情义和德行。我们向来不能为别人、为其他事，让个人意愿受到丝毫损害。即使工作受到损失，事业受到伤害，给亲人心里带来巨大打击，也不肯让个人受一点儿委屈。这样让自己大获全胜，实际上是让自己一败涂地，把自己的高洁人性当作祭品献给"卑下"。其间只有私心杂念，没有真正的幸福。我们以前所做的一切，已无法挽回。如今我们要用自己的手，把孩子们交到善德之手和天帝的手中。让天帝消除他们富有的傲岸、执拗的心气、强烈的欲望和四周形形色色的诱惑，以造福的决心和经受磨练的英雄气概武装他们。我希望，我们能强有力地遏制各种无所顾忌的欲望，支持天帝倡导的意义深远的正道，而不是一步步阻止正道，日夜设法让狂傲获胜。如果失败，我只得认为我虚度了一生。

你的罗毗
希拉伊达哈
1902年

---

① 泰戈尔儿子罗亭德拉纳特（1888—1961）的简称。

写给儿子罗亭德拉纳特的信

一

罗梯：

我儿媳身上有许多优点，让她充分发扬优点，是你的责任。此时你不考虑此事，今后就没有机会了。波罗蒂玛①刚走进你的家，你正使她的人生旅程改变方向，她会朝这个方向开辟道路。她会明白家庭究竟是什么样子。人生目标是什么，在她心里也会慢慢清晰起来。稀里糊涂地度过这一段时光，不养成坚定地负责地完善人生的习惯，将来就只能吃后悔药了。

我已远离这个大家庭和家产——这一切留给你了——你可以此维持生计，也要承担相应的责任——你若不把这些置于私利和享乐之上，而置于高尚的情趣之上——若能从各方面孜孜不倦地奋斗，发挥自己的才能——在知识、道义和造福等方面，倘若成就卓著，懒惰、懈怠、丑陋、想入非非、恣意妄为若不在你家里获得立足之地，你的生活将多么幸福，这是我难以详述的。所以从今天开始，你们夫妻二人应携手并肩，共建高洁人生。今后我不再参与你们的私事——勉强去做是不适宜的——因为，每个人都有一片独特天地——自己的生活和家庭问题，是别人解决不了的——要通过各种苦乐、成败锻炼自己，逐步成长——从外部硬

---

① 泰戈尔的儿媳，波罗蒂玛·黛维（1893—1969）于1910年与罗亭结为夫妻。

塞进来的观念，只会成为痛苦的缘由，不会带来任何益处。我的生活领域在别的地方——那个领域是我开拓的，目前需要我进一步开拓——我的人生和它一起成熟。你们的小家庭也是如此，在建造小家庭的同时，要使自己成长起来。要经历种种坎坷，沿着这条路，奔向目的地。在你们创建家庭的过程中，任何人的干预都不是好事。实际上别人是无权干预的。你是有教养的成年人。你的工作领域就在你身边，你已经到了主动接受新的历练，把你的事业引向成功之巅的年龄了。经过全面考虑，我把你们的一切交到你们手中，从中脱身了。我不想当你们的绊脚石。我不想以任何方式把自己的意志强加给你们。那样做的话，只会使家事变得更加复杂。把持自己不应享用的东西，是不公道的。所以，你尽可把家产全当作自己的，随意支配。不要向我投来征询的目光。家产或增或减，都是你的。你自己的世界，由你自己打造。以这种方法发挥你的全部才能，你就会成为有福之人。

不过，你要记住，你完成了学业，积累了人生之路的盘缠，做了充分准备，从容地踏进了一个新家庭。但我这个儿媳和你不一样。她至今是个孩子。关于世界和个人，她知之甚少。在这方面她是不能和你平起平坐的。因此，你应承担唤醒她那颗心的责任。你要为她提供人生需要的各种营养。你有义务不让她身上的各种潜能枯萎。在增添人生阅历方面，她是你的徒弟，你是她的师傅。你要把她当作一个人，全面周到地照顾她，不能只把她当作一个家庭妇女、一个享受生活的女伙伴。她的某些特长如因受到冷落而泯灭，必将打击她整个人性。鉴于她目前的状况，只从你自己的兴趣、意愿和需求出发去要求波罗蒂玛，是不行的。从她的实际情况出发,从各个方面培养她,对你来说责无旁贷。

波罗蒂玛的内心深处蕴藏着孝道,这是她的力量所在。就家庭而言,人们每天并未意识到多么需要它。但既然波罗蒂玛有这种孝道,不把它唤醒,就会使她的禀性处于一种贫乏和饥饿状态。这一点,你万不可忘了。

我没有更多的话要说了。但愿你们的小家庭在各方面都美好而充实。我把你们家庭的权力全交到你手中,衷心希望圣洁的福善之光时刻照耀你们的小家庭。从今往后,你们家里再没有要我做的事了。把我真诚的祝福转告我儿媳。愿她一生充满天帝的赞美。希望我儿媳以一双擅长侍奉的吉祥的手,从家中清扫一切懒散、沉闷和不美,从而使天帝的神圣愿望在家中实现。

父亲
1910年

二

罗梯:

波尔普尔县的农民正在使用一台水稻脱粒机。这儿如有这样一台水稻脱粒机,肯定很有用。这儿是水稻之乡,比起波尔普尔县,稻田的面积大多了。

我的设想是,这儿若干户农民每人付五至十个卢比,共同购买使用一台脱粒机，在农民中间，就可以顺利地开展农业合作生产。我们可以向银行贷款，在这儿推广使用脱粒机。纳肯特罗那德①和贾纳吉确信，这是适合当地的一个农业发展项目，佃户们将从中受益。你抽空去了解一下有关脱粒机的情况。

另外，我想，可以教当地农民生产手工业产品。这儿除了水稻，不种别的作物。他们的住房之间只有坚硬的黏土。我想知道，陶器可否纳入家庭手工业的范畴。你去打听一下，买一只火炉，一个村庄的农民能否一起制作陶器。他们要是能够制作穆斯林用的盘子一类的陶盘和陶碗，收入肯定大大增加。

此外，可以教他们制作雨伞。只要请来制作雨伞的师傅，就可在希拉伊达哈地区大量生产雨伞。

纳肯特罗那德告诉我，这儿如能请来一位烧制砖瓦的师傅，收益一定相当可观。当地人想用铁皮当屋顶，但买不起。有了瓦，盖屋顶就省钱多了。

你尽快去打听哪儿有脱粒机、制作陶器的转轮和擅长制伞的师傅。千万别忘了这件事。

父亲
1911年

---

① 泰戈尔的小女婿。

左二为泰戈尔儿子罗梯

三

罗梯：

　　演讲的风暴把我从一座城市送到另一座城市。我的演讲，由两位经纪人安排。他们告诉我，他们曾策划多位名人的演讲，但从未见到这么多听众。由于演讲厅的座位有限，有些想听我演讲的人不得不回去了。我觉得，是天帝在合适的时候把我送到了这儿。看样子，我的一些观点在学生中间将起潜移默化的作用。看到他们来听我演讲是如此踊跃，心里甚感欣慰。

写给儿子罗亭德拉纳特的信

苏蒙德罗先回去。他大概在布萨月①回到国内。我交给他几千美元。旅途中他要花一些钱。我想，我们向安德鲁斯借了三千美元，他回到国内可以还清借款。别忘了催他还钱。

除去必要的开销，手头攒够三万美元，我就汇给你。向达罗克先生借的钱，已交给加尔各答大学，1917年借款到期。所以明年要还清这笔欠款，摆脱每月利息的桎梏。还了这笔债，剩余的钱，用于圣蒂尼克坦学校的教学。我想在那儿建一所设备齐全的医院和一所技术学校。房子要尽量造得坚固，以防发生火灾。我相信，这次可以挣到办校所需的全部经费。

在国外东跑西颠，我实在太累了。我之所以忍受着旅途劳顿，是因为觉得我肩负着把天帝的旨意向他们转达的使命。此外，我认为，圣蒂尼克坦这所学校应当建立起印度与世界的联系。要在圣蒂尼克坦建立一个世界各民族人文研究中心。单个民族的狭小时代已经结束了。目前正为未来着手建造世界各国大聚会的圣坛，它的首期工程，要在波尔普尔县的田野上竣工。我的愿望是让这个地方超越各个民族的地理界限，树立各民族第一面胜利大旗。在全世界砍断本民族自高自大的束缚之绳，是我晚年最重要的工作。为此，天帝事先不打招呼，突然把我的航船护送到西方的码头上停靠。今生今世，这出乎我意料的事件中蕴含的他的意志，我必须完全接受。

我心里一直想看米拉②的女儿，每过一段日子就把她的照片寄给我。我让安德鲁斯捎给你们的东西收到了吗？愿天帝保

---

① 印历9月，公历12月至1月。
② 米拉·黛维（1894—？）是泰戈尔的小女儿。

佑你们！

父亲
1916年10月11日
亚历山大旅馆 洛杉矶

四

罗梯：

　　读了埃勒姆赫斯特的信，想必你已知道我访问中国的许多情况。在各地奔走，每天忙忙碌碌，我实在无法安下心来写信。

　　我在这儿受到了热情接待和细致照顾，感到我们和他们的关系将更加密切。看来有必要派夏斯特里先生到中国来教书。听了我们派遣教授的建议，他们非常高兴。他们也同意派教授到圣蒂尼克坦任教。这样，在国际大学可以开中文课了。在中国，翻译在印度已失传的梵文典籍，极为方便。你马上就此事和毗罗拉兄弟商量。除了夏斯特里先生，别人恐难以胜任此重任。北平有一位精通梵文的俄罗斯学者。从我们那儿派一个不学无术的人来，是会露马脚的。这位俄罗斯学者在他们的大学里教梵文。

　　另外一件急事是，毗罗拉建造祈祷室不能再拖延了。从现在起，学生如果入学仍无人照料，感到生活不便，学校的名声必然受到损害。

写给儿子罗亭德拉纳特的信

最好有人陪夏斯特里先生来中国。客轮上能作为旅伴的,是信德省的商人。那些商人通常自己在船上做饭吃。不和他们合伙吃饭,他是一天也过不下去的。这儿一个月只花二百卢比就能轻易打发过去。外加一个随同,大概一个月三百卢比就足够了。不过来个孟加拉男孩,头几天怕是要想家掉眼泪的。这儿有许多印度人,所以夏斯特里先生生活上不会有太多的困难。我们在这儿的访问可能延续到五月底。六月中旬到日本访问。之后,访问爪哇、泰国和柬埔寨等国,一直持续到九月中旬。估计九月下旬才能回国。今日是维沙克月①初一,向学校全体师生员工转达我的祝福。

父亲
北平
1924年4月

五

罗梯:

我在这儿的访问非常成功。你从阿米亚②的信中可知详情。有阿米亚陪伴,处理有关事宜方便多了。否则,可就全乱套了。塞莉克博士是个热心肠,对我们关怀备至。昨天我发表演讲非常顺

---

① 印历1月,公历4月至5月。
② 泰戈尔私人秘书阿米亚·贾格拉帕尔迪的简称。

利。我的画作似乎也交了好运。当地最著名的女画家凯脱·库尔威斯看了我的一幅幅作品，大为惊诧。画廊里负责画展的人说，画展受到的欢迎出人意料。有人建议在吉雷斯登和慕尼黑也举办我的画展。我见到了几个富有的美国妇女。她们也喜欢我的画。这些看来全是好苗头。我和爱因斯坦作了长谈，记下了全部内容。今天上午，与一群观众进行了有趣的交谈。埃利亚姆硬是不让阿米亚参加，交流不得不中断。这太不礼貌了。留在阿尔查宫的五六幅画，阿米亚取回来了。里维埃里看了大为赞赏的一幅最好的风景画，丢失了。看样子，这些画一路上会不断丢失。

在德国由塞里克博士当陪同，我们什么都不用操心。在国外我发现，身边有女朋友，事情可以办得非常完满。在巴黎有维多利亚·奥坎波①，在这儿有塞莉克博士，塞莉克甚至比奥坎波更能干。在她的关照下，看来在美国访问也会相当顺利。埃利亚姆为此感到非常自豪。

你如能停止服用过去常服的药物，对你的身体将大有好处，对此，我坚信不疑。

到此搁笔。

父亲
1930年7月15日
柏林

---

① 阿根廷女作家，泰戈尔的知音，曾前往巴黎帮助诗人办画展。

六

罗梯：

　　我怀着一颗不悦的心，步履蹒跚地往前走着，全身感到非常疲惫。但既然已到了国外，不全力以赴办成想办的事情就回国，心里将永远后悔。

　　我的募捐一直头顶着一颗煞星。你大概已经知道，在美国，生活拮据的日子已经来临。富人们也忧心忡忡。他们的大学也缺少资金。在这种情势下，能否有希望获得较多捐款，是令人怀疑的。目前洛克菲勒在欧洲，十一月底才回国。按照计划，我将会见他。这意味着，我还得好长时间双手摸索着前行，干行乞的行当。结果如何，不得而知。到目前为止开展了一些活动，有望获得小额捐款。也就是说，可以获得一些奖学金。但没有讨到填饱肚子的足够饭菜。当然不能说这是最终结果。这仅仅是序幕。开展实质性工作的时候尚未来临。因为，这儿的富翁在十月中旬之前分散在全国各地。

　　近日，在波士顿博物馆筹备我的画展，过一两天就要正式展出了。我在纽约的画展想必会成功。美国人是否喜欢我的作品，我无从预测。

　　我对接待方所做的一切感到满意。我下榻的地方环境优美，天空明净，阳光灿烂，迎面吹来的风也无寒意。

　　我心里常产生割断尘缘的念头。独自一人坐着作画，做一些力所能及的小事，我已不抱太多的奢望。但是，我要使我的人生旅程尽量简洁——它是美好的，是可以企求的。

　　这次在俄国访问的经历，促使我深入考虑了许多问题。我清楚地看到，在丰富的商品中间，存在着自尊的障碍。走进门德尔人的富裕之中，我丝毫也不羡慕。不来梅港口客轮的豪华和昂贵费用，每天令人心生厌恶。金钱的负担是多么庞大，多么无聊！人生旅程的复杂问题，应当是很容易规避的。在美国，我不会过得很舒心，但热爱和尊重当地民众，不是件难事。美国有许多独立思考的人，同他们保持关系是有益的。不过我想，一个极小的幽静角落，就是人心最大的居室。我们越是扩大表面的东西，就越是使内心惭愧。心儿总是寻找机会，期待有一天在僻静处使自己变得真实。否则，就没有幸福。幸福是最朴素的美。

父亲

马萨诸塞州　美国
1930年10月14日

写给儿媳波罗蒂玛·黛维的信

一

儿媳：

昨天一天，我们劈波斩浪，与急流搏斗，深夜才抵达希拉伊达哈。

这儿事情繁杂，此时此刻，说不准要在这儿待多少天。

可我心里一直担心你的学习会受到影响。我已关照奥吉德①每天教你，确实按照我说的那样上课了吗？初级英语已经学完了。你知道我又为你选了一本书吗？那本书不比初级英语难，可能还容易一些。

另外，你可以跟赫姆洛达②学习诗歌和散文。要下功夫，渐渐学会正确地拼写单词。

我希望你每天虔诚地对天帝倾诉你的心意。

很久之后，我又泛舟帕黛玛河。今天上午，阳光明媚。河里涨满了水。我坐在船顶上做祈祷时，心里充满光明和美感。坐在河流、陆地和天空之间，心中感知着梵天③，实在是太愉快了。我真想长期置身于这儿的宁静和纯净之中。但梵天这位主宰不让我

---

① 奥吉德·库玛尔·贾格罗帕迪（1886—1918）系泰戈尔在圣蒂尼克坦初建学校时的老师。
② 赫姆洛达（1873—1967）系泰戈尔大哥的儿媳妇。
③ 印度神话中的创造大神。

休息，我也没有办法。他已把许多要办的事情放在我的手上了。

愿上苍保佑你。

父亲

希拉伊达哈

1910年7月7日

二

儿媳：

今天听说奥吉德患了红眼病，千万别再听他的课了，红眼病是很厉害的传染病。桑达斯①肯定已经回来了。你跟这位小叔叔学吧，他会耐心教你的。

最近几天，我在这儿杂事缠身，必须去几个地方巡视。处理完这儿一大堆事情，准备再去卡里格拉姆。

这儿一会儿下雨，一会儿出太阳。河水每天上涨。你现在大概住在一层吧。可曾跟赫姆洛达学了一些孟加拉语？

乌马贾朗②蹦蹦跳跳跟我来到这儿，想吃鲥鱼。可是运气不好，河上还没人撒网捕鲥鱼。他为罗梯弄到池塘里的几条小鱼，自己未吃到鱼，到公事房吃饭去了。到了卡里格拉姆，即使吃不到鲥

---

① 桑达斯·吉德拉·马宗达的简称，他曾是圣蒂尼克坦学校的学生，后来成为农业、畜牧业专家。

② 泰戈尔的小仆人。

鱼，吃饭不对胃口的苦恼也是可以消除的。

愿上苍保佑你。

父亲

希拉伊达哈

1910年7月9日

泰戈尔和儿媳波罗蒂玛

三

儿媳：

我为你们和我个人带来了许多麻烦。不知从哪儿来的一片浓密黑云降临我的心田，不过，它不会持久的。你们回来的那天，可以看到，我仍稳稳地坐在自己的位子上。我的位子在世界之窗的旁边，而不在尘世的洞穴里。

你们以自己的生命和祈祷缔造你们的家庭。我坐在黄昏夕照中幽静的窗前，为你们祝福。

我对你们来说已是无用之人。天帝已让我获得解脱。我已把家庭之旅所需的一切物品放在你们的手上。现在，我和你们之间已没有供需关系。哪天在急事的催促下，你们来到我身边，我或许能为你们出点力。

你们要一心一意把两人的人生融为一体。人心完美而神圣的融合，任何时候不会终结，每天要为之作出新的努力。我真心祝愿，天帝唤醒并更新你们心中那种圣洁的努力。

把你们的家庭塑造成甘露之杯，让我在临终之前，畅饮一次家道的琼浆，这样的欲望一次次在我的心中产生。然而，无论如何应当放弃这种欲望了。如今，已没有期望成果的时光了。我完全超脱尘缘地为你们祝福。我不应该想，你们的幸福中有我的一份。"你们在人生旅途中将走我这条路"，这样想是不应当的，强迫你们走，就太霸道了。你们的问题是你们自己的，你们的禀性是你们自己的，你们的道路也是你们自己的。我能给你们的，除了慈爱和良好祝愿，再没有别的了。我的慈爱也是超然的，这样的慈爱不会对你们产生一丝一毫的压力，这一点，我应该时刻注意。在你们自己的生活之光中，在自己的苦乐和优缺点的冲突之中，你们终有一天获得你们的天帝，这方面不用我担忧，也不用我操心。

为你们祝福的父亲
1914年10月13日

四

儿媳：

听到你母亲去世的噩耗，心里非常难过。你母亲生前来圣蒂尼克坦的那天，看到她那种沉稳性格，以及她所显示的人生追求的质朴之美，我大为惊奇。想到在她去世前我曾目睹她的从容神情，我感到相当欣慰。从这个角度而言，毗诺伊妮[①]走到了我的心扉前。她曾多次来看我，讲述她内心深处的情感，使我十分感动。她在心中获得了解脱，死亡对她来说，是微不足道的。她在心里早已跨越尘世。有一天她说，乘火车来圣蒂尼克坦的途中，在彼迪亚附近看到田野上下午的阳光时，她一瞬间感知了她的神。她还说，以前要是哪天拜神活动受到干扰，她心里总不舒坦。但到了圣蒂尼克坦，对她来说，外在的祭祀全成了虚影，再没有必要

[①] 泰戈尔儿媳的母亲。

写给儿媳波罗蒂玛·黛维的信

重复了。看到她时时沉浸于她的认知之中，我在心里感到一种奇异的恬静。我不禁觉得，她这次来圣蒂尼克坦，是为割断束缚人生的最后一根绳索。她有一段时间摆脱世俗义务，似乎是为最后的离别谱写序曲。她的心里获得深邃的宁静，走到了苦乐的彼岸，这不是微小的幸运。

儿媳，你写普波①的近况勾起了我的思念。你心里知道，这小女孩以幻想之绳索把我捆住了。她像海市蜃楼一样迷惑我，但不扑到我的怀里。她老这样哄我，从我身边拿走一首首歌。小小年纪，她怎么会有这种了不得的智慧呢？她怎会知道跟诗人②要歌的唯一办法呢？怎么知道不哄骗，不勾起思乡之情，诗人的笛子就不会吹奏呢？你在信中写道，除了爷爷创作的歌曲，别人写的歌曲，她都不喜欢，这我可不相信。她如果自己选择丈夫，我断定，她是不会把花环挂在爷爷脖子上的。就算那样，你也别以为，我会心如刀绞。国内外有许多美女心里认为能为我编织花环是一大幸事哩。

今夜离开北平，前往另一座城市。5月31日在上海乘船前往日本。预计6月4日抵达日本。日本民众在翘首盼望我。访日大概6月底结束。之后，绕几个圈子，某一天回到圣蒂尼克坦田野旁边，静静地坐在游廊里的安乐椅上。可我那幢房子完工了吗？这次回去，但愿我能舒服地坐在房间里。叮嘱工程负责人，一定要砌上房顶的楼梯。朝北那间放杂物的屋子已建好了，告诉他们一定要安门开窗户。

---

① 普波是波罗蒂玛的养女南迪妮（1921—1995）的小名。
② 指泰戈尔自己。

到此搁笔。

为你们祝福的父亲
北平
1924年5月20日

五

儿媳：

罗梯在圣蒂尼克坦承担的责任，你应分担一部分。换句话说，关心女学生的生活，是你的一项义务。其实，这是你的正当权利。梵学女子学校当然有人负责，可蕾维·巴苏①是真正的校长，负责全面工作。你也应像她那样做事。工作过程中难免发生一些矛盾，让人心里不愉快，但不能因此缩手缩脚。她们缺少这样那样的物品，有许多苦恼，到了一定的程度，还不告诉你，就会出乱子。另外，你们若不经常关心她们的日常生活，她们松松垮垮，久而久之，就不会感到羞惭了。最近来了一大批小姑娘，从各方面把她们培养成人，是我们不可推卸的责任。我们把一切交给一部机器，之后漠不关心，是不行的。在这方面，一旦出现令人担忧的苗头，就应当机立断，从国外聘请专家。这中间当然有令人愧疚的因素。蕾维·巴苏虽说请外国人并不犹豫，但究竟请不请，要由她定夺，别人应当尊重她的意见。

---

① 蕾维·巴苏（1885—1937）印度妇女教育的倡导者之一，曾创建女子教育协会。

近来，大概又开始教女学生跳舞了吧。如果能让她们跳祭神的舞蹈，那实在是件大好事。我出国前重新修改了剧本《国王和王后》，不知道演出效果如何。如果我亲自指导排练，表演会相当出色。看看回国能否还会有这样的机会。

父亲

南西贡

1929年3月7日

六

儿媳：

我写这封亲笔信，是怕你们担心我的健康。目前我的身体不比以前更弱，基本上是老样子。可是医生说，我的身体状况不好。换句话说，以前不好，现在也不好。这儿一位顶级心脏病专家来为我看病。他翻来覆去东敲敲西摸摸，用不容商量的口吻说，我所有的约会必须立即取消，至少休息到十一月中旬，才能离开这个国家。医生一天两次来为我做检查，开了几种药，服药后感觉良好。但演讲全停了。他的建议是：回到印度，应当老老实实不声不响地过日子。其实我也不想四处奔波。是国际大学之鬼[①]牵着我奔跑的。我不辞辛劳来到这个国家的主要目的，就是"驱鬼"。当

[①] 指国际大学缺少教学经费。

地社会头领们来到我下榻的酒店,用我们常说的"心直口快"——即用朴实的语言、极为响亮的嗓门说,这次我不用为钱伤脑筋了。我们的贫困将彻底消除,这是确定无疑的。所以,我可以安度晚年,不用在别人门前晃来晃去了。有一张安乐椅、一个画架、一间画室、几本书,加上里尔姆尼①,就可消度时日——穆俞罗吉河②也许就在可能之彼岸。

再说说画展的事。画展由阿里亚姆③张罗,已在波士顿布展。我看他说话也很直率,也用响亮的嗓门说,画作将在展厅出售,观众将叹为观止。另外,他也许暗想,我这个人说不准什么时候会创造一个奇迹,使画作的价格直线上升。总之,根据目前的情况,阿里亚姆断定,在波士顿和纽约展出的画作,将全部售完。我也不觉得这是不可能的,因为,当地一些美国人确实也在鼎力相助。

我的画如能全部售完,将有一笔可观收入。这笔钱将全用于偿还你们的欠款,不会挪作他用。你们天天琢磨如何还债,几乎已心力交瘁。我无意干预你们的家事,因此一直没有过问。可是我明白,为欠款犯愁,是罗梯身体每况愈下的原因之一。我真心希望,我的画作出售,能使你们摆脱困境。这个奇迹逐渐使我相信,我的画是值钱的,价格会不断上涨。今天也罢,明天也罢,靠这些画可以还债。之后——之后怎么样,大胆设想一下吧。

我从内心厌恶富翁的家人花钱大手大脚。还债的忧愁消除之

---

① 泰戈尔的仆人。
② 印度神话中的一条河。
③ 国际大学的教师之一。

后，务必堵塞举债之路。另外，今后不要再把自己衣食住行的担子放在贫穷农民和佃农的肩上。这件事我考虑很久了。好多年前我就希望我们的田产成为佃农的田产。我们只当委托人，只要求收一些衣食所需的租金，就像是他们的合伙人。但我一天天发现，田产之车在那条路上无法行驶。后来，当欠款不断增加时，心里不得不打消这个主意。为此，我感到悲哀，一声不吭。这次还清了债，我希望可以实现我多年的宿愿。

到了俄国，我看到，俄国人正把我多年的理想变为现实。我未能做到这一点，非常懊丧。但要是从此躺倒不干，就太丢人了。年轻时我树立的人生目标，在圣蒂尼克坦和斯里尼克坦，即使不能全部实现，探索之路终究已让我拓宽了。多年来我对自己的那些佃农的愧疚，依然存在。在我去世之前，在那个领域我难道不能开辟一条新路？

我已经七十岁了。今天，我突然觉得，距今三十年前，我开创的艰难事业的基础已经牢固了。

我以前没有画过画，做梦也不敢相信我能画画。这两三年，刷刷刷画了许多画。这儿的画家大加称赞。这些画一定能售完，这是毋庸置疑的。这意味着什么呢？人生之书的篇章全写完了，这时，我的生命之神以前所未有的方式为我提供了书写附录的素材。我的文章《人的宗教》也是附录的一部分。一生中着手做的一件件事，必须做完。不会落下一件事。

在这附录的最后部分，我们应脱去富人的衣服，否则就不能消除愧疚。我的命运之神制定的奇特法则是：从今日到寿终，要自己设法挣钱，维持生计。我会从美国带回彩色颜料和画纸。之后，我期望作画不会是白费精力。本国同胞没有给我什么特殊的东西，这是件好事。我忍受了种种指责，这也是件好事。看来，漫长而无伴的痛苦之路，今日已延伸到成功之巅。在国内，我没有得到我期望的许多东西，有些朋友步步设置障碍，但都未能伤害我。相反，他们的夸赞或许是我受不了的。

父亲

美国

1930年10月24日

七

儿媳：

今天晚上在饭店举行欢迎宴会①，大约有五百人出席。没人理解，这样的安排对我来说是多大的痛苦。组成华丽名声的大量材料，只不过增加一些分量而已，但那样的重负是很难忍受的。在美国，有一种夸夸其谈的可怕狂热——每个人不管做什么事情，总带着一部夸张的机器。这就是所谓的出风头。其间只有扯大的嗓门，只有扩大的规模，只有大喊大叫。你看看我的处境吧。几千人这样大声嚷嚷，唉，我为什么坐在他们中间？我有什么罪过？国际大学有什么罪过？做了"忏悔"，拱手告辞，我才能摆脱困境。

---

① 指纽约的比尔达姆饭店。

每走一步，我都觉得我把真实变成了虚假。那虚假的负担多么沉重！我日夜思忖，哪天能让自己成为平民百姓，扔掉所有多余的行头，悠闲地坐着，读书，写作，画画，上午下午，在有碎石小路的花园里踱步。之后在窗户旁身靠一张安乐椅，让我的绚丽想象融入辽阔天空的彩云——等等，等等，何等惬意！

"罗宾德拉纳特·泰戈尔是伟大的先知、伟大的哲学家"，这样的废话，不可能完全清除了。所以，一封封信从国内外寄来，一群群人向我走来，必须回答他们各种各样的问题。在这中间若能留出一块空地，我就在那儿建一间画室。普波有时候也在那些求见者中间，向我走来，不过不能再讲老虎的故事哄骗她了。我得讲题材不同的故事了，好在她不会对我提哲学方面的难题。

27日，我乘波雷蒙号客轮，从这儿远走高飞。应邀还要去一趟加拿大。正在联系乘日本客轮从欧洲回国。

父亲
美国
1930年11月25日

写给大女儿玛杜莉洛达的信

一

蓓拉：

最近我的身体状况极差，几乎和上次访问英国前有一天身体突然垮了一样。所以，赶紧放下手头的全部工作，三步并作两步，一下子扑进帕黛玛河的怀里，全身可怕的疲倦顷刻之间消失殆尽。没有人能像帕黛玛河这样侍奉我。前一段时期，如不四处奔波，老老实实待在这儿，聆听帕黛玛河潺潺的流水声，安分地住些日子，对我的身体肯定大有好处。这次到了这儿，我更深切地感受到了这一点。

我们在外地过了一夜，打破了生活的正常节奏，你的身体没问题吧？那天，我是很担心的。我想起一种顺势疗法①的药，你可否试用一下？随信寄给你名为硫黄-200的药。下午，你手脚有火辣辣的感觉时，用这种药，我相信病症会消失。如服用此药，病情好转，赶快告诉我，八九天之后，我再寄给你一些。

你要是能来这儿的船上住几天，对你的身体是很有利的，而我因此多么欢愉，则是无法用语言表达的。

爸爸
希拉伊达哈
1912年3月

---

① 英文名为：homoeopathiy。

写给大女儿玛杜莉洛达的信

泰戈尔大女儿玛杜莉洛达

二

蓓拉:

  听说你身体不好,我心里十分焦急。给你写信未收到回信,跟别人也打听不到你的消息。隔三岔五给我寄张明信片嘛,告诉我你的近况。萨拉德最近身体怎样，写信顺便提一笔。

到了美国，这几天我默不作声地住在名为阿尔巴那的一座小城的一间屋子里，未在任何人跟前露面。

美国人有听演讲的癖好，所以催促我不停地发表演讲。开初我有些迟疑，因为我的固有想法是，用英语演讲，断不能维护我的名望。因而牢记贾诺科①的诫喻，紧闭嘴巴，表情严肃地坐着。后来，未能躲过当地团结俱乐部上门请我讲几句话的人。这个俱乐部很小，没有太大的影响力，成员不多，所以勉强同意，赶紧写了一篇文章。到那儿一看，屋里挤满了人，逃离的路已被堵死。读完文章，全体听众鼓掌，喝彩，增强了我的勇气。接着在他们的聚会上又一连宣读五篇文章。之后邀请纷至沓来，在芝加哥大学演讲，我的忧虑已不复存在。宗教自由党在罗切斯特举行年会，我收到在会上就"民族冲突"作二十分钟演讲的邀请。罗切斯特离波士顿市不远。我想既然大老远来了，索性到波士顿去一趟。美国规模最大的大学哈佛大学就在波士顿。目前我已在波士顿。昨天已演讲一次，还要作三场演讲。之后去何地，做何事，就不得而知了。

这儿有个现象给我留下了很深的印象。在美国，至少在美国西部，几乎各个阶层的妇女都亲手做家务事儿，原因是这儿不可能找到仆人。做饭，整理床铺，打扫房间，洗碗刷盘，大都是家庭主妇做的，家里男人也经常当她们的帮手。不过，做家务活儿有诸多便利条件，大大减少了劳累。比如做饭用煤气，基本上不

---

① 印度古代能言善辩的政治家。

写给大女儿玛杜莉洛达的信

累。其他许多事情也靠使用电器完成。当下，不可能把这些便利引入印度。可能的话，大部分家务事儿就不必依赖佣人了。

以前，我儿媳也做了很长时间的家务活儿，后来，出饭钱，付工钱，由两个学生干原本她干的活儿。美国的穷学生做这种日常琐碎的事情，丝毫不感到丢脸和屈辱。他们一面在学校读书一面在饭店里当服务生。甚至经常为一起学习的同学服务，挣一份零花钱。如果在印度，就没脸见人了。你佣人的情况如何？你那个厨娘还在吗？她的孩子怎么样？有了女佣人，生活轻松一些吗？

爸爸

坎布里奇　美国
1913年2月19日

三

蓓拉：

4月27日，我将离开美国，前往英国。我将在英国商谈出版作品。目前手上已攒积许多翻译作品。这儿的人喜欢这些作品，能成书出版是件好事。目前正在联系出版事宜，英国的麦克米伦图书公司或将成为我所有译著的出版商。我不清楚谈妥出版全部译著需要多长时间。看来这件事一直要忙到秋天了。可能在初冬时节才能启程回国。

我很想周游世界，访问日本、中国、爪哇和缅甸，最后返回印度。我不奢望今后还会走这条旅行路线。但我的心愿在这次旅程中恐难以实现。如时间允许，经费充足，就乘火车横穿西伯利亚，途经日本回国，这样的愿望时常在心中涌现。但不觉得这是可行的，尽管这样的提议相当诱人。如能成为现实固然是件好事，不能实现，想象一下也是愉快的。

　　目前，这儿不太冷，每天可以享受到阳光。时光已进入三月，是春天姗姗而来的时候了。但临别之际，冬天在射从箭壶里取出的最后一支神箭——我似乎看到了这样的情景。最近三四天天气突然变冷，雪几乎没有停过，一阵阵寒风吹来。好在下雪也罢，寒冷也罢，并不缺少阳光。所以对我来说，在这儿过冬是非常舒服的。

爸爸

纽约　美国

1913年3月13日

写给小女儿米拉·黛维的信

一

米拉：

你孩子张大嘴傻笑的照片放在那件斗篷上面，我见过好几次，心里老想着再看几眼。

你来信说，她的湿疹治好了，但身子依然很弱。你看了医药书就会知道，湿疹留下病根，身体必然虚弱，稍不注意，又会复发。所以快速治愈湿疹，并非好事。你可购买硫黄-260[①]，让她服用两粒试试。一个月之后，再服用一次。湿疹的病根，用硫黄-260可以治愈。

我的手术做完了。开头几天非常痛苦。这种病挺折磨人的，治疗过程也不太舒服。不过，第一个星期住在疗养院，很舒坦。这几天摆脱了一群群人的打扰，休息得很好。躺在床上，每隔两小时吃点东西，看看书，写几行字。疗养院里照顾十分周到。几个好朋友常来看望。由于还有一些病症，今天还得去找医生。他们让我受了一次大罪。我不晓得在麻醉状态下是怎样动刀切割的，可清醒过来之后，痛得难以忍受。但不管怎么说，看来今后不会再受痔疮的折磨了。是否一辈子太平无事，就说不准了。因为有些人手术后，病情又复发。但我至少有四五个月的静养时间。

---

① 原文为Sulphur 260。

写给小女儿米拉·黛维的信

我在这儿出版的几本书最近大致有了眉目，一本诗集和一本演讲集已送到印刷厂，这两本书10月面世。翻译的《儿童》在基督教出版季节发行。

你肯定已经知道，波罗蒂玛的扁桃体和淋巴切除了。目前她身体很好。

爸爸
伦敦
1913年7月

右一为米拉

二

米拉：

　　我本想乘船在帕黛玛河上漂游几天。可我的命运天宫图上没有写"休息"这两个字。邦古拉县最近闹饥荒，为了赈灾，我们学校的学生准备去加尔各答义演《春天》。为此，我不得不返回圣蒂尼克坦。

　　演出《春天》的准备工作正有条不紊地进行。舞台搭建在我们祖宅的大院子里。服装、灯光、布景等不会有任何瑕疵。正式演出前表演小品《制服》。整场演出由格甘①负责，力争募捐到五千卢比。

　　听说你孩子活泼可爱，心里很是欣慰。普那城是个好地方，可是有时发生严重鼠疫。在普那城如能找到优秀歌手，写信告诉我，我们需要一位教歌的老师。

　　我的命运天宫图杂乱无章，今天不知道明天的事情。如无意外，我们争取从贝那勒斯到南印度一路上进行义演。

爸爸

圣蒂尼克坦

1916年

---

① 泰戈尔堂侄格甘那特罗的简称。

三

米拉：

　　这几天常想你，估计你心情可能不太好。我知道，假如谁把我关在加尔各答的住所之笼里，我的痛苦一定难以忍受。甚至这儿阴云密布的天空和伦敦的人群，也仿佛把我压得透不过气来。我忧愁的心每天渴望回国。我深知波尔普尔的蓝天、阳光、田野和自由，对你来说是极为必要的。然而，世界上所有生物中间，人受到的束缚最多。确实，人懂得自由的价值，可每迈一步都被剥夺自由。尤其想到女人，我就产生反叛心理。世世代代，我们男人充当女子监狱的卫兵角色。我已失去想象的能力，不清楚这种监狱的残酷可达到怎样的程度。我一生最大的悲哀，是我未能使你幸福。我微小的心愿，是让你住在波尔普尔的敞亮之地，可也是心有余而力不足。所以我向天帝祈祷，愿他赋予你耐心，愿他在你心中与你相伴，愿他以极端痛楚之火把你锻炼得纯洁而神采奕奕。

　　今天来到这儿，我看到，整个世界燃烧着痛苦的祭火。这种痛苦的根源，是两类人之间的冲突。一类人横行霸道，强化自己的意愿，另一类人受到压迫，受到践躏。一类人手中有武器，另一类人束手无策。可束手无策的一群人在世界上将赢得胜利。那些历来习惯于横行霸道的人，将被自己的武器制服。

　　在这期间，忍受痛苦是必然的，但愿受苦的人，能够忍受高洁的痛苦。人一生中蒙受的某些苦难，是无从躲避的。但人依凭自己的力量，可以把在苦难之火中的献身，变得和向祭火中投放祭品那样神圣。你可对心灵的主宰倾诉："我经受苦难，把自己交到你手中，实现你的心愿。"

爸爸
伦敦
1920年6月

四

米拉：

收到你的信，心里一块石头落了地。在海边多待一些日子，有助于你的身体健康。阿梅达巴特城里没有什么值得观赏的景观，甚至不能说那儿"气候宜人"。从那儿回家途中，务必抽空去看望萨登[①]。

我身体很好。这儿慢慢地有一些冬天的气息了。昨天晚上明月当空，一群女孩子在库那克楼顶上唱歌，欢度恭迎财富女神节。

前天，我突然看见普波剃了光头，如同秋空降雨的乌云消散，四下里景物骤然显得清丽，她的黑发消失，脸蛋显得那么白净，一点也不难看。小脑袋圆乎乎的，十分匀称。有时她听老虎的故事听得上瘾。前些日子，她已把这个故事忘光了。这几天她跟贾

[①] 泰戈尔二哥索登德拉纳特的简称。

耶吉可好了。

安德鲁斯[①]杳无踪影。他找到一个"逃走"的借口,日子过得可滋润了。目前,由古鲁达亚尔为我起草英文信件,处理其他事务,这样我省心多了。

我的里尔姆尼没有任何变化。遇到什么烦心的事儿,站在我跟前,愁眉苦脸地瞅着我,一副沮丧的样子。他要我转达比贾娅对米拉大姐的问候。

爸爸
圣蒂尼克坦
1925年9月

五

米拉:

我们在黑暗中摸索着行走,无意间伤害我们所爱的人,自己也莫名其妙地难受。但那不是终结。此前,有一些过错,经受了苦痛,可其中最重要的,还是我们爱过别人。外在的联系断裂了,但如果丧失内有的纽带,那样的缺失,会造成幽深的空虚。我们来到这个世界,欢聚一堂,之后又被时光牵引着隐逝,这样的事

[①] 查尔斯·费里亚尔·安德鲁斯(1871—1940),英国人,泰戈尔的挚友,国际大学的教师。

情以前一次次发生，今后也将如此，它的苦乐使人生臻于完满。不管我的世界出现多少空隙，宏大的世界照样存在，照样运行。怀着坚定信念，我务必让我的人生旅程和它的旅程完全合拍。如果我满怀悲恸，稍稍脱离大家的世界，以自己厚实的痛苦将一些重负压在大千世界转动的巨轮上，我会感到惭愧。每家每户言说不尽的难以忍受的痛楚，由岁月每天一点一点地抹去。遍布世界的岁月之手，也在我的人生之上做着同样的事情。但愿我不会使全世界这种治愈伤痛之事变得稍稍难做一点儿。让延续的悲恸变得简朴一些，不再妨碍每日岁月的旅程吧。

我非常喜欢尼杜[①]，此外，想到你的境况，胸口就压上一块悲伤的巨石。但在众人面前，让自己最沉重的悲痛变得轻淡，我感到内疚。那种悲恸阻碍正常的人生旅程，引来大家的目光时，它才是渺小的。我没有对任何人说，给我让路。大家只管一如既往地行走，我也和大家一起走。

由于我心情悲伤，许多人建议停办今年的雨季祈福仪式。我说不可停办。我悲痛的重负由我承受，别人怎会理解悲痛的真正含义？至少他们应该明白，外面任何一种安慰的举动，任何一种哀悼活动，全没有必要。我怕大家来安慰我，好几天不让他们走到我身边。而我照常平静地处理各种事务。我不想让人看到我少做一件事。在其他一切事情之上展示个人生活，是最大的自我侮辱。长期以来，我由衷地希望，在这个世界上如有我的挚友，就让他为我祝福吧。他也许为我祝福了，我也许免受了许多痛苦，

[①] 米拉的儿子尼汀德拉纳特·贡迦巴达尼亚遵从诗人的意见前往德国学习印刷技术，1932年8月7日年病逝于德国。尼杜是他的小名。

对此,我并不清楚。可为此进行祈祷,是软弱的表现。"世界法规会把我当作特例,对我开恩",我这样期望时,我的心是愚蠢透顶的。当大家都很痛苦时,我要获得不痛苦的特殊待遇,这样的狂妄要求充满耻辱。

在索弥①走的那天晚上,我在心里说,让他在浩茫宇宙中一路走好吧,别让我的悲恸把他往回拉一步。同样,听到尼杜走了的消息,我好几天喃喃自语,从此我没有责任了,我只能祝愿他在走进的无涯世界中成为有福之人。我的照顾到不了那儿,可我的爱也许能到达,否则,我心里怎会至今充满爱呢?

在索弥离去的第二天晚上,我在火车上看到,夜空在月光中飘浮。哪儿也没有减少什么的痕迹。心儿说:确实没有减少,一切在万有之中,我也在其中。我手头尚有为万有做的事情。只要我活一天,那事情之河就流淌一天。但愿我有生活的勇气,永不倦乏,开创的每项事业都不中断。坦然接受发生的一切,同时,内心完全平静地接受留下的一切,在这方面不犯错误。

在亚丁寄这封书,你能否收到,我没有把握,所以打算在到了孟买再寄信。

爸爸
1932年8月28日

---

① 泰戈尔小儿子索敏德拉纳特(1894—1907)的小名。

写给外孙德拉纳特·贡迦巴达尼杜亚的信

一

尼杜：

　　收到你的来信，非常高兴。

　　德国巴伐利亚州的形势令人担忧。就像贫穷使人软弱的地方，瘟疫猖獗，当下欧洲饥荒越是蔓延，法西斯主义和布尔什维主义也越强大。两个主义都是不健康的标志。"用力敲打人的自由思维，可为他带来好处"，这种话，心理健康的人是想也不敢想的。肚中饥火越旺，邪恶的想法就越能渗透人的脑子。现在人们担心，布尔什维主义将在印度传播，原因是饥荒日趋严重。当人的死期渐渐临近时，它们就以阎王的索命鬼的面貌出现。一个人可以变得如此可怕，别人见了不寒而栗。杀伐的竞争中，为了决出雌雄，如今全世界的人在摩拳擦掌。为了不死在他人之手，人变得越来越凶狠。这种恶斗没有尽头！残杀的旋风将掠过一片片土地。

　　不管你做什么事情，千万小心，别与吃人的那些人为伍。欧洲如今从各方面对自己的神圣提出抗议。印度人，尤其是孟加拉人，别的不会，只会仿造。他们许多人正在仿造欧洲的病痛。你千万不能也患上仿造的传染病。你们那儿肯定有不少妖魔附身的印度人，你别靠近他们，专心致志搞自己的专业。

　　我已没有学小提琴的兴致，不过，民间乐器是喜欢的。似乎可用它弹出印度乐曲。但你说得很对，学这些乐器要花费很多时间，会占用学习其他知识的时间，那就先放一放吧。但是全面掌握设计技术，对你的事业必不可少，回到国内，马上可以使用。

这儿是雨季，四周郁郁葱葱。我在大吉岭休息了一段时间，回到这儿，心舒神爽。这儿的其他情况，想必你已知道了。

外公
圣蒂尼克坦
1931年7月31日

二

尼杜：

我这封信让你妈带去。听说你身体好多了。吃了你妈亲手做的饭菜，你很快就能康复。为了换换空气，打算把你送到别的什么地方疗养，我至今未得到确切消息。那儿肯定风景秀丽，比起你所在的莱比锡舒适得多。我也想去看你，可杂事繁多，实在脱不开身。明年什么时候，你也许突然发现，我已在你身边了。

阿沙拉月①快过完了，可雨季姗姗来迟，天上常有云彩，但不下雨。海上如无暴风雨骚扰，你妈旅途中会很愉快。你收到这封信时，她的海上旅行估计已结束了。

今天晚上你妈动身前往孟买乘船。我们明天返回圣蒂尼克坦。

---

① 印历3月，公历6月至7月。

我让她给你捎去我的一两本书,供你阅读。你这些日子承受学习德语的压力,要是没有忘记孟加拉语,高兴时就读几页,但不要练习学诗。

外公

朱拉萨迦　加尔各答
1932年7月12日

写给外孙女南蒂达·黛维的信

一

莆丽①：

我确信你们在布萨月初七会来这儿。那时从世界这一头到那一头，全在欢度一个月的圣诞节。过个长假，让身心得到休息和快乐，对工作是十分必要的。那些追求成果的人认为，要让心儿一刻不停地劳累，它干活越多，获得的成果也越多。但心儿不是磨面机，转得越多，磨出的面粉也越多。应该经常让它休息，让它心情愉快。

初七之后，过圣诞节的这个月，或者稍晚几天，我去加尔各答，和你们见面。26日，由我主持孟加拉文学会议。你要是用孟加拉语写诗，一连几个月在《异乡人》杂志上发表，我就让你当会议的"主席夫人"。

我叫人送给你一篮贝纳勒斯的阿姆拉吉果，你收到了吗？对你来说这可是好东西。早晨起床，一般来说，嚼七八颗，就得喝一杯水。你可以试试，效果不理想，可以多嚼几颗。

冬天越来越冷了。后背上的厚衣服加一件又一件，我真切地感受到了洗衣工驮一大堆衣服的驴一般的痛苦滋味。

外公

圣蒂尼克坦
1934年12月

---

① 南蒂达·黛维的小名。

二

波莉达①：

　　尼希先生女儿结婚的请柬送来时，我病得很厉害。在那种情况下，记不清请柬是如何处置的。哪天我叫人请他把新郎新娘带到这儿，我当面为他们祝福。

　　你如碰见尼希先生，告诉他我目前身体虚弱，生病的时候，无法恪尽职守，希望他谅解。当他七十五岁时，我把你的结婚请柬给他送去，他卧病在床，回话如不得体，我也会原谅他。

　　你为何为参加《雪山神女》的演出忐忑不安？就像你平常那样表演，就一定会成功。谁要是挑你的毛病，你就打着我的旗号说，这是我外公的剧本，我想怎么演就怎么演，轮不到你来说三道四！

　　这儿每天不是下雨就是天气闷热。帕德拉月②让大地洗桑拿浴，浑身冒汗，我们一个个也汗流浃背。

　　阿拉哈巴德市举行会议时，我们这儿欢度放假前的节日。现在正排练《秋天的节日》，谁也不能离开这儿去参加会议。另外，这儿或者别的地方我们表演的舞蹈，要用合适的灯光和背景使之臻于完美。我觉得贝纳勒斯城举行歌咏会，在群情激昂的气氛中，我们的舞蹈将会显得相当单薄，不会给人很好的印象。你记住，我们应该经常表演舞蹈，募集资金。随随便便挑一个地方，表演

---

① 南蒂达·黛维的小名之一，孟加拉语中意思是老太婆。
② 印历5月，公历8月至9月。

水准一般的舞蹈，舞蹈的价值就会降低。南印度等地区的职业舞蹈家大都将与会，从他们中间聘请指导的舞蹈家，只怕会招来很大的懊恼和惭愧。在这种场合，让圣蒂尼克坦的姑娘显示个性，是不足取的。切记务必保持我们这儿的特色。

听说你们同一条街上有个姑娘弹小风琴，唱歌走调，你去教她正确演唱吧，但不要收费。你对她说，你履行教唱的责任，是为了消除自己耳朵的痛苦。

外公

圣蒂尼克坦

1935年9月13日

三

莆丽：

我猜不准你住在圣蒂尼克坦的"花园斋"，还是在沙漠中行走。不过，托英国政府的福，付四分钱，就可让邮递员在你们身后奔走，不管你们在树底下还是在大漠深处，都能带去我生日的祝福：

你动身即使走到海边，

也能见到这个邮递员。

给你写信，不知为何从什么地方就会飞来一两行诗。时间充裕的话，这两行诗还能延长，可英语中说，精练是意韵的灵魂。

你的广播中可曾听见我的朗诵？

为你们两个祝福！这期间只管买巧克力吃，由我付钱，只要我能记住。

外公

卡里姆本
1938年4月

四

莆丽：

一群假孙女①要是前来站在我身边，这是她们志趣的体现。她们虽是假亲人，可懂得要爱惜真货②。天下数不清的真孙女，心里揣着无可争议的权益的要求，无忧无虑，甚至可以说对人有股爱理不理的劲儿，一来就闯进你的贮藏室。就此争吵是无益的。只有懂得珍宝价值的人，才会谨慎从事。

听说你在克什米尔，我真想去啊。身子几乎动不了了，要不一口气跑去打听你们住在哪儿。这辈子在自己喜欢走的路上行走

---

① 指来看望泰戈尔、叫他爷爷的蒙普的女孩子。
② 真货指泰戈尔。

只好告一段落了。我得攫夺别人的自由，才能一步步行走。为此，有时不方便，我是不好意思怪别人的。我的问题在于，在这种情形下，假如我有为你找一个新外婆的年龄，那就不必找了①。另外，到了这把年纪，衰退的胃已消化不了"外婆"这种食物了，因此没有勇气了，没有勇气还有别的原因，对你谈些事儿，我心里害怕。

同克什米尔相比，蒙普的生活范围，狭小多了。一座座山没有贵族气派，头上不戴银冠，缠头巾是灰暗的云彩做的。四周显得非常拥挤。我喜欢无垠的天空。可这儿的天空有人把守。

这鬼地方消息闭塞。最近的一大新闻是：诺里尼郎昌昨天到这儿，今天上午就远走高飞了。我如也这样来去自由，一定感谢命运之神。

你们在那儿讨论政治事件吗？不幸的孟加拉不缺少讨论，只缺少解决问题的办法。

外公
蒙普
1939年6月11日

---

① 意思是诗人如果年轻，是不用别人侍候的。

写给孙女南蒂尼·黛维的信

一

普波宝贝：

你爸爸来信说，你们那儿云厚，天黑，下雨。我们这儿到处是阳光。要是信封里能装一些阳光，给你寄去，那该多好啊。告诉你爸爸，这儿我画的画给人看了，看的人很高兴。关于我的画有好多事儿，写起来要花很多时间。阿尔特雷说要给你写很长的一封信。

每天有好多人来看画。他们全知道我到这儿来了。我要是能从这儿逃走，一定很开心。你为什么不把我藏在你布娃娃的箱子里呢？你们那儿很冷，也许你的布娃娃着凉了，咳嗽了，所以我寄给你一块手绢。

爷爷
巴黎
1930年3月

二

普波小姐：

你怕你的鸭子在我的窗前呷呷呷叫，不让我好好学习。说实话，你不要这样担心。你用小棍子把它们驯得像人一样，它们不可能再做不礼貌的事。它们很尊敬我，待在很远的地方。另外，和你这个婆罗门老师比赛谁的嗓门高，不是它们该干的活儿。你的堂姑姑苏南达和布尔妮玛差不多和你的鸭子一样懂事，常常露面，但不说话。一句话，她们比鸭子们乖多了，几乎每天做一些甜食。我特想吃一点儿，可不是总能弄到。有一天，她们做了一根拉都①，我想把它寄到阿比尼西亚②做炮弹，不料苏塔甘笃把它塞进嘴里吃了，噎得眼珠子快突出来了。你要是给我一点儿酥油，我也敢把它塞进嘴里吞下去。这样，可以帮我儿媳省些钱。她回家一看，柜子里酥油没少嘛。

你爸爸每天忙着张罗去野餐，去钓鱼。我每天在我的餐厅里野餐，没有叫哪个人来和我作伴。

爷爷
圣蒂尼克坦
1935年10月22日

---

① 印度一种油炸甜食。
② 埃塞俄比亚的旧称。

写给二哥索登德拉纳特的信

二哥：

　　这次从欧洲一回来，就陷入国际大学的杂事之中，无法脱身。尤其是希勒梵·雷维[1]教授正在这儿授课，离开他去别的地方是不适宜的。他为我的人格所吸引，接受我的邀请来到这儿。像他这种对人真诚的大学者，极为少见。一旦条件许可，我带他和其他外籍教师去郎基看望你。

　　我把库尔雷[2]请到朱拉萨迦家中，明确表示反对他们目前执行的惩治政策。警察闯进梅居亚市场里的清真寺，胡作非为。对此，民众心里产生的看法是，他们步步逼近，妄图以刀剑打击不合作运动和非暴力主义。我明确地对库尔雷说，这种事果真发生，像我们这样的中间人士出于责任，将不得不加入另一方。

　　你在寄给克里什纳·库马尔·米特拉[3]的信中谈的意见，我完全赞同。我也经常以这种方式对民众说，国际大学基本上已建成，可以交给民众了。它的章程已经制订，由律师修改印出来之后，马上寄给你。学校的事情总算全做成了，只是常要为资金短缺而犯愁。

深受你关爱的罗毗
圣蒂尼克坦
1922年1月11日

---

[1] 法国著名学者，曾任国际大学客籍教授。
[2] 孟加拉省督的私人秘书。
[3] 著名的社会活动家和周刊《觉醒》的编辑。

写给二哥索登德拉纳特的信

后排中站立者为索登德拉纳特,前排中坐着的是五哥
乔迪宾德拉纳特

写给五哥乔迪宾德拉纳特的信

五哥：

我们已抵达美国，所以收到你的信晚了几天。你如果寄给威廉姆·罗顿斯坦①一百英镑，即一千五百卢比，他可以挑选你的精品，出版画册。你跟苏伦②借一千卢比，每月还一百卢比，大概没有什么困难。罗顿斯坦说，不要抱大量销售这种画册的希望，像在英国这样的国家，购买画册的人极少。挑选、出版的作品，应有收藏价值。他本人愿为画册撰写序言。罗顿斯坦是英国极负盛名的画家。南肯辛顿艺术学院雕塑系的一位教授是有名的法国才子。他说，罗顿斯坦才华横溢，决非普通的艺术家。我会给他写信，商谈出版事宜。

我们所在的城市，面积不大。一所大学四周，居住的主要是老师和学生。环境相当安静，很合我的心意。这儿不像英国，冬天笼罩着黑暗和浓雾。虽然很冷，但阳光充足，令人十分满意。

我们租了一幢房子。由儿媳操持家务，做饭，打扫房间。在美国，人人是主子，几乎不可能找到佣人。大部分绅士家庭的男人和主妇，自己做绝大部分家务事儿。今天下午，我看见当地一位有名的教授亲手洗家人的衣服。除了自己动手，别无他法。这儿的穷学生自己也干擦盘洗碗、打扫厨房等活儿，省下请人的费用。我们许多印度学生也是如此。对我儿媳来说，这是一种教育。周围的邻居都很喜欢她。一位教授的妻子教她英语，对她关怀备

---

① 英国艺术家。
② 泰戈尔二哥的儿子苏伦德拉纳特的简称。

写给五哥乔迪宾德拉纳特的信

至。在这儿待上一年,她的英语水平会有明显提高。可在英国,是没有这样的机会的。罗梯与教授们亲如一家,几乎所有的老师都喜欢他。

深受你关爱的罗毗
伊利诺斯 美国
1912年11月7日

写给侄女英迪拉·黛维[①]的信

[①] 泰戈尔二哥索登德拉纳特的女儿。

一

媳媳①：

中午，我围上缠头巾，在请柬上签了名，乘轿子出发了。

县长坐在临时搭的帐篷里审理案件，帐篷南侧有几个警察，与案件有关的一群人坐在农田、码头的石阶和树底下等候。轿子几乎抬到他的鼻子下面停了下来，我下了轿，县长彬彬有礼地请我坐在椅子上。

这位年轻县长刚长出毛茸茸的唇髭，头发灰褐，但这儿那儿有一两绺点缀的黑发。乍一看以为他是个老人，可他确有一张极为年轻的脸。

我送上请柬："请您明天晚上到寒舍用餐。"

"我今天要到另一个地方去安排狩猎野猪。"县长婉言拒绝。

我只得上轿回家。快到家时，乌云气势汹汹地涌了过来，稍顷，狂风大作，下起倾盆大雨。我不想看书，也没有心思写作，脑子里好像有一些可用诗的语言描绘的什么东西，可一时又不太清晰，便烦躁地从一间屋子踱到另一间屋子。

天色暗了下来，雷声隆隆，电光闪闪，呼啸而至的一阵阵狂风，抓住我家游廊前一棵高大的荔枝树的脖子，狠狠地摇晃着它长须飘

---

① 英迪拉·黛维的小名。

拂的头颅。我们那条干涸的沟渠眼看着涨满了雨水。踱着方步，我忽然想到在这风狂雨骤之际，请县长到我家避雨是我应尽的义务。

我立刻写了一封信，派人送去。接着查看了客房，发现客房里挂在梁上的两只竹编吊篮里放着褥子、靠枕和脏被子。地上到处是仆人们的水烟筒、火纸捻儿、烟叶。此外，还有他们的两只木箱，脏兮兮的被子，没有套子的油渍斑斑的枕头，黑乎乎的席子，一块破麻布上面尽是奇形怪状的污渍。几个包装盒子里装有乱七八糟的杂物，如生锈的水壶盖、没有底的破铁炉、极脏的一只锡茶壶、破碎的灯罩、脏烛台、两个坏了的旧笊篱和纱罩。一个盛汤的盆子里有一些化了的粗糖，放久了看上去黏乎乎的，几个湿拖把黑不溜秋。角落里有一个洗碗盘碟杯的木盆，迦法尔的一件脏上衣，旧的绒布便帽，一个让虫蛀坏了的、没有镜子的梳妆台布满水渍、油渍、奶渍，黑色的、棕色的和白色的斑点，以及颜色混杂的斑点。它的几只脚已经破损，脱落的镜子靠着一面墙，抽屉里有尘土、牙签、餐巾、旧锁、破了的杯子底、装苏打水的瓶子、电线和几只断了的床脚。

见此景况，我目瞪口呆。随即雷厉风行地叫来管家，叫来账房先生，叫来佣人，叫来几个帮工，吩咐他们拿来扫帚，端来水，搬来梯子，竖起来，爬上去解开绳子，放下吊篮，把长靠枕、被褥拖出去，地上的碎玻璃一块块捡掉，墙上的钉子一只只拔掉。他们傻站着，不知如何下手。我急了，大声吼道："干吗不动手！干呀！把一件件破烂弄出去！该敲的敲，乒乒乓乓地敲！三盏破防风灯的玻璃罩敲碎，仔仔细细地把碎片捡掉！"

我也动手把积了多日灰尘的破篮子、破麻袋抛到窗外，下面的五六只蟑螂携妻带儿四下乱窜。它们作为几世同堂的大家庭的成员，一直住在这间屋里，家里的粗糖、面包和我新鞋上的鞋油，是它们的美味佳肴。

仆人带回的一张纸上县长写道："我遇到很大的麻烦，马上到府上去。"刚看完，门口传来喊声："快，快，快，县长来了！"

我赶紧拂去头发、胡子和身上其他部位的灰尘，摆出一副文雅的样子，走进客厅里恭候，仿佛刚才什么事也没有发生，一整天舒舒服服地待在客厅里似的。

见县长进来，我面带微笑上前与他握手，极为镇静地和他交谈，可心里不住地嘀咕：县长今晚就寝的客房打扫得怎么样了呢！

听说已安排妥当，我把县长领到客房里，发现客房还算整洁，只要无家可归的蟑螂们夜里不把他的脚心蹭得痒痒的，他能睡个安稳觉。

叔叔罗毗
萨加特普尔
1890年1月

二

媲媲：

这儿一条小河拐了个小弯，形成一个二三十度的角，河岸很高，我们隐蔽在怀抱似的转弯处，一百米开外看不见我们的身影。

写给侄女英迪拉·黛维的信

从北面走来拉纤的船夫，一转弯忽然看见杳无人迹的原野的尽头奇怪地泊着一艘船，大为惊异，脱口说道：

"哎，这是谁的船呀？"

"看上去像地主①家的。"

"干吗停在这儿？不停在庄园里？"

"八成是来呼吸新鲜空气的吧。"

这样的对话，一天能听见好几回。其实，我的使命比呼吸新鲜空气要艰难得多哟。

中午饭刚吃过，现在是一点半钟。提锚解缆，我乘的船缓缓朝田庄驶去。河风轻拂，却无凉意。冬天的阳光照在身上，暖洋洋的。船儿在浓密的水草上面驶过，响起咝溜咝溜的声音。不少小甲鱼伏在水草上，伸长脖子晒太阳。

远处的一座座村庄静静地朝我的船儿靠拢，村里有几幢茅屋、屋顶上不铺草的泥屋、几座草垛，有酸枣树、芒果树、竹林。三四只山羊在啃草，几个光屁股男孩女孩在玩耍。河边简易码头上，有的人在洗澡，有的人在洗衣服，有的人在涮碗擦盘。一位害羞的村妇腋下夹着汲水的陶罐，两个手指稍稍撩开面纱，好奇地望着站在船头上的地主，她刚洗完澡的孩子，一丝不挂，通体黑亮，拽着母亲覆膝的裙裾，目不转睛地瞅着写这封信的人，满足着从未有过的好奇。

河边泊着几只木船。一艘暂时遭遗弃的旧渔船半浸在水中，等待着被拉上岸修理。作物收割完毕的空旷的田野上，常常可以

---

① 指泰戈尔。

看见几个牧童，几只黄牛走到倾斜的堤坡上，寻找鲜嫩的青草。晌午时分，如此幽静的环境，别处恐怕是没有的。

叔叔罗毗
波迪夏尔
1891年

三

娚娚：

昨天我在公事房里处理杂务，同雇农交谈，问他们有什么要求时，突然来了五六个男孩，神色庄重地站在我的面前。不等我发问，他们中间一个口齿伶俐的孩子，以纯正的孟加拉语演讲般地开始说道："大人，承蒙天帝垂恩，您又光临此地，我们这群不幸的村童真是三生有幸！"

他以抑扬顿挫的语调大约演讲了半小时，好几次背错，抬头望着天空，想了想，纠正了继续往下背。

我终于听明白了，他们的学校缺少椅子、凳子。他讲述着缺少椅子、凳子的严重后果："我们当坐何处？堪受我们膜拜的老师当坐何处？督学光临我们学校，我们恭敬地请他坐在何处？"

听着这个小男孩口若悬河滔滔不绝地演讲，我肚里觉得好笑。尤其在这间公事房里，不识字的农民以朴素平易的农村方言，有板有眼地对我诉说他们的贫困痛苦。在这儿，我听他们说，每当洪水泛滥，发生饥荒，卖掉黄牛、牛犊、木犁，换到几升粮食，每天填不饱肚皮。而这个男孩演讲，"日日"这个词，他不用孟加拉语单词"ohoroho"，而用梵文词"rohoroho"，"越过"这个词，他不用孟加拉语单词"otikromo"，而用梵文词"otikroya"，以缺少椅子、凳子为内容的孟加拉语演讲，掺杂这么多梵文词，别人听了感到真有点不伦不类，古里古怪。

其他佃农和管家见这个小家伙"精通"文言文，惊叹不已。他们好像在心里抱怨自己的父母："爹妈舍不得花钱让我们念书，要不然，我们也能像他这样用纯正的语言提出自己的要求。"

我听见一个人用胳膊肘碰碰另一个人，用忌恨的语气说："这个小家伙是谁教的？"

他的演讲尚未结束，我打断他的话说："放心吧，我会给你们购置足够的椅子、凳子的。"但他并不罢休，停了片刻，从被打断的地方重新开始他的演讲，尽管他已达到目的，再说是多此一举。

他锲而不舍地说完最后一句话，向我鞠躬行礼，带着他的小伙伴们兴高采烈地回家去了。我假如不答应提供椅子、凳子，他未必伤心。但他下苦功夫背下的演讲词，不让他讲完，他将感到恼怒。所以虽然手头有许多急事，我仍耐着性子神色和蔼地听他从头至尾背了一遍。

叔叔罗毗
卡里格拉姆
1891年

左一为英迪拉·黛维

四

媳媳：

  纵目远望，清幽秀丽的水乡景色令人心旷神怡。我窗前的河对岸，四海为家的贝德人①搭起竹架，上面铺几张草席和毡布，便算是栖身之所了。那是三个简易小帐篷，人在里头直不起腰的。他们在帐篷外面做各种活计，晚上钻进去挤在一起睡觉。贝德人的习性亘古如斯，有点像吉普赛人。他们没有固定的住所，不向地主交租。他们携儿带女，赶着狗，轰着猪，到处流浪。警察时时以警惕的目光监视他们。

  我常立在窗前看他们干活儿。他们看上去挺随和，很像信德

---

① 在孟加拉地区，贝德人以编制竹器、贩卖土特产、耍蛇为生。

河东岸的居民。虽然皮肤黧黑,但身材壮实,矫健,相貌端正。他们的女人也很俊俏,身段匀称、苗条、颀长。热烈大方的动作颇像英国姑娘。他们无所顾忌的举止行动,富于快捷自然的节奏。我有时觉得她们简直就是黝黑的英国女性。

一个男的把铝饭锅搁在灶上,坐在一边破竹篾,编制篮子箩筐。他的妻子面对怀里的一面圆镜,细心勾了分发线,梳完头发,用湿毛巾非常仔细地擦净面颊,整理一下衣裙,干净利索地走到男人身边,盘膝坐着做零活儿。这情景很有诗意,我认为。

这些大地的儿女,常年挨着大地的躯体。但他们中间也有对美的渴求,也想方设法让对方开心。他们不知在哪儿出生。他们在漂泊中长大,最后不知在哪儿死去。我很想了解他们的现状,窥探他们的内心世界。

寥廓的天空下,凛冽的寒风中,裸露的田野上,爱情、儿女、家务、劳动……组成他们的奇特生活。我见他们不停地忙碌,没有一个人闲坐片刻。一个女人做完手头的活儿,立即坐在另一个女人身后,解开她的发髻,认真地捉虱子,估计俩人嘀嘀咕咕还在谈论三个帐篷里的隐秘,可惜离她们太远,听不清楚。

今天上午,无忧无虑的贝德人家里突然人声嘈杂。那是八九点钟光景。他们把睡觉盖的夹被和破旧褥子搭在帐篷上晒。几头大猪小猪簇拥在一起,远看像一堆土疙瘩。挨过了寒冷的长夜,晒太阳晒得正舒服。他们其中一家的两条狗,前脚踩在猪背上,汪汪叫着把它们轰了起来。那些猪不情愿地爬起来,哼哼唧唧觅食去了。我正在写日记,时而抬头瞥一眼窗前的土路,忽听路上传来了呵斥。我起身走到窗前,只见贝德人的帐篷前聚集了不少人。一个绅士模样的人，骂骂咧咧地挥舞着警棍。贝德人的头领神色惊慌，用发颤的声音争辩着。我猜测是谁控告他们违反法规，警长特来找他们的麻烦。

有个贝德女人依旧专心致志地削竹篾，那儿仿佛只有她一个人，周围没有出事。俄顷，她霍地站起，毫无惧色地对警长挥动着手臂，连珠炮似地反驳。警长的气焰顿时大为收敛。他温和地想解释几句，但许久没有插嘴的机会。

警长走时态度软了许多，可是慢吞吞地走了一箭之遥，忽然气急败坏地吼道："听着，快给我滚蛋！"我以为我的邻里贝德人会拆掉帐篷，打点行囊，赶着狗，轰着猪，迁往别处。然而，始终不见动静。他们照样做饭，照样捉虱子，照样坦然地削竹篾。

我想起到我公事房告状的一个蒙着面纱的农妇，从她面纱后面飘出的银铃般的话音里，也没有一点儿犹豫、悲切、惶惧，只有清晰争辩的执拗。她一句话点到了要害："管家对俺不公平。"她不容别人解释孰是孰非，一个劲儿地申诉："俺是寡妇，俺孩子还没拉扯大……"我肚里暗笑，不作声，不同她争论。她侧着脸，从面纱后面斜眼观察我的表情。公事房里来这么一个女人，可就热闹罗。听差的嗓门自然而然地变小，男佃户别指望有时间提出自己的要求。

从开启的窗户望出去，秀丽的景色愉悦我的双眼。但也有不和谐的情景使我心中不快，这如同牛车上满载货物，行驶在坑坑洼洼的路上，车夫还用木棍使劲捅黄牛，嫌它走得太慢，我见了感到无法忍受。今天上午发生了这样一件事：我看见一个女人带着皮肤黝黑、瘦小的光屁股男孩下河沟洗澡，天气特别冷，那女人让小孩站在水里，往他的身上泼水时，他冷得索索颤抖，凄厉地哭嚎，"格格格"咳嗽得很厉害。那女人不知怎地火了，"啪"地抽他一记耳光，我在屋里听得清清楚楚。男孩蹲下来，双手抱着膝盖，咳得不能号啕大哭，嘤嘤啜泣着。洗完澡，那女人拉着全身湿漉漉哆嗦着的光屁股男孩的胳膊，回家去了。我觉得那女人对孩子蝎子一样狠毒！她的孩子幼小，和我的儿子年纪差不多，我目睹的这幅恶母痛打稚儿图，是对人类美好理想的沉重打击，让人想到怀着爱心行走的人，冷不丁重重地摔了一跤。

那幼小的孩子们多么可怜啊！不公正地对待他们，他们无奈地伤心哭泣，却惹恼冷酷的心。他们还没有学会乖巧地诉苦。天气寒冷，那女人全身裹得严严实实，可她的孩子一丝不挂，不住地咳嗽，还挨了"母老虎"一记耳光！

叔叔罗毗
萨加特普尔
1891年2月

五

媳媳：

今天中午，风和日丽，四周异常安静。我浮想联翩，手捧着的书，一页也没有读完。从木船停泊处飘来的水草的清香，田野里暖烘烘的气浪，萦绕着我的躯体，仿佛有生命的大地对我徐徐地呼出热气，而我的呼吸也抚触着他的身子。

绿油油的稻秧随风摇颤；河里的鸭子或潜水觅食，或用喙撩水洗濯羽毛。没有喧杂；潺潺流淌的河水牵动木船，缆绳和跳板发出轻微的凄凉的声音。

不远处是渡口。郁郁葱葱的榕树下聚集着不少等待摆渡的人，渡船一靠岸，便争先恐后地上船。我久久地望着渡口，感到别有一番情趣。对岸是乡村集市，怪不得渡船这么拥挤。他们有的头顶着几捆青草，有的挎着竹篮，有的扛着麻袋，下船后急匆匆走向集市。有些村民赶完集往回走了。宁静的晌午，小河两岸两座村庄之间这司空见惯的事情，构成乡村生活的一条支流，缓缓地流动着。

我坐着陷入沉思：孟加拉的田野、河埠、蓝天、阳光为何透现沉郁的苍凉呢？或许是因为孟加拉的自然景色特别引人注目的缘故吧。万里无云的晴空，一望无际的平原，金光四射的太阳，置身其间，觉得人太渺小了；人来人往，像渡船划过来划过去，只隐隐听见他们的交谈；世界的集市上，模糊地看见他们在人生的道路上颠踬，寻觅亘古如斯的些许悲欢。在浩茫冷漠、万世绵延的自然中间，那微语，那忽隐忽现的歌谣，那昼夜的琐事，是那么细微，那么短暂，充斥无谓的忧思。没有目标、烦恼，无需拼搏的幽寂的自然中间，可以看见博大的美和广阔而稳定的宁谧。可是在我们人群中间，满目是不间断的奋斗的艰苦和可怜的愁容。

远望河畔影影绰绰紫岚缭绕的丛林，我的心不觉飞到了那儿，在凉荫下谛听清风和枝叶的唧唧低语。

愁云惨雾、坚冰厚雪、漫漫黑暗笼罩的地方，自然是萎缩的。

那里的人建立了功业，认为他们的愿望和事业万古不朽，在所做的每一件事情上打上深深的印记；他们把目光投向后裔，树碑立传，在尸体上用岩石建造永久的纪念堂。然而，接下来许多印记漫漶了，许多名字被遗忘了，这一点没有被人们注意到，是因为他们太忙了。

叔叔罗毗
萨加特普尔
1891年6月23日

六

媳媳：

　　帕里亚码头小巧玲珑，河两岸矗立着一行行大树，以这条运河为中心构成的美丽画面，使我想起了布纳的那条小河。

　　我在心里断言，这条运河假如是一条天然的大河，我一定更加喜欢它。运河两岸有挺拔的椰子树、芒果树和其他各种绿荫凉爽的树木，洁净倾斜的河堤覆盖着清丽的碧草和开了小花的无数含羞的藤蔓，点缀着露兜花树。林木稀疏之处，透过树木的空隙可以看见高堤下一望无际的原野。眼下正值雨季，农田呈现迷人的深绿色，攫住我投去的目光。酸枣树和椰子树掩映着一座座村庄，在湿润的柔云飘移的低垂天空下面，农村处处是流青溢翠的秀丽景象。

芳草萋萋的堤岸之间，运河姿态优美地逶迤远去。水流徐缓，河道狭窄之处，水边可见优雅的睡莲和一丛丛芦苇。然而，我心里还是感到有些遗憾。这毕竟是一条人工挖掘的运河，它的流水声中没有无始的古朴，它不知道杳无人迹、遥远幽深的山洞里的奥秘，它未起过古老的芳名，未从无从知晓时代流来，未为河畔两岸的村落奉献乳汁。它不曾淙淙地吟唱：

　　人来人往，
　　我世代流淌。

　　甚至古老的湖泊赢得的荣誉也比它多。由此可见，任何古老的庞大门族，即使在很多方面地位低下，也会受人敬爱。他们身上闪耀着悠久的财富的光彩。一个做黄金生意的商人，成为富翁，拥有许多金子，但不会很快拥有金子般的荣耀。

　　然而，一百年之后，当两岸的树木更加高大，亭亭如盖时，沿岸的洁白锃亮的里程碑大概破损了，长满苍苔，黯淡无光；水闸上镌刻的1871年，将被认为遥远往昔的痕迹。那时，假如我真能转世投胎，成为自己的重孙，乘船来巡视邦都亚的这片农田，毫无疑问，我心中油然而生的将是迥然不同的感受。

　　但是，唉，我的重孙！天晓得他的命运如何！也许他是个默默无闻的文书，是泰戈尔家族的一个碎片，被抛到远处，像被天国放逐的失去光泽的死了的陨石。人世沧桑，我本人已经领教了不少灾厄，有什么必要为未来的重孙唉声叹气地瞎操心！

　　下午四点到了达尔普尔，我换乘轿子，以为只有十二英里的路程，晚上八点钟光景可以到达庄园。越过一片片农田，穿过一座座村庄，走了一英里又一英里，十二英里好像永远走不完似的。七点钟，我问轿夫，还有多远，他们回答说，不远了，大概还有六英里多一点儿。

我听了在轿子里挪动一下身子。这顶小轿，容纳不下我半个身躯，却硬把我塞了进去，时间一长，腰酸脚麻，脑袋发胀。假如有什么法子把我折叠起来，缩小成四分之一，坐在轿子里可能舒服一点。

农村的土路糟糕透了，到处是一尺来深的泥浆。轿夫害怕摔跤，小心翼翼地慢慢地挪步，有三四次脚一滑，差点儿摔倒。有的地方根本没有路，只好在积了许多水的稻田里哗啦哗啦涉水而过。天上布满阴云，晚上四下里黑乎乎的，淅淅沥沥地下着雨。由于油没浸透，火把时常熄灭，不得不鼓起腮帮子重新把它吹出火来。火把时灭时着，轿夫怨声不断。

艰难地走一段路，家丁双手合十向我禀报，前面是一条河，轿子要用船运过去，但船还没有撑来，估计马上就到，所以轿子得撂下一会儿。

轿夫们从肩上放下轿子，但船迟迟不来。火把慢慢地熄灭了。在漆黑的河边，家丁们用嘶哑的嗓子大声呼叫艄公；从对岸传来回声，可听不到艄公的应答声。

如果声音凄厉地喊叫："喂，毗湿奴！喂，黑天！喂，湿婆！"毗湿奴就会走下波伊昆特仙山，湿婆也会走下盖拉莎仙山。可那位艄公却捂着耳朵，无动于衷地在他的"乐园"里休息。

冷清的河边连一间茅屋也没有，路边只有一辆不知属于哪位车夫的不载货的空牛车，轿夫坐在牛车上，用当地的方言发着牢骚。青蛙呱呱的聒噪，蟋蟀唧唧的鸣叫，在夜空回响。我暗自担心，今天恐怕要蜷缩在轿子里过夜了，毗湿奴和湿婆也许明天才能光临。我情不自禁地唱了起来：

> 哦，夜尽天明，他若含笑光临，
> 我也会露出笑意？
> 哪一天他曾看见我
> 熬夜熬得脸色憔悴？

不管情况如何，他们只管用奥利萨邦的语言说话好了，反正我听不懂。但是，毫无疑问，我脸上不会有一丝笑容。我这样胡思乱想了一会儿，就听见传来嗨唷嗨唷的声音，波罗达坐的轿子也到了河边。波罗达一看船没有希望来了，立刻命令轿夫头顶着轿子过河。轿夫听了面面相觑，犹豫不决。我也动了恻隐之心，感到左右为难。

争论了半天，轿夫们口中念诵着保护神毗湿奴，头顶着轿子下河了。费了九牛二虎之力，他们终于到了对岸。那时已是夜里十点半钟。我茧蛹似地蜷曲着身子斜躺着，刚有一星睡意，一位轿夫脚一滑，轿子晃动起来，我顿时苏醒，胸口突突地狂跳。之后，我一直处于半睡半醒的状态，半夜时分，才进入邦都亚的庄园。

叔叔罗毗

迪朗
1891年9月3日

七

媳媳：

　　大概是因为我远离了加尔各答，我对人的稳定性和高尚的信任，迅速减少了。这儿人少地广，周围目睹的事物，完全不同于今日生产、明天修理、后天转手卖掉的物品。它们世世代代岿然屹立在人的生死过程之中，每日在迁徙，永远不停地流动。

　　来到农村，我不再认为人是孤立的。如同大河流过许多地区，人群之河也终日喧嚷着流过森林、村寨和城市，迂曲地流向前方，永远不会干涸。人来人往，我永远前进，这话说得不太恰当。人类这条大河，也有大大小小的支流——它的一端是出生的山脉，另一端是死亡的大海。两端皆是黑暗的奥秘，中间是形式繁多的游戏、劳作和柔声细语，任何时候不会停歇。

　　你听，农夫在田里一面劳动一面歌唱，渔船轻快地行驶，时光悄悄流逝，阳光越来越炎热。码头上有人在洗澡，有人在汲水。如此这般，在宁静的河畔，在村子里，在树荫下，千百年的岁月哼着歌儿朝前奔走。在这一切中间，响着悲凉的话音：我永远前进。

　　寂静的中午，牧童从远处高声呼唤他的同伴，一只船在豁哧豁哧的桨声中驶去，村姑们用空陶罐汲水，响起咕噜咕噜的进水声，此外还有自然的各种不很清晰的声音，如一两只鸟儿的鸣啭，蜜蜂的嗡嗡嘤嘤，船儿在风中颠簸着行驶发出的嘎吱嘎吱凄婉的声音……这一切交融成一支轻柔的催眠歌儿，仿佛有一位母亲在吟唱，为的是让她患病的儿子进入睡乡，忘记疼痛。她边唱边轻声对他说:"别哭了,别胡思乱想,别再和人争论、搏斗,忘记那些吧,安安稳稳地睡一会儿。"说着,伸手轻轻抚摸他滚烫的额头。

叔叔罗毗
希拉伊达哈
1891年10月

八

媳媳:

今日天气很好。码头上泊着两条船。整整一年以后,在外地谋生的人,提着装满礼品的皮箱、藤篮、旅行包,纷纷回乡省亲,欢度杜尔伽大祭节。我望见一条船快靠近码头的时候,一位先生脱掉旧衣服,换一条新裤,穿一件中国衬衫,把围巾细心地绕过脖子,一端垂在胸前,下船后打着伞,昂首阔步朝村口走去。

稻田里荡漾着碧绿的波澜,天空飘移着一朵朵白云,芒果树、椰子树的枝梢耸立在白云之上,肥硕的椰子树叶在风中沙沙作响,河滩上芦苇行将绽放白花……这一切组成生意盎然的画卷。刚从外地返回故乡的那位先生的心情,与家人团聚的渴望,澄蓝的秋空,飒飒金风,绿树芳草,清流碧波……万物之中不停息的生命的律动,浑然交融,给独临船窗的青年[①] 以极大的欢乐,也诱发他

[①] 指作者自己。

绵长的愁思。

寂寞地坐在窗口瞭望,我心里陡然涌起新的期冀。嗯,新的期冀,不很贴切,其实是以新的面目出现的夙愿。前天,我也静坐窗前,望着一位唱着民歌的划桨的渔夫,歌声不那么动人,但把我的思绪牵向了童年——那时我也曾乘船游览帕黛玛河。一天深夜两点左右醒来,推窗探头望去,如镜的水面映着皎洁的月光,一个小伙子在小船上撑着竹篙,嗓音甜美地唱着我从未听过的渔歌。

我忽发奇想,假若我的生活从那一天重新开始,进行生活的探索,就决不让它枯燥乏味,充满懊悔。我唱着诗人写的情歌,驾一叶扁舟,穿过惊涛骇浪,周游列国,寻访名胜古迹。逢人作自我介绍,也设法了解别人。全身洋溢青春的活力,像罡风呼啸着掠过天涯海角。末了返回故园,和诗人一样消度充实安逸的暮年。

这不是什么伟大理想,造福于社会的志向比它高尚得多。可我这样的平庸之辈,心里还没有产生那样的志向。我无意饿着肚子,不眠地仰望远空,时时在脑子里辩论;无意以花言巧语诓哄世界和人心,在人为的饥荒中丧失宝贵的生命。我不认为世界是造物主创造的虚无和魔鬼挖的陷阱。我相信世界,热爱世界,我赢得爱,像人一样活着,像人一样死去,这就够了,我不抱神仙似地乘风遨游的奢望。

叔叔罗毗
希拉伊达哈
1891年10月

九

媳媳：

　　上一封信里我说过，下午我常一个人在屋顶平台上散步。昨天傍晚，我觉得叫阿古尔做向导，带两位朋友去欣赏当地的自然景色是我不容推卸的义务。出门的时候，太阳已经下山，但天还没有黑。天边蓊郁的丛林上面，升起一簇迷人的紫云，我情不自禁地吟哦道："那是妩媚的眼睑上抹的眼膏。"同行的一位没有听见，一位没有听明白，另一位应酬一句："是啊，看上去不错。"见此情形，我再没有吟诗的兴致了。

　　大约走了一英里，到了河畔一排棕榈树下，驻足远望。棕榈树旁有一泓泉水。稍顷，我发现北边那簇紫云颜色变浓，急剧膨胀，从中窜出一道道刺目的闪电。我们不约而同地说，此时坐在屋里观景最为安全，于是转身往家走去。风暴在空旷的原野上飞奔着，怒吼着，向我们扑来。我赞美自然美女黛青的眼睑时，未曾担心她会变成泼妇，追上来揍我们的耳光。

　　尘土飞扬，天昏地暗，看不清五尺开外的东西。风越刮越大，砾石像风射的子弹，击中我们的身体。狂风仿佛从后面掐着我们的脖子，朝前猛推。铜钱大的雨滴鞭子般地抽打我们的面庞。

　　我们拼命奔跑，地面不平，不时要穿过沙丘，平常那儿走路就费劲儿，风暴中更加吃力。途中，一根带刺的树枝缠住我的脚踝，在我挣脱树枝的当儿，狂风企图推倒我，把我摁在地面上。

　　快到家了，我看见三四个仆人大呼小叫，像第二次风暴迎面扑来。有的抓住我的手,有的大声喊叫,有的在前头引路,有的从后面紧紧搂住我的腰,怕主人被风卷走。我竭力摆脱他们的殷勤,头发蓬乱,衣服湿透,全身沾满灰土,气喘吁吁地回到家里。

不管怎么说,我有了深刻的体验。若无这次遭遇,创作诗歌、长篇小说,我可能描写一位男主人公顶风冒雨,心里想着美丽的女主人公,无所畏惧地在荒野上前行。如今我是不会作这种虚假的描写的了。遇到暴风雨,根本不会想什么花容月貌,只会想方设法不让沙子钻进眼皮!

我戴的眼镜若被风刮走是寻不回来的,所以一只手扶着镜框,一只手撩起围裤下摆,绕过灌木丛、土坑,跌跌撞撞地跑着。库帕伊河畔若有恋人的茅屋,我或许不管眼镜、围裤,一心一意只想她了。

回到家里,坐下沉思良久:毗湿奴派诗人就罗陀在漆黑的暴风雨之夜前去与情人黑天幽会,写了大量脍炙人口的诗篇。但他们不曾细想,风狂雨骤,她出现在黑天面前是一副什么尊容!可以想见,她的乌发湿淋淋的。衣服呢?尽是泥浆!艰难地赶到清寂的草堂,她是多么狼狈啊!

以前阅读毗湿奴派诗人的作品,我不曾仔细琢磨。心灵的眼睛看到这样的画面:一位绝色佳人为爱情所驱使,由迦昙波花盛开的树林的阴影掩护,暴风雨中不顾安危,在朱木那河边的土路上踽踽行走。她系紧足铃,不让人听见铃声;戴着蓝色面纱,怕人看见她的面孔。但不感到有必要带把雨伞,不怕淋湿,不提灯笼,不怕摔跤。唉,日用品在需要的时候很有用场,在诗人笔下却受够了冷遇!诗歌试图把我们从日用品的桎梏下解放出来,是太不切实际了。雨伞、鞋子、衣服万古长存。听说随着文明的发展，诗歌有可能最终绝迹，但雨伞的专利权将不断地申报。

叔叔罗毗

波勒普尔
1892年5月

十

媳媳：

　　这儿有一个相貌丑陋的英国人，一双狡猾的眼睛下面镶着鹰钩鼻，下巴几乎有两英尺①，唇髯、胡子刮得干干净净，两腮凸隆，可谓一只膘肥体壮的约翰牛②。

　　目前，殖民政府试图干预印度传统的陪审制度，遭到了各阶层的反对。那个英国人仍固执地提出这个话题，与"波"先生发生激烈争论。他奢谈什么"印度道德水平低下"，"对印度人神圣的人生不可给予太多的信任"，"他们不配当陪审员"，等等，等等。

　　一个外国人应孟加拉人的邀请，来到孟加拉人中间，无所顾忌地大放厥词，他们究竟是以怎样的目光看待我们的，可此可见一斑。

　　我离开餐桌，在客厅的一个角落里坐下，我眼前一切好似幻

---

① 作者在这里用了夸张手法。
② 英国人的绰号。

影。我仿佛看见扩展着的幅员辽阔的印度,仿佛坐在失却光荣的、悲怆的祖国母亲的床头,浓厚愁悒笼罩我的心田,我不知道如何对你诉说。

然而,我的眼前晃动着身穿晚礼服的英国太太,耳边回响着英国人的说笑声,这样的氛围与我的心情是多么不和谐啊。对我来说,印度是真实的,永恒的,而这餐桌旁的甜蜜的笑容,英国人符合礼节的谈吐,在我们眼里,是多么虚假,多么虚伪!

叔叔罗毗
卡达格
1893年2月10日

十一

媳媳:

现在我坐在船上。这艘船是我的寓所。我是这艘船唯一的主人,谁也无权支使我,干预我如何消度时间。这艘船像我的一件旧睡衣,进了船,意味着进入松快的闲暇。我可以自由地思考,自由地想象,阅读想阅读的书籍,写想写的作品;把脚搁在桌上,久久凝望河面,沉浸于天空阳光灿烂、充满闲适的白昼之中。

这几天与先前熟稔的事物重逢的新鲜感觉,将慢慢淡化。之后,是定时的写作、读书、散步,重又恢复昔日与自然的那种质朴友情。

说实话，我对帕黛玛河情有独钟。如同大象是雷神因陀罗的坐骑，这帕黛玛河是日夜为我效力的坐骑。它不太驯顺，略显狂野，但我仍想伸手抚摸它的脊背和颈项，以示爱怜。

水位下降了很多的帕黛玛河，透明，消瘦，像肌肤白皙、姣俏苗条的少女，身裹的柔软纱丽十分熨贴。她姿态优美地迈着步，纱丽随着轻盈的步履飘拂着。

我在希拉伊达哈住在船上的时候，我心目中的帕黛玛河，确实像一位不同凡响的女性，所以描写她纵然言过其实，也不认为不应该写在信中。那些话泄漏这儿的隐私。

一天之中，我和加尔各答的感情发生了多大的变化呀。昨天下午，我坐在楼顶上是一种心态，今天中午坐在船上是另一种心态。在加尔各答凡是多情善感或富于诗意的事物，在这儿是活生生的真实！它们不愿在煤气灯照亮的公众的舞台上跳舞，只想在这儿澄明的日光和宁静的闲暇中，默默地做自己的事。它们到了后台，不擦去油彩，心中就得不到安宁。而我继续协办《求索》杂志，为大众谋利益，累得上气不接下气，似乎是多此一举——其中的许多成分不是纯金，是掺入的其他金属。在这儿无涯的天空下和辽阔的安谧之中，可以不看别人的脸色，怀着纯正快乐，做自己喜欢做的事，其实这才有意义。

叔叔罗毗

希拉伊达哈

1893年5月2日

十二

媳媳：

  我看见远方地极上堆积起急剧膨胀的云团，像厚厚的一叠吸墨纸，吸干了我视野里纤弱的金色阳光。如果又下大雨，我必定斥骂雷神因陀罗。我已看不见流云的落拓的穷相，它们变得像养尊处优的老爷似的，肥头大耳，穿着肥大的潮湿的绿袍。大概是快要下雨了，吹来的湿风呜咽似的啸叫。

  坐在西部地区西姆拉①摩天的山顶上，难以想象，这儿云彩和阳光来来往往，对于凡世是何等重要，也难以想象多少人愣怔地仰望云天。

  每每见到那些贫苦的农民和雇农，总心生悱恻，他们像造物主创造的幼儿，柔弱无助。他不亲手喂他们食物，他们就活不下去。大地的乳汁一旦枯竭，他们只会哭泣；略微消释饥饿，他们立刻忘记一切。我不知道社会主义者能否平均分配遍布世界的财富，如果绝不可能，那天帝的法则实在是太残酷了，人类实在太不幸了。因为，世界上确有苦难，那只能暂时让它存在，但苦难中应该给人一条狭小的出路，给人一丝光明，这样，人类中那些高尚的人，方能满怀信心，艰苦奋斗，去消除苦难。

  有些人宣称，任何时代，给世界上所有的人以维持生计的最基本的日用品，是不切实际、永远实现不了的幻想，不可能人人

---

① 旅游胜地。

吃得饱、穿得暖，大部分人只能半饥半饱，永远找不到改变这种状态的道路。他们说的话是何等残酷啊。

所有的社会问题的确很难解决。天帝给了我们一块很小的薄旧布，用它盖住世界的这一部分，那一部分就裸露出来。克服贫困，要耗费大量财富，财富耗尽，社会中多少美和发展的基石就遭到破坏，这样的例子不胜枚举。

西天聚集了太多的云团，然而又一次被阳光射穿了。

叔叔罗毗
希拉伊达哈
1893年5月10日

泰戈尔和英迪拉同台演出《蚁蛭的天才》

十三

媳媳：

如今写诗对我来说好像是享受幽禁的快乐。为下一个月的《求索》，我至今未写一句话，编辑每隔几天来信催稿；未来的阿斯温月①和加尔底格月②的合刊，空着手，直视着我的脸，厉声呵斥。我只得跑到我诗歌的私宅，隐藏起来。

我每天觉得，今天不足二十四小时。缺分少秒的一天天，悄然流失。我抓耳挠腮，想了半天也不知道什么是我的本职。有时觉得，我能写许多篇短篇小说，没有一篇是劣作，一面写一面享受无穷的乐趣。有时又觉得，心中涌动的滔滔情感，不宜以诗的形式抒发，最好以日记的形式表达出来，那样做既有艺术成果，也可享受快乐。有时候，感到极有必要就社会问题与国人展开辩论，不管别人是否参加，我挺身而出去尽那份恼人的责任。可有时候却厌烦地想：统统滚一边去吧！世界会给自己的织布机加油；择选恰当的字当韵脚，创造优美的旋律，写短小的抒情诗才是我轻车熟路的行当，把其他琐事抛在脑后，在自己的内心世界里专注地创作吧。

我的境况，似乎有点像嗜酒的高傲的美女，拥有一批情人，舍不得放弃一个，我也不愿让诸位文艺女神中的哪一个对我失望，结果我的工作量剧增，弄不好，在文学之路上长跑，任何一种文

---

① 印历6月，公历9月至10月。
② 印历7月，公历10月至11月。

学门类的技巧,皆不能为我掌握。在文学领域,也有不同的职权,当然与其他领域的职权略有不同。有了文学的责任感,不一定非得考虑哪种职业可为世界带来最大福利,可我非考虑不可的是,选择哪种文学门类,我将获得杰出成就。经过深入思考、比较,我或许在诗歌领域会有最深的造诣。

然而,我饥渴的熊熊大火,力图在宇宙和精神世界处处播散自己的火焰。当我动笔写歌曲,就觉得持之以恒地写下去,必定有所建树;当我参加戏剧演出,不知不觉便入了迷,觉得无论如何这也是一项值得为之献身的事业。后来,我写的文章《论童婚》和《教育的各种模式》发表了,自己读了一遍,觉得写政论文也是生活中最高尚的职业之一。

要我大言不惭地说句真心话,那我先得承认,我时刻把失恋的贪婪目光投向绘画艺术。但我在绘画上是没有前途的,毕竟学画的年龄早过了。绘画与其他艺术一样,是不易掌握的,它宛若"罗摩断弓"①,若不经年累月地刻苦练习,是得不到艺术女神的欢心的。

独自与诗歌相处,对我来说是最快活的。她对我袒露了她的情怀,她是从我童年时代起,几十年与我相依为命的挚爱我的伴侣。

关于有人提出的所谓缄默的诗人的问题,我的看法是,张扬的人和缄默的人,可能拥有数量相同的感情,但诗才是另外一回事。它不仅表现在对语言的驾驭上,更体现在作品布局谋篇的能力上。依仗看不见的、隐秘的技巧,情感在诗人手中呈现为多彩的形态。那样的创造力,是诗才的根本。语言、情感和感受,仅

---

① 典出史诗《罗摩衍那》,罗摩拉开湿婆的巨弓,将其折为两断,遮那迦国王才同意把悉多许配给他。

仅是诗人的材料。有的人掌握语言，有的人有感受，有的人既掌握语言又有感受，但另一种人，既掌握语言，又有感受和创造力。最后一种人，才能授予诗人的桂冠。前三种人，可能保持缄默，也可能喋喋不休，可他们不是诗人。称他们中有的人是脑力劳动者，是用了一个恰当的单词。他们也是人世间难得的人才，诗人时刻对他们敞开热诚的胸怀。

有了上面的开场白，解释我的诗作《撒网》就容易一些了。这首诗放在面前，我可以较深地理解并较为详细地作一番解释，不过脑子里有一个大致印象。你不妨施展一下你的想象——有一个人在他人生的早晨，站在海边，遥想红日东升；那大海是他的心灵，或者是外部世界，或者是两者之间的一个情感的大海，但究竟是什么，诗中没有讲清楚。尽管如此，凝注着极为壮美的深邃的大海，他忽然想起，把网撒入这奥秘之海，看看可捞到什么东西。说干就干，他一扭身把网撒进海里。

各种精美的物品捞了上来，有的像笑容一样洁白，有的像泪珠一样璀璨，有的像羞色一样鲜艳。他异常兴奋，撒网拉网忙了一天；他把深不可测的海底所有精美的奥秘全部捞上来，堆在海滩上。就这样，他一天的时光消逝了。黄昏时分，他觉得这一天他打捞的东西够多的了，赶紧把这些东西给"他"送去吧。"他"是谁，诗里也没有说清楚。可能是他的情人，也可能是他的祖国。可不管给谁，"他"从未见过这些珍品。于是，他心里纳闷：这些到底是什么东西？有必要捞上来么？可以用它们消除匮乏么？送去让店主鉴别一下，它们值多少钱。

总之，这些不是科学、哲学、历史、地理、经济、社会学、宗教和伦理道德；而仅是五光十色的情感。哪一样叫什么名字，有什么来历，都无从稽考。结果，一整天撒网，从深海捞上来的这些珍宝的受纳者，奇怪地问："这些是什么东西？"这时渔夫也懊丧不已，心想：确实，这不是什么特别的玩艺儿，我不过撒了网，收了网；我没有去集市，没有花一分钱，我不必交费，不必纳税。他略为羞愧、神色黯然地把那些东西捡回来，坐在门口，一件一件扔到路上。第二天上午，路过的旅人把那些珍品拾起，带到异域的家中。

也许，这首诗的作者认为，他那在内宅忙于家务的女子似的故乡，他同时代的读者理解不了他这首诗的意蕴；他们不能确定它的价值；因而暂时把它们扔在路上——你们轻视它，我也轻视它，今夜消逝之后，后人把它们拾起来带往别的地方。

然而，那位渔夫消气了吗？不管怎样，后人像赴幽会的美女，在漫漫长夜一步步朝诗人走去，夜尽天明，大概就能走到诗人的身边，大概谁也不会反对让诗人享受这种想象的快乐。

在神庙里写的那首诗的确切含义，记不太清了。或许是关于真正的神庙。换句话说，当坐在屋里以虚幻的想象笼罩自己的神，把自己的心魂引进了一种不正常的炽热的气氛之中时，骤然一个疑惑之雷击毁那一堵堵长久存在的假墙，自然的秀丽、灿烂的阳光和世人的欢歌，涌进来占据念咒语和焚香的地方。于是，我看见，那才是真正的祈祷，神听了才满意。

叔叔罗毗
萨加特普尔
1893年7月

十四

媳媳：

　　我乘的船穿过沼泽，朝卡里格拉姆驶去，一个想法清晰地在脑子里闪现了。这并不是新的想法，考虑也有一段时间了，但一次次感到旧的想法具有新的内涵。

　　流水如果不为两条河岸所护持，就显不出它的美丽来。无边无际不受控制的沼泽，看上去单调而不美。对于语言来说，韵律起着河岸的那种限制作用。给予语言某种特殊的形态或特殊的装饰，她便丰姿绰约。如同两岸护持的一条条河各具个性，好像一个个秉性不同的人，由于韵律的制约，一首首诗也像形象鲜明的一个个实体。散文就没有那种相对固定的美的特质，它像烟波浩渺的没有特色的大泽。

　　此外，由于被河岸控制，河水才能流动，才有速度。但不流动的沼泽，卧躺着，巨口吮含着八个方向。如果觉得有必要给语言一种流动和速度，就必须把它限制在狭小的韵律之中；否则，它只管四处蔓延，不能集中精力朝一个方向奔流。

　　农村的人管沼泽的水叫"哑水"，它没有语言，没有自我表现。岸堤管制的河水，发出潺潺的声响。把话语拘锁在韵律之中，它们就互相碰撞，形成一种音乐。所以，韵律的语言不是哑默的语言，它时刻唱着清亮的歌曲。身处束缚之中，才有运动之美、韵音之美和形式之美。身处束缚之中，不仅有美，还有张力。

　　诗很自然地慢慢接受韵律的约束，并在约束中展现自己。那不是为了给予人为的习惯的愉快,它本身具有天然的深沉的愉快。有些愚蠢的人认为,诗接受韵律的束缚,不过是自我炫耀,是为了给普通人一个惊喜,充其量不过是语言的体操。他们的看法是十分错误的。导致诗律产生的法规中,也产生了宇宙所有的美。通过一种固定的束缚,快速流动,撞击心灵,美才有势不可挡的力量。

超越雅致的束缚,一盘散沙,便没有冲击力。离开沼泽进入河流,又从河流进入沼泽,我心中这样种观点越发的灿亮了。

叔叔罗毗

波迪夏尔

1893年8月13日

十五

媲媲:

帕黛玛河水已开始退落,但这儿的河水还在一个劲儿地上涨,环顾一下四周就明白了。粗壮的树干浸泡在水中,枝条无力地坠向水面。榕树、芒果树林的幽暗深处,几条船之间,村民在洗澡。一间间落寞的农舍兀立在水上,前后院落被淹没了。农田杳无形迹,依稀可见水稻叶尖在水下晃动。

我记不清楚乘船经过了多少河流、沼泽。有时沙沙沙穿越稻田，一转眼滑入了池塘。池塘里白莲亭亭玉立，鱼鹰在潜水逮鱼。有时驶进河浜，一边是稻田，另一边是浓密树林掩映的村庄，丰盈的河水迂回地从中间流去。

洪水无孔不入，填满了一切空隙。乡村的惨况你大概从未见过。当地人坐在大缸里，竹片当桨使用，往返于农舍之间。看不见一条旱路，洪水如果继续上涨，涌入住房，他们将不得不蹲在高高搭起的竹架上。黄牛日夜立在齐膝深的水里，可吃的青草日益减少，等待它们的是死亡。一条条蛇离弃灌满水的洞穴，盘居在茅屋顶上。无家可归的爬行动物、蚊蠓与村民同居。

村外黑乎乎的树林里，树叶、葛藤、蔓草泡在水里腐烂，到处漂浮着人畜的粪便和垃圾。沤泡黄麻的臭水绿幽幽的。大肚子细腿赤裸的小孩在泥水里玩耍，全身脏极了。散发臭气的死水上面雾团似的蚊群嗡嗡旋舞。

雨季经过这些卫生条件如此差的村落，我浑身汗毛凛凛的。每回看见身裹潮湿纱丽的家庭妇女把下摆挽在膝盖上，像受折磨的牲畜似的在风雨中拨开水上的污物，洗锅洗碗，心里非常难受。我难以想象乡村的人忍受着这样的苦难。他们家里有的患风湿病，有的两腿浮肿，有的感冒、发烧，婴儿不住地啼哭。但目前没有办法救助他们，只能看着他们一个个死去。乡村这种愚昧、落后、贫困、肮脏、无人关注的困境，太触目惊心了。

我们是各种恶势力的手下败将——自然的灾害，我们忍受；帝王的残暴，我们忍受；对世代造成无数悲剧的礼教，我们没有勇气发出反抗的呐喊。我们应该遁离这样的世界，恶势力不会带来和谐、幸福，不会带来真善美。

叔叔罗毗
梯伽勃蒂亚水路上
1894年9月20日

十六

媳媳：

收到你的来信，非常高兴。漂洋过海，最近几乎未听到家人和亲戚的消息。原因是，我主要和波尔普尔的学校通信。另外，有的亲人来信中谈的事情，对我来说是不是新闻，已弄不明白了。所以，我仿佛是这样过日子的：印度时间的钟，没有人上弦，可在这儿，每一秒都爬到秒针的肩上，嘀嗒嘀嗒，吵得房间快要发疯了。

你在信中谈到《吉檀迦利》的英译本。我是怎样一首首翻译的，过程记不太清了。人们为何如此喜欢它，我至今也想不明白。我不擅长用英语写作，这是显而易见的，可我从不为此感到羞愧，从不怨天尤人。如果有人用英文写信，请我用英文写回信，我是没有把握的。你也许会想，我如今应没有这种忐忑了，绝非如此。用英语写文章依然感到像在迷宫里行走。

上次登船的那天，在亲友送别的熙攘中，我突然晕倒。不得

英译本吉檀迦利

不中断出国旅行，返回希拉伊达哈休养。然而，即使大脑没有完全康健，我也无意提出彻底休息的要求。于是，为了安抚心灵，只好着手做并非急迫的事情。

当时正值杰特拉月①，空中弥漫着浓郁的芒果花香，鸟儿的歌鸣陶醉了白天一个个时辰。小孩子浑身有劲儿，通常忘记妈妈。而一旦筋疲力尽，就想坐在妈妈怀里。我的情况与之相似。我静静地坐着，以我的心灵和我所有的闲暇偎依着杰特拉月。它的阳

---

① 印历12月，公历3月至4月。

光，它的和风，它的芳香，它的歌曲，一样也不躲避我。在这样的氛围中，是无法默不作声的。和风吹拂我的心弦，就会发出音符，你知道，这是我一生的习惯。可当时我还没有挽袖束腰进行写新作品的精力。于是就坐下来翻译《吉檀迦利》。你要是问，身子虚弱，你心里怎么还会产生这种冒险的念头？我的回答是，我着手翻译绝无自我炫耀的妄想。以前，在情感的和风吹拂下，心中苏醒了欢乐的情味，当时有一种冲动，想通过别的语言让它再生。不久，小本子上写满了译文。我把小本子塞进口袋，上了船。之所以这样，是想在茫茫海上心里烦躁时，身靠甲板上的躺椅，再翻译一两首。实际情况也是如此。写了一本，又换一本。罗顿斯坦已从一个印度人口中得知我崭露的诗才。有一次交谈，表示希望看看我的手稿，我心里有些犹豫地把手中的本子给了他。他看了译文谈了自己的看法，是我难以置信的。他把我的小本子寄给了叶芝。之后发生了什么，那段历史，你们是知道的。你从我的讲述中至少可能明了，我没有任何过错——事态发展大致就是这样。

你如果问，西方读者为什么接受我的作品？我的回答是：我不只是为写诗而写诗。这些诗是我生命中的东西，是我真实的自我呈现。其间，我一生的全部苦乐和一切求索浑然交融，形成自己的独特风貌。生命的东西在生命的舞台上受到欢迎，我深谙此道，可很难对人解释。

印度一位作家把他的一本书翻成英文，寄给这儿的一个英国人。几个英国人看了以后对他说，这本书如不脱胎换骨地重写，不能出版。这位作家听了责问道："为什么？泰戈尔的语言能被人接受，我的为什么不行？"他犯了个大错误。他以为，作品的成功依赖语言。确实，我可以对英语发牢骚，可这辈子从未这样做。但不管是什么原因，我对世界的认知，成为我内心的真情实感。在它的催促下，我着力把它展现出来。

夜深了，遥寄了初春的祝福，为这封信划上句号。

叔叔罗毗
伦敦
1913年5月6日

十七

媳媳：

你新年的问候在我生日①这天抵达这儿。我现在在日内瓦。今年我的生日在这儿过了。记得有一天我出生在印度。出生那天距今已很遥远。之后五十岁那年，我在西方再生了。这儿的人把我当作亲人。每每想到他们的友情多么深挚，他们的亲情多么真实，我万分惊喜。在欧洲大陆，我的住所就这样建成了，这是我来之前难以想象的。我至今不完全明白，我为何获得如许敬意和爱戴。六十年前的一天，我出生在孟加拉时，获得了降生凡世的无穷财富，它难道能计算吗？同样，我获得了外国人的无穷真爱，我哪

---

① 泰戈尔生于1861年5月7日。

天能够偿还呢？一笔笔欠账和还账，我核对不了。我获得了再生这无穷馈赠，谦恭地接受大地母亲的祝福，可我并不为此感到骄傲。

你的叔叔
日内瓦
1921年5月7日

写给波罗穆特·乔德里①的信

---

① 英迪拉·黛维的丈夫,泰戈尔的侄女婿,《绿叶》主编。

一

波罗穆特弟：

　　这几天一直想给你写信。你去了朱亚汤迦县之后，与你的交流突然中断。做不成该做的事，我的境况和某天上午家中的煤气管和水管被一刀割断造成的局面，相差无几。人世间托某些圣人贤达的福，挖掘了许多情感之塘，池水可以饮用，池塘里可以沐浴，还可以完全满足情感的渴求。家中我们身旁的交谈之管里流出来的水中，虽不能游泳，不能全身泡在里面，也不能自杀，但对于每日多种快活来说，是十分必要的。不光交谈，报纸、简单的评说等短时的文学活动，也起到水管的作用；它们从已有的情感之塘汲水，以极低的价格分送到各家各户。为此，也许许多现代读者彻底忘了游泳和泡身子的惬意了。因为，水管里可以获得一切，可情感之塘的宏阔和深不见底，是进不了水管的。

　　与你交谈收益颇多，突然中止，我有些不知所措。收到你的信，水管里又流水了。有的话题，信中絮叨几句，就可了结。但面对面地坐着，挥手顿足，声情并茂，不间断的议论中所表露的激情，是信中找不到的。有了那样的激情，心田许多灵感的嫩芽，眼看着就萌发了。当然，那些嫩芽不会全部存活。大部分骤然绽露，骤然泯灭。但是，其间精神生活的一种历练，是极为愉快的，也是极为有益的。所以，你如能来波尔普尔住几天，就可就多个话题进行切磋。

看了你的信我知道,你完全明白,甚至在心里感觉到我是多么疯狂地写《歌与画集》的诗歌的。当时,我白天黑夜疯疯癫癫。你们如果当时首次目睹我表情中显露的心潮澎湃,必然认为,这个人在展示狂放的诗情。我的身心中,初萌的青春好像洪水突然泛滥。我不知道,我往何处走,谁把我带往何处。一阵风吹过,一夜之间,一些花儿借助魔力绽放了,可中间尚无结果的迹象;只有美的喜悦,但没有终结。

我确实不太明白,我的心中,是充盈离合和苦乐的爱,还是美的迷茫愿望更强烈一些。我感到,美的愿望有精神属性,像冷漠的出家人,奔向"无形"。而爱是世俗的,有形的。前者是雪莱的云雀,后者是华尔华兹的云雀。一个人祈求无限之琼浆,另一

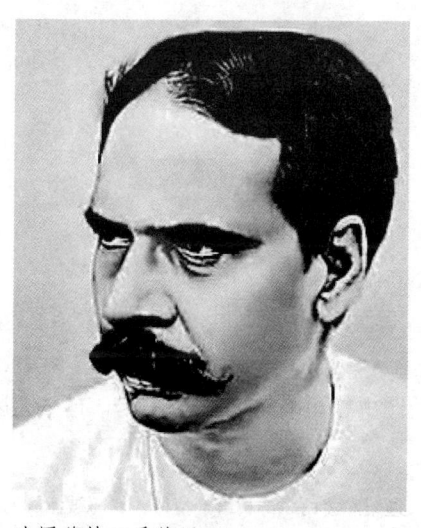

波罗穆特·乔德里

个人赠送无限之琼浆。所以,一个人必然奔向完美,另一个人必然奔向不完美。有爱心的人,会去爱被贫苦折磨得不完美的人,所以他必有博大的宽容和情爱。而爱美的人,追寻完美,有无尽的渴求。人既有完美又有不完美。不同的人更多地感受到两者之一。我觉得,女人更多地感受到的是完美,所以她们轻率地爱人,并感到满足。男人更多地感受到的是不完美,因此,知识和爱情的力量怎么也消除不了他们的不满足。诗心中两者并存,是件好事,可两者的和谐是罕见的。不,不能说罕见。在杰出的诗人心中,两者是和谐的。否则,写不出诗。不完美的现实和完美理想的融合,就是诗美。想象的离心力,把现实拽向理想。而爱的向心力,把理想引向现实。诗歌创作既不会淡化为气体,也不会硬化成狭隘。

泰戈尔

圣蒂尼克坦

1890年5月21日

二

波罗穆特弟:

  我们这儿的图书馆里有一本《云使》①。有一天风雨大作,漫长

---

① 印度古代大诗人迦梨陀娑的一部长篇抒情诗,描写被流放的小神药叉托雨云把他的思念带给远方的妻子。

写给波罗穆特·乔德里的信

的下午，我在紧闭门窗的屋子里，靠着枕头，拖腔带调地朗诵了一遍。不仅朗诵，还添枝加叶地写了一首描写雨天的诗。你知道我读了《云使》的感想吗？这本书确实写的是离人。不过，书中离愁别绪的成分很少。字里行间充满离人的欲望。在亲人分离之中，似乎有一种囚徒的情绪。于是，抬头望见无垠天空中云彩的自由飘移，受到诅咒的药叉把自己难耐的思念托付给云彩，让它飘越河流、大山、森林、村庄、城镇，享受着无边自由的快乐。《云使》是囚徒之心周游世界的记录。

读着《云使》产生的另一个想法是，现在已没有古代那种分离的男女。诗集中可以读到旅人的妻子的描写，可我们感受不到他们的真实情状。近代应运而生的邮局和火车，从国内驱逐了离别。如今没有所谓的异国他乡了。所以思妇们不再披散着长发，怀抱着泪湿的弦琴，躺在泥地上。她们坐在桌子前，写信，封口，贴上邮票，在邮局里寄出，之后就安心地洗澡吃饭。

但愿我这封信送到你手里时，朱亚汤迦的天空乌云密布，天昏地暗，广阔大地上大雨哗哗倾泄。若不这样，而是阳光炽烈，大地像着了火，草木枯萎变黄。天上的任何一个角落，如果没有一片雨云，生于雨天的这封信，必将夭折。

泰戈尔
（原作无地点、日期——译者注）

三

波罗穆特弟：

　　今天早晨，我的右肩突然像患了关节炎似的，脑袋转动和右胳膊抬起都很费劲儿。若不把一向被扔在后面、眼睛看不见的后背吃力地靠在椅子上，它的存在就感觉不到，历来藏在后面的背部就要自封为意识王国的国君了。在给你写的这几行字中间，隐藏着无从展示的龇牙咧嘴和呻吟。此时，与这疾病相比，《心声集》①中所有的冷漠和失望心情，让人觉得是太虚假、太矫情了。看来，后背和肩膀，比心灵和灵魂重要得多。所以，今天无望从我这儿听到对《心声集》切中肯綮的评说。仔细琢磨一下，可以发现，《心声集》对爱情的描写，使用诗的语言，不过是篇幅较大的一种美的游戏。它的真正题旨是：人并不知道他究竟追求什么。是要一罐水？还是要半个木苹果？如问的话，他说不清楚。在这种状态中，我与心灵妥协，试图摘到想象王国的如意树结的梦幻之果。当我得知"真实"极度不满，并当着人心之面粗鲁地回答问题时，赶紧沉湎于冥想和想象。可从想象那儿也弄不到完整的果实。不过，比起真实，它可赍负更多的指令。所以，在一处写道："愿真实成为想象。"我如何能将它们合二为一呢？换言之，我如何能成为天帝呢？人像天帝一样，心中怀有无限希望，可不能像天帝一样拥有无限能力。有人说，人也有无限能力，所以在外部世界奋

---

① 泰戈尔1890年发表的一部诗集。

斗。可有些人知道，人没有这样的能力，于是坐在愿望之国，信心不足地制造想象中的偶像，对它膜拜。你会称之为爱吗？我所爱的人在哪儿？我爱许多人，可我塑造的心灵偶像，在心殿。它是艺术家手中创造的第一尊不完美的天帝之像。它能渐渐完美吗？

罗毗

（原作无地点、日期——译者注）

四

波罗穆特弟：

阿周那[①]终于有一天没有力气张弓搭箭。你难道认为，如同阿周那拉不开神弓，我不能写作的日子不会来到吗？我似乎常常听到提醒，自己也意识到，体面地离开文坛，是明智之举。最近一段时间，我的耳朵里嗡嗡乱叫，不仅听力下降，脑子也有些迟钝。读书写作，力不从心。这是要说的第一点。

其次，以往笔力雄健的时候，其他事情统统抛在一边，时间全花在创作上。如今笔力自行衰退，全部心思放在办校上了。在我抵达的年龄里，有一种可怕的孤独，就好像一动不动坐在沙漠里，既不舒适也不快乐。以前创作激情旺盛的岁月里，一直在自己的各种作品的领域中来回奔波。现在明白，我已没有每日支撑

---

① 印度史诗《摩诃婆罗多》中的主要英雄人物之一。

写作的体力了。因此，不再在那条路上继续行走，而应加固我人生的另一幢建筑了。我确实喜欢孩子，可我与他们没有私欲基础上的利益关系，心里是坦然的。所以，全心全意为他们服务，我中年和晚年的裂缝就全能弥合，而我也是自由的。

最后一个想法通常不应对人讲。简单地说就是：生命总归是要结束的，谁也不能否认这一点。内心一次次似乎有人提醒：不要让生命终结成为单纯的损失。所以杂七杂八的琐事，我不予关注了。只要远远躲避指责、赞扬、狂热，走自己的路，就能实现既定目标。否则，就会像疯子一样，摇摇晃晃地行走。鉴于这些原因，我不能再怜惜过去承负的岁月，我要放下它的包袱。它收到的工钱，对我来说已足够了。如今我想把工钱塞进腰间的口袋里，投身于另一项事业。我的全部想法，已对你讲明了。

说"我彻底放弃写作"，没有任何意义，说也是白说。因为，"江山易改，本性难移"。它是疟疾的病毒，事先不告诉一声，突然让人索索发抖。不过，它来自人自己一时的冲动，而不是来自杂志索稿造成的周期性狂热。我只能说，我记住写作这件事了，写的那天，你们不用派听差来。所以，你们从我这儿索得的稿件，是额外收入。定期获得所需稿件，需要采取其他行之有效的措施。

我这颗心这几年一直申请休假，但至今未获得"办公室主任"的批准。这一次即使未获批准，我也打算自定假期，溜之大吉。此前所有杂事的残余，要像快刀斩乱麻那样，一刀砍掉。除此之外，别无他法。

今后，你要大力扶持新作家。我们这辈子从事文学创作，从不赶时髦。得到弹诗琴的指令的那天，从弹维伊罗晨曲开始，一直弹到马尔格斯暮曲才结束。当发生唇枪舌剑时,既不可怜自己也不同情别人。迎着诋毁的风暴渡海,从不松开舵柄。从不关注风暴日夜从头上掠过,刮到了哪里。希望文学新秀记住:文学之杯中的琼浆要一口饮尽,像老鹰那样啄一口,不可能取得成果。想从事文学创作,必须全身心投入。

泰戈尔
圣蒂尼克坦
1917年4月13日

五

波罗穆特弟:

  上次写信给你之后,我想起,我被借款和遗嘱中的欠债之绳缠住,出售我继承的一部分房产,几乎是不可能的。所以,除了分家,无路可走。如何分家,你当公证人,提个方案吧。我绝对不愿看到苏伦德拉纳特受到一丝一毫的伤害。和他平分债务,我也毫无怨言。和他交换一下意见,你们提出的方案,我绝不会反对。比起利润,我更多地需要自由。但愿明年初我可以一身轻松地踏上新的旅程。

  然而,我不能只让家庭责任捆住手脚。因陷入债务的泥潭,学校目前危机四伏,我决不能袖手旁观。世界大战导致印度国内物价飞涨，地产的租金收不到了，圣蒂尼克坦本可收到的二百五十卢比也收不到了。学校的许多孩子家境贫困，早已免收他们的学费，所有困难集中到了一起。所幸的是，麦克米伦出版公司突然寄来一千卢比的稿费，解了燃眉之急。从我们自己饥饿的家庭嘴里抢走这一千卢比，我经受了不小的痛苦，可目前顾不上多想了。总之，还不了我欠的债，我的家产和事业均将遭遇灭顶之灾。所以，我得当机立断，采取行动。

我心里感到很累，不想干别的事情。可是躺倒不干，也不是长久之计，故而在圣蒂尼克坦极慢地零敲碎打地把作品译成英文。看看这期间能不能为《绿叶》写点什么。但感到精力快要枯竭，如今拿出来的东西，只够塞满孩子们的小手了。在你们的大市场上揽活的本钱，我可是没有啦。另外胆子也小了，心儿走的路上，杳无人影。

泰戈尔
圣蒂尼克坦
1917年3月

六

波罗穆特弟：

我的身体已相当虚弱，以至于写信等世俗小债，也一天天攒积了许多——这种罪过下辈子如果受到惩处，我肯定将是日报的一名编辑①。心里真产生了这种惶惧，就会想方设法尽早圆寂，获得解脱。但与之相比，眼下回信容易得多。

应千方百计拯救《绿叶》。把它的绿色牢牢地印在孟加拉青年的心中之前，你是无法脱身的。在年迈的无色无韵无激情的神圣沙漠里，至少应有一两个绿洲，无处不在的未老先衰的瘟疫之风，不可能将绿洲摧毁。在漫漫黄沙之中，但愿你的《绿叶》日日飒飒作响，摇曳的凉荫，在永恒的青春之泉旁边，永不蚀损。生命的富丽把自己反叛的绿色胜利大旗插在千篇一律的胸脯上，不死地昂首挺立。

我躺在开着的窗户旁的躺椅上，望着前面的田野，消度许多时光。我看到田野里所有的野草枯萎了，变成了灰褐色，就像写满训诫的古籍的纸页。很久没有下雨，阳光炽热。干枯越发厉害，从这边的地平线到那边的地平线，占领了广阔大地。它的势力多么强悍，看一眼扩展到远方的空廓，就能明白。但其间唯一的一棵棕榈树，藐视如此久长的萎靡，独自伫立，时刻与天空与阳光交换信件。别处没有声籁，唯独棕榈树所在的地方，声籁之泉从未停止流淌。这情景让人联想到，仿佛有一位幼神面带笑容在高大魔鬼的面前吹响法螺。凡是不朽的，无需变成庞大。只有死亡炫耀自己膨胀的身躯。你们的《绿叶》宛如那棵棕榈树，独自站在一望无际的衰老的沙漠中。

贾拉桑得②的城堡异常坚固，里面的大监狱里，有无数条铁链，戒备森严，可般度兄弟仍冲了进去，尽管他们已没有军队和封地。

---

① 指也将品尝约稿、索稿的艰辛。
② 印度史诗《摩诃婆罗多》中的一个国王。

手无寸铁的年轻人在极短时间内毫不费力地杀死贾拉桑得，推倒他的牢门，解救了被关押的刹帝利武士。在我国的"贾拉桑得"的城堡里，也关押着一批"刹帝利"，他们将拯救满目疮痍的国家，把自己的权利扩展到远方，把本国的胜利旗帜插遍广大的生命领域。你们继承了那些年轻刹帝利的砸碎"衰朽"之链的事业。你们人数不多，经常挨骂，没人爱护你们，可你们必将赢得胜利。胜利从来不属于衰朽和死亡。

你们邀请我进入《绿叶》的编辑部。你们的探索未以《绿叶》的面目现身时，我已进行这样的探索了。韵秀青春在新的时代，以新的姿态，以新的花叶，一次次显现。生命的不朽榕树之所以不朽，是因为它的骨髓里流动着永恒青春的琼浆。所以，每年春天，身着新装，以新青年的面貌出现。在我国，老榕树的骨髓里如果没有一滴青春的琼浆，就只能当焚尸场的木头用了。

我们那个时代生意盎然的事业，在你们这个时代的新叶中重现，从蓝天的金觥中吮饮阳光的热量之浆。那样的热量衍变为你们的果实，源源不断地储存在祖国的生命宝库里。

你们忘了我的地位已经提高了。先前我是青年国王的宫门前的卫兵。如今已成为朝廷中幼王的随从。换句话说，我已抵达新生的边界线——只等在死亡之前跨过这个门槛。我正在朝前走，此时不要叫我往回走。上苍赐福，让我老了还未老死。所以，过了青春的中午，我的年寿朝永远碧绿的孩童的地平线延伸。我听到了召唤，要我把一生最后一件事和最后的快乐留在那儿。在青春的胜利征程中，一生的大部分时间，我不曾向打击、侮辱、诋毁低头认输，不曾害怕动荡的冲击，转身逃跑。但在这日暮时分，我从我主人手中接受奖品的时候到了。我的主人变成孩子来了，我正收下他的奖品。他交待的工作中，处罚极少，安逸甚多，但没有一分一秒的憩息。所以，我现在祈祷你们的胜利，但没有与你们同步前进的精力了。我现在与孩子们朝夕相处。他们未来的青春是纯洁的，勇敢的，无拘无束的，不会麻木不仁，不会受骗上当，不会追名逐利，而将为真理而献身。这是我由衷的祝愿，我的祝愿如能部分实现，我的一生就是成功的。

泰戈尔
圣蒂尼克坦
1919年5月

七

波罗穆特弟：

我会经常为你的杂志写文章，不过，作品像维沙克月[①]沿着沙滩缓缓流动的清浅河水。也就是说，其间没有货船行驶的希望，也不能沉下去洗澡。它好像喃喃自语，像雨季繁星隐逝的夜里的萤火虫。也许，它还像白天飞累了的一只只鸟儿酣睡时的蟋蟀颤鸣。换句话说，它不是工作的喧闹，不是节日的欢呼，仅是憩息的低吟。

---

① 印历1月，公历4月至5月。

收到你写的文章，当即坐下拜读。现在时间相当充裕。在二十世纪，人不卧倒在床，是不会有兴致读书的。走到图书馆门口，也就差不多走到焚尸场了。但媳媳寄给我的巴苏特卜·帕达贾尔杰的那本书，走到阎王的门口，也不会有读的空闲了。这人太狡黠，他的作品向来缺少真诚。

明天，我要一挥而就地为《绿叶》写篇文章。不这样不行啊。"懒鬼"写的文章如像飞升的爆竹，嗖地就上天，而如果慢吞吞地挪步，我立即明白，火捻子点不着了。

泰戈尔
1919年6月

八

波罗穆特：

听到朱克斯①儿子去世的消息，心里很难过。最近，我被死亡的黑影笼罩着。尼杜的书籍、衣服和其他用品寄回来了。离去的人留下的所有物品，使他的离世让活着的人感到更难以忍受。家里的日常生活让人感到是多么空虚啊。我翻开他的一本日记本，里面他写的文字很少。仅有的文字记录了他的一些情况，可他已不在了，这个残酷的无法接受的现实，心里多想抗拒啊。我在自

---

① 朱克斯是波罗穆特的大哥。

己屋里看到了死神的一次次失败，不明白生灵游戏的最终愿望是什么。那死神竟潜入你家。我感到，已逝生命的或细或粗的根须，深扎在家庭的心中。它们曾是欢乐的纽带，今天却向四周撒去难忍的悲恸之网。我说不出一句安慰的话，呆若木鸡，默默无语。死亡为了散布自己的痛苦，带来了生离死别。只有这生离死别在逝者和仍在尘世的人中间，承负着沉痛的无声话语。

泰戈尔
圣蒂尼克坦
1933年8月12日

写给贾格迪斯·昌德拉·巴苏①的信

---

① 贾格迪斯·昌德拉·巴苏（1858—1937）系印度著名物理学家。

一

亲爱的朋友：

读了您的来信，我感到十分欣慰。我对褒贬向来熟视无睹。事业上我尚未成功，所以尽可能远离嚼舌者。但哄蒙世界恐也不行。波雷姆·达斯在一首歌中写道：

> 枉然伤心，解决不了问题——
> 不能不享受该享受的东西。

然而哀伤中莫大的欢乐在于，我看到朋友们的爱心渐渐贴近我的痛苦。

奥卡亚库·马尔·穆伊德里①先生在"不吉利的时辰"把二十个蚕茧扔在我家里，扬长而去。如今，我日夜为安排二十万个饥饿的蚕宝宝的食宿，忙得不可开交②。我雇了十来个人昼夜清洁筐箩，从周围的村子采来桑叶。洛伦斯③几乎不吃不睡不洗澡，侍候这些蚕宝宝，每天十几次把我拽去观看，快把我累疯了。在他身

---

① 奥卡亚库·马尔·穆伊德里系养蚕专家。
② 创办合作社，探索农民脱贫之路，是泰戈尔后半生的一项事业。养蚕是他的农业发展项目之一。
③ 洛伦斯系泰戈尔聘请的家庭老师。

写给贾格迪斯·昌德拉·巴苏的信

贾格迪斯·昌德拉·巴苏

上，我看到了英国民族在各方面取得成就的缘由。此时此刻，您如走进养蚕的屋子，异常繁忙的情景立刻映入您的眼帘。这是我的一件大事。哪天有空，希望您能想起来到这儿看一看。

我的田庄里农作物生长情况也不错。我引进了美国玉米种子。种的玉米长势良好。今年播种了曼特拉茨细粒水稻，目前看不到令人失望的任何苗头。迪津特罗拉尔①先生星期一将带着夫人，来

---

① 迪津特罗拉尔（1863—1913）系泰戈尔的朋友，曾在英国学习农业技术。

考察我的农田。

谨向您和您夫人致以良好祝愿。

你的泰戈尔
希拉伊达哈
1899年6月24日

二

朋友：

最近，我在加尔各答待了一些日子，处理家庭琐事。但在加尔各答心情不愉快。以前回到城里，首先直奔你们的住所。这次未能像以前那样兴致勃勃地寻访友人。

今天上午收到你[①]的信，就和见了你一样。以前离开你的小屋，回来时心中总装满你的奇思妙语。今天，我心里也感到非常充实。

每隔一段时间，就有一些烦人的家庭琐事打乱我的神思，干正事的精力四分五裂。这时候跟你交谈，心中又感受到责任的光荣，又产生藐视一切错综复杂的家庭障碍的力量。今天你的来信至少有片刻工夫减轻了我的家庭压力。

特里普拉的藩王目前在加尔各答。得知你取得的成就，他心

[①] 从第二封信开始，泰戈尔对贾格迪斯的称呼由"您"改为"你"。

中是多么高兴，我真不知道怎样对你描述。说真的，他由衷地尊敬你，因而也吸引住了我的心。前几天收到你的信，他觉得自己受人敬重，异常欣愉。他好像很想为你提供各种形式的帮助。今天，我又去见了藩王，把你的信读给他听。他很高兴。另外，你如想在孟加拉工作，我们大家难道会不给你自由？如果我们不能给你应得的报酬，我们就理应挨骂！你有勇气接受我们的建议吗？你脚带锁链，行路忍受欺侮，就不能工作了吗？我们极想给你充分自由，我不认为很难达到这个目的。你说呢？

我叮嘱洛肯翻译我的小说。但他是个懒鬼，对自己的能力缺少信心。所以，不敢让他挑重担。他现在忙着挑选我的诗歌。我跟他进行了几场"恶战"，制服了他。我从这本选集中驱逐了他喜欢的好几首诗，使之适合民众阅读。有几个地方，仍隐藏一些瑕疵，可我想改已无能为力了。

在当下各种纷乱之中，我每日抽空创作《祭品集》的一首首诗歌，献给我心灵的主宰。他一直稳稳地坐在我今生所做的每件事情、每项深思熟虑的决策和一切苦乐的中央。同时，他那儿是所有原子分子和所有浩渺世界的唯一交会之地。我静静地幽秘地把一生的一个个日子献给他。如果我能以辛劳充实一个个日子，那就太好了。或者让它们像叶盘上的花朵，在我人生之河的码头上向大海漂去，那至少也是一种幸福。我将尽快出版这本诗集，也许你到了伦敦不久就可以收到。但是，我不知道，在那儿的繁忙和喧哗之中，我们印度的幽静神庙里的这些颂歌，能否以纯正的乐曲演奏。诗集中的快乐、忧愁和静谧，怎样才能让人听懂。

这些日子满怀离愁，落泪的心儿渴望回到希拉伊达哈宁静的巢里。

你的泰戈尔
加尔各答
1900年11月20日

三

朋友：

我身体欠佳，很长时间没有写一封信。近日，回到加尔各答，四处奔波，忙得团团转。《牺牲》很快就要上演。我扮演剧中的祭司罗怙波迪。为了演出，我应音乐界有关人士的请求，忍受远离希拉伊达哈的孤独，甘愿被囚禁在这座石城里。

你近况如何，详情望告。我渴望了解你生活工作的每个细节。不要漏掉你认为不值一提的一件小事。我不愿失去品尝你盛大成就之宴上一小匙汤的机会。拉蒙特罗逊达尔·德莉贝蒂答应就你出的新书写一篇文章，我准备和她见面，具体商谈如何撰写。

我的小说选第二卷有望十天之内出版。你手边有了两卷小说，从中挑选就方便多了。你打算把我作品这位吉祥女神送到世界面前[①]，但扯掉她孟加拉语的纱丽，把她像黑公主那样推到大众面前，她不会

---
① 指把泰戈尔的小说译成英文。

受到羞辱吗[①]?文学的最大困难在于,在语言的内宅,她在亲人面前显露的表情,当她被人拉到外面时就变了。在那儿,由你们拍板——不要过多地考虑语言,在语言前面,原作的神态从头到脚判若二人。

英国政府如不给你假期,你不拿薪水不能休假吗?果若如此,我们会尽力弥补你的损失。但不完成研究项目千万别回国。不要让你的研究半途而废。不让你蒙受经济损失的责任,由我来承担。

我不指望出版我的英译小说有任何收益。即使有,我也不会索要,完全由你支配。

有人在催我去参加《牺牲》的排演,只好对你说再见了。

你的泰戈尔
加尔各答
1900年12月12日

四

朋友:

几个月一直期待你的来信。今天收到你的信,非常高兴。我之所以没有催促你写信,是怕对你的研究进程造成一丝一毫的不利影响。

[①] 典出史诗《摩诃婆罗多》,般度五兄弟输掉作为赌注的共同妻子黑公主。难降撕扯黑公主的衣服,撕一件,天神又为她穿上一件,始终扯不尽。

你发明了在各地捏地球的方法①，读了你的有关文章，心里感到无比自豪。以前，固体按照其固有规律折磨我们，如今，根据你的发现，我们可以对它们进行报复了。你一次次不停地捏它们，往它们嘴里灌毒药吧，千万别放过它们。从今往后，法院里如果审判犯罪的固体物质，法官就可一面捏它一面判它们的徒刑了。

如果你从事这项研究必须在英国待五六年，思想上就作好充分准备吧。不要急于回国，中断你的研究，毫无意义地卷入印度的尘嚣动荡。请你较为详细地写信告诉我，你在英国的五六年间，需要多少资助。在我面前，你不要有一丝的犹豫。请告诉我，你不拿薪金，脱离原单位，一年需要为你提供多少资助。我也许可以想些办法，确保你无忧无虑继续顺利地从事研究。

洛肯已动身前往英国。你收到此信时，他肯定与你见过面了。我对他真的很妒忌。我的强烈愿望，是我们三个人一起品尝英国的鱼汤，坐在壁炉前，海阔天空地闲聊两三个小时。好多年前，我曾和洛肯一起前往英国，当时你不在那儿。当年，我是两天挨了板子②，才跑到英国去的。你在英国待五六年，难道我会没有去那儿同你见面的机会？真诚希望在英国与你晤面。说不定哪天你门上响起笃笃的敲门声哩。

你的罗毗

希拉伊达哈

1901年5月21日

---

① 贾格迪斯发表的论文称，经过实验证明，和生物一样，固体对外来冲击能作出反应。
② 指家人强迫泰戈尔去英国学习。

写给贾格迪斯·昌德拉·巴苏的信

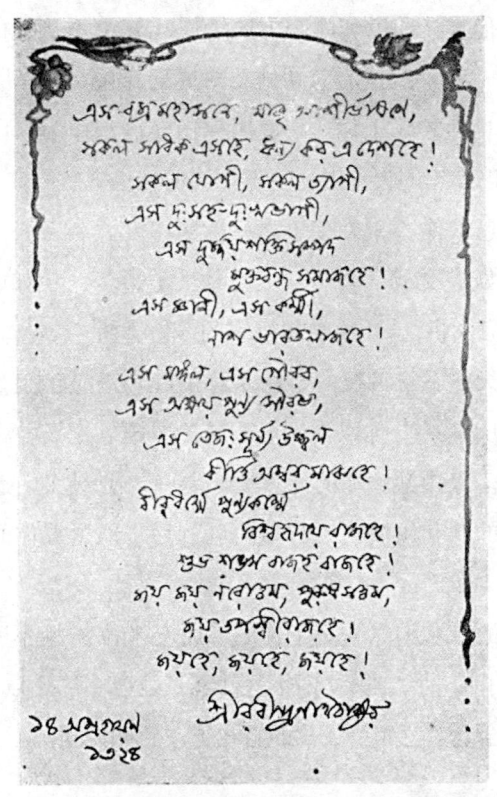

泰戈尔为贾格迪斯研究所成立仪式所作的歌词

五

朋友：

收到你的来信，从早晨起我一直徜徉在一个新世界。天帝通过你，抹尽印度的耻辱，我把我的一颗心呈献在他的足前。今天，我终于看到他将让印度朝哪个方向扬眉吐气，看到他的朝霞辉映的一条金光大道。我内心急切地要对你躬身施礼——朋友，请接受我的敬意！胜利属于你！印度因你而获胜！作为新印度的第一位探索者，以知识的火把点燃一堆鲜红的祭火吧！

我一再恳求你，别在多事之秋返回印度。你务必完成你的科研项目。与妖魔交战，你将从无忧林救出悉多，我如能募集资金建造一座跨海大桥①，也将获得国家的一份感激。

再过十天将举行贝拉的婚礼。你的胜利消息，使她的婚礼陡增两倍的欢庆气氛。你以你无形的光芒照耀了这场婚礼。我已完全忘记我曾落入操办婚礼的许多烦恼之中。我最大的遗憾是，我不能走进你的胜利领域，在你取得胜利后未能紧握你的手，表示祝贺。

我把你的胜利消息告诉了你的小朋友米拉，她不明白这是怎么回事。到了懂事的年龄，回忆这件事，她会非常开心。

我又得全心全意张罗贝拉的婚礼了。到此搁笔。

你的泰戈尔
1901年6月4日

---

① 典出史诗《罗摩衍那》，神猴哈奴曼建造渡海的大桥，帮助罗摩前往楞伽岛，拯救被十首王劫持的悉多。

写给贾格迪斯·昌德拉·巴苏的信

六

朋友：

你的研究为什么不能取得完全成功？不管困难有多大，未做完你承担的项目，你不能撂挑子。为此，你必须作出必要的牺牲。除了你，我不会这样坦率地对人说话。我决不会说，你接受贫困、经济危机和每况愈下的家庭生活吧。我的境况倘若如此，也不会这样说。但我认为你比我重要得多，才喋喋不休地对你提出要求。比起你正发现和即将发现的真理让世界受到的教益，你为完成科研任务吃苦受累所给人的教益，只多不少。对像我们这些谨小慎微、微不足道的凡夫俗子来说，你树立的榜样，你带来的教益，是不可缺少的。

你要是还没有获得研究员的职位，索性先回国一趟。待万事俱备再出征不迟。除此之外，我还能给你出什么主意？再次见到你，我将极为愉快。见不到你，只要听到你在事业上稳步前进的消息，我就别无祈求了。我在你身上寄予厚望。我并不为当下欧洲是否接受你而过分着急。你看到的一切，不是科学的海市蜃楼，承认这一点，我毫不迟疑；对你的美好前景，也毫不怀疑。你发现的真理，有朝一日将登上科学的王座。我有耐心等待那一天到来。

此前，你如访问德国或者美国，会有很好的效果。你不妨与有关国家有关部门再联系一下。

你的罗毗
1901年7月25日

七

朋友：

　　我为筹措你的科研经费专程来到特里普拉，作为藩王的客人在这儿住了几天。我知道他非常尊敬你。所以请他伸出援手，我丝毫未感到犹豫。一次或两次通过邮局，他很快将寄给你一万卢比。这笔钱是以我的名义汇寄的。他承诺年内再寄一万卢比。有了这笔钱，你大概可以度过当前的危机了。藩王最近正忙于建造费用巨大的王宫，否则，他会愿意资助你五万卢比。他以这种豪爽大方感动了我的心。我在别处还没看到像他这样慷慨解囊的光辉榜样。

　　你从沮丧中走出来吧！不管取得成果需要花多长时间，我们的敬意和真挚友情，将时刻耐心地陪伴你。我们绝对不会催促你。你可以用足够的时间来完成这个科研项目。我们随时准备帮助你。请你更坚定地信任我们。我们对你还提什么要求？如果我们对你的作为不感到感激，我们就该受到谴责！对你取得的成就，我们未给予应有的报答。我出的力实在太少了，能起多大作用？我不会出了一把力就对你提出任何要求。你知道，除了心中的深厚友情，别的什么也给不了你。你知道，我的友情深知应保持耐心，除了你的友谊，它不祈求什么。

　　关于藩王，你尽可相信，他资助你不是为了让你当债务人，而是在偿还欠你的"债"。

你的罗毗
1901年10月

写给贾格迪斯·昌德拉·巴苏的信

八

朋友：

　　好久未给你写信了，可我在内心深处时刻感受着你的存在，说不准在心里陪伴你度过了多少日子。今天得到你最终成功的消息，我的心像被新生雨云的雷鸣振奋的孔雀，翩翩起舞。宛如酒鬼喝完酒瓶里最后一滴酒，我倾倒你的书信之瓶，品尝令人陶醉的喜讯。哪怕你的成功更晚些来到，我也不会抱怨。此时，我实实在在在品尝到了澎湃的喜悦。

　　昨天应是你在巴黎演讲的日子——在那儿肯定也大获成功——我们的心也在演讲大厅里。

　　你在欧洲大陆插遍印度的胜利大旗，再返回祖国。此前切莫回国。如同加里波第①取得最终胜利，才解甲归田，你也要经过高耸入云的凯旋门，重返印度的深邃宁静之中，重返贫穷之中，深居简出。那时，大家都来找你，你不用找任何人——那时走到你身边，大家都向印度鞠躬致意。不必为招外国学生而按照外国计划，建造高楼大厦。坐在田野上和茅屋里鹿皮上的人，能够找到你。上苍没有把以如此坚定的毅力战胜印度贫困的能力，交给别人，而把那种伟力交给了你。在凉爽神圣的早晨，沐浴完毕，身穿褐色布衣，你带着你的仪器，坐在绿荫婆娑的榕树底下的那一天，印度古代苦修的隐士们在温善的和风和纯净的阳光中现身，

---

① 加里波第（1807—1882）系意大利民族解放运动领袖。

为你的胜利而欢呼。印度的广袤原野和辽阔天空,像干渴的胸脯,像急切伸出的双臂,期待着那一天。我们也以微薄之力,开始为那一天做准备。不管谁是我们的国王,我们的天空,我们一望无际的平原,谁能夺走?谁能剥夺我们获取知识和认真思考的权利?谁能阻止我们安贫乐道?在印度,至上自由的坚韧荣耀,是静默无语的、清贫的、赤裸的、永恒的。强悍者的臂膀和当权派的狂妄,触摸不到它。应该在心中沉稳地感知它,内心平静地、满足地、满脸喜悦地把它稀少的服饰全部敬献在"宏大"①的足前。我们不会再理会外国人的睥睨,不会再听他们的训斥。我们要把以前从他们那儿弄来的野蛮的、五颜六色的衣服,像垃圾一样丢在净修林的门口,再步入净修林。

随信寄给你从我们书院树上摘下的迦梨陀娑②的一朵希莉斯花朵。

你的罗毗
1902年4月

九

朋友:

我正把国际大学交到民众手中。我希望你坐在副校长的交椅

---

① 指印度神话中的创造大神梵天。
② 印度古代梵语诗人和剧作家。

上。请来信表示同意吧。当副校长，其实没有太多的责任。只是觉得国际大学的名字与你没有关联，实在是说不过去。你要是有时间，通过这个渠道，也可以建立工作关系。

近来这儿热得有点儿反常。三天两头空中风中四射着火焰之箭。心里时常感到烦躁，想到大吉岭你们的住处休息几天再回来，顺便让你看看国际大学的章程，让你成为校管会成员。然而，我的全部时间和精力全消耗在这块田野上了。我既没有空闲，也没有盘缠。从大海彼岸来了一两位学者，参与我的教育事业。我不能把他们扔在这儿，自己外出游逛。

国际大学的章程已经付印，正式注册之后，立刻寄给你一份。

你的罗毗
圣蒂尼克坦
1922年5月12日

十

朋友：

　　当大地是一片无痛无语的荒漠，
　　充斥生命的惶惑、痛楚、欢乐，
　　荒凉中树木崛起；多少个世纪，

在绿荫深处侧耳谛听尚未诞生的
人的足音。后来来了做客的人,
便赠送花果,扩展遮阳的凉荫。
大地心底隐藏生命的原始语言,
在晃颤的飒飒暗示中未全部展现。
它生命的旅程昼夜越过大地上
纵横、冷寂的荒路,一直奔向
沸腾的无限未来;阳光抚摩的
躯体里颤动、活跃的亿万原子,
每日合奏无声弦乐;在晨风中
引吭高歌,对太阳无语地赞颂。
生命的元初梵音时刻在四周
绿树芳草中升腾;但藏在暗处——
走近也听不见;啊,探索者,
你专注地把语言注入沉默,坐着
聆听树木的衷曲;喑哑生命的
哭泣唤醒大地母亲怀中嫩芽里
刚劲的脉动;扩展着万千枝蔓,
并活跃了新叶,错结的根须充满
生死的矛盾;奥秘在你的双手
骤然赢得绽露自身的神奇字母。
你引导生命急切的诉说溢出
寂静的内宅,跨越黑暗,进入
视线的阳光里。天才在你心田

写给贾格迪斯·昌德拉·巴苏的信

熠熠闪光,树心和人心亲切交谈;
这充分体现元初两者的古老情谊。
啊,杰出的探索者,你艰辛的
探索终于成功。只身闯入暗室中,
你以发光的手掌击醒警惕的大神
守护的密语。大神和颜悦色欣然
认输的那一天,天界的琼阁宫殿
响起热烈的胜利欢呼,欢快地
建造英雄胜利的圣坛,荣誉之旗
在凡世的山巅升起,凌空飘扬。

依然记得昔日
你的席位被埋在冷嘲的黑暗里。
在布满妒忌的荆棘的路上行进,
双脚刺痛,时刻与渺小的仇恨
搏斗,你筋疲力尽。那种苦痛
是你的川资。那妒火点燃路灯,
鄙薄激发勇气,在幽深的心间,
你得到莫大鼓舞。在大洋两岸,
你名誉的号角声如今响彻四方;
朋友,你周身闪射奇特的光芒;
非凡成就的热烈歌颂久久回荡
在你的研究领域。繁星下安放
你座位的地方,点亮无数华灯,

今日庆祝的灯节正隆重举行。
我的泥灯置于万千华灯中间,
友好之手点亮的灯,请看一眼。
当年你探索的领域冷冷清清,
被困难包围,猜忌弥漫的黄昏,
你的诗人朋友就把英雄的花环
挂在你的胸前。他从来没有企盼
民众的赞许。在你空落的祭盘上,
艰苦岁月里贫穷之灯闪烁着微光,
今日与华灯齐声高呼;光荣啊,你和
你的朋友!光荣啊,你神圣的祖国!

你的泰戈尔
圣蒂尼克坦
1928年11月30日

写给奥波腊·巴苏[①]的信

[①] 贾格迪斯·昌德拉·巴苏的妻子。

一

夫人：

　　学校今天开学。我又开始忙于教学。假期里，几个学生留在这儿，我为他们上了几堂课。

　　今天，这儿的空寂大部分已得到了充填。从此，我的休息在工作之中。在教学中，我的身心才得到疗养。远离教学，我的内心怎能平静？我不在这儿的一段时间里，学校有些事情出现了偏差，要由我来纠正。要让火焰在老师和学生心里的灰烬中重新燃烧起来，燃得明亮，燃得活泼。全神贯注地考虑各种教学任务，我身体的虚弱不知不觉就消失了。我的事业不会中断，我决不会知难而退。

　　为了提高英语教学水平，我把苏布德·昌德拉·马宗达①从德里拽回来了。他教英语经验丰富，跑到德里去当校长，让我陷入一筹莫展的困境。我强行把他拖回来了。以后，您不用再为奥罗宾德②犯愁了。

　　用得着以游览引诱我吗？我能去你们所在的大吉岭，真的要说声谢天谢地啦。小时候我经常逃学，可到了这把年纪，绝不允许旧病复发啊。教学和创作上，我欠债甚多。假如我前往您的寓

---

① 泰戈尔创办的国际大学的老师之一。
② 奥罗宾德是贾格迪斯·昌德拉·巴苏的外甥，国际大学学生，泰戈尔诗集《鸿雁集》的英译本译者。

所，行前一方面要当老师，另一方面要当编辑，一声不响先做完手头的一大堆事情——感到肚子饿的时候，再走到您身旁吧。不过，先声明一下，我只用素食。不用烧鲤鱼，更不必用两足兽、四足兽的肉烹饪佳肴。

我的身体比在加尔各答的时候好了一些。即使感到休假是必要的，合理的，恐怕在阿格拉哈扬月①前也不能动身。我难道不能把你们请到我那只帆船上来吗？你们非要把我甩给懊丧的帕黛玛河吗？要是对我如此"冷漠"，我一个人拖着这躯体还能做什么呢？

你们的泰戈尔
1903年10月

二

夫人：

您丝毫不必为奥罗宾德担心。他一来到学校，我就让他当姑妈的"人质"。姑妈让他食用鲜鱼、大米、肉类、菜茎、南瓜花、西葫芦等做的可口饭菜，确保他每天精力充沛。

需要您做的一件事是：今后不要对我那么恭敬，那么客气。其主要原因，让我对您解释一下。近来我已步入老年，这是无法遮掩的。关于此事，我的器官比起我这位教授先生明白得多。我头上的白发已

---

① 印历8月，公历11月至12月。

公然同我叫板。在这种情势下，你们对我如此恭敬，如此彬彬有礼，我可就成为孤家寡人啦。如对我表示慈爱之情，我就能想起美好的童年。我曾有一个嫂子，小时候我是她慈爱的乞丐。失去她之后，我的年龄大步流星，快速增长。我获得尊敬，获得礼遇，却举目无亲了。但我不期望在您那儿看到冰冷的面孔。您比我小几岁。上苍已赋予您表达慈爱之情的正常权利。所以，不用等到上了年纪再行使权利。满足了大家的要求，给每人一份慈爱之后，像我这样的老朽，略微也给一些慈爱，它绝不会被浪费掉。您如不用"您"这个字，而改用"你"，将会有最好的效果。如觉得做不到这一点，提笔写信也千万别采用"尊敬的某某某台鉴"这几个可怕的字眼。给我写信，头两个字可写"诗人"。获得你们这样的热情称呼，也许我的笔在纸上能更快地游走。如果不认为这是非正常事件，就别再犹豫了。

第二个要求是：赶快准备来波尔普尔吧。别再拖延了。

你们的泰戈尔

1906年7月19日

三

夫人：

我本想给自己放几天假，不料肩上又多了几副担子，脱不开身了。近来，我忙于建设新型农村社会。我打算在我们田庄范围内树立一个建设新型农村的榜样。目前已着手工作。东孟加拉的几个青年来这儿当我的助手。他们在村子里和当地农民同吃同住,亲自办学校,宣传卫生知识,处理村民纠纷。由他们组织人修路,挖池塘,挖排水沟,清理杂草灌木。

在我国农村乃至全国,得过且过,不思进取,可谓根深蒂固。目睹现状,不禁觉得所谓的自治言论非常可笑。重复那些话,就感到脸上害臊。那些以最高调门高喊口号的人,在做实事方面,最不出力。

苏伦德拉纳特和他的志同道合者也参与新型农村建设活动,目前在加尔各答第九区着手准备,很快就要下乡。然而,那些极端派只筹划极端行动,对这种实事没有一丝兴趣。迄今为止,他们未做成一件小事,却大骂温和派是无所事事的高谈阔论者。他们热衷于论战,空话连篇。所以,像我这样的老朽,也不得不做实事了。我不会再响应会场上的号召,但将全力以赴做好国家最紧迫的事情。希望在你们回到国内之前,我们希拉伊达哈的大部分村庄已焕然一新。

你们的泰戈尔
加尔各答
1908年4月

四

亲爱的巴苏夫人:

　　我在阎罗殿门口转一圈又回来了。认识了阎罗,心里已没有恐惧。我知道,不久将踏上最后的旅程。悲痛属于在我身后的那些人。嘴上讲的任何安慰的话,绝对阻挡不了将至的生离死别。您以非凡的忠贞和勤谨服侍他[①],您高尚的服侍将使您的余生更有价值。您一生非同寻常的经历,将使您的悲恸[②]得到升华。除了这些,我今天没有要说的话了。

你们的泰戈尔
圣蒂尼克坦
1937年11月24日

---

① 指奥波腊的丈夫贾格迪斯·昌德拉·巴苏。
② 泰戈尔写此信时,贾格迪斯·昌德拉·巴苏已逝世。

写给柯达姆妮·黛维① 的信

---

① 柯达姆妮·黛维(1878?—1943),库希地亚县人,婚后不久丈夫便去世。之后从事哲学和文学研究,就各种问题向泰戈尔请教,双方通信达三十年之久。

一

柯达姆妮：你好！

回答你提的问题，我心里略感犹豫。

想必你知道，我出生在一个婆罗门家庭，但关于祭拜天帝，我的心并未受传统观念的束缚。原因之一是很小的时候，诗性就在我体内极为强劲地苏醒了。我终日沉浸在想象之中。童年时期，关于宗教，谁说了些什么，从未传到我的耳朵里。

从十三四岁起，我极其快乐而激奋地阅读毗湿奴颂诗。颂诗的语言、韵律、内容和意蕴，令我如痴似醉。尽管我年纪很小，却稀里糊涂地接触了有关毗湿奴的宗教理论。

随着年龄增长，我怀着极大热情，根据毗湿奴诗歌和贾伊笃纳[①]写的颂诗，研究贾伊笃纳的人生。然而，我几乎未参与社会中相关宗教的讨论，对它持一种完全冷漠的态度。我的爱国情怀从小异常炽烈。所以，我时刻准备全面接受印度的一切东西。听到任何不利于它的话，便强迫自己表示抗议，哪怕这样做有违我的正确判断。这就是我的性格。

由于这些原因，梵社不认为我是一个货真价实的婆罗门。他们从不以特别友好的目光看待我。

---

① 贾伊笃纳（1485-1533）系毗湿奴教派诗人。

这段开场白也许是不可缺少的。因为,你至少应该晓得,我从不受制于教派的传统观念,盲目地发表意见。当我根据生命最深处的需求,在我心底天性的正常激情的鼓励下,走上探索之路时,只要是障碍,我就一一排除,而对我有利的就全部接受。

换句话说,当缺少人的真实就寸步难行时,就绝对不能为顾及国家脸面,在传统习俗的牵引下,施展想象的魔力,哄骗自己。在那种虚假中,会感受到一种强烈的谴责。当我们确实渴求天帝时,对自己对别人,我们不能有一丝一毫的虚情假意。

在这种情形下,我不得不从心里清除我国流行的对神的祭祀方式,其原因,在圣蒂尼克坦我撰写的全部文章中,公开或隐晦地已经诠释了。

在这封信里,不可能全面阐述我的观点。因为,它涉及诸多方面。有些人从各个角度论述膜拜偶像是必要的。有的说,我们的心灵有局限性,因此,对人来说,除了膜拜偶像,别无出路。有的说,某些性格软弱、极其卑下的人除了踩着这架梯子向上攀登,别无他法。所以,为了他们,必须忍受这一切。甚至有一些人说,对偶像膜拜,是祭祀的核心。这是精神上的最高层面。

如果我就他们的论据谈我的看法,就会引起一场大辩论。就宗教展开的辩论不会有好结果,相反只会伤害感情,所以把它撂在一边吧。

我只想说,当人需要天帝时,应先弄清楚究竟希求什么,许多困惑才能消弭。

我们经常说我们需要天帝,相信天帝,而实际上是需要别的东西。只要求索过程尚未结束,某些人祈求之物的清单里,必然保留天帝的名字。名字也许写得很大。清单里必定有天帝的一席之地。

他们之所以需要他，有的是为得到安宁，有的是为得到安慰，有的为获得动力。此外，有的人需要他，不过是为模仿别人，或因看到苦修的隐士在冥想他，觉得找到他是他们的莫大光荣。

我们生病时需要药品，缺吃少穿时需要钱，同样，我们需要天帝。我不是说这样做完全不正当、不合理。但那样的需求，不是根本需求，而是低层次的需求。

精神上的需求，不是得到他的需求，而是和他融合的需求。

我们在世界上不能和一事一物融合。这是我们最大的苦恼。我们只能局部地进行微小的融合，其他地方则统统受阻。其主要原因，是每个人以自己的局限性阻挡我们自己。因此，从各个方面，让自己和他融合，是不可能的。

而他①遍布世界，成为我们的父亲、母亲、丈夫、朋友，成为一切，在他中间，我们的身心灵魂无拘无束。

他是我们的"唯一"，我们的心灵依赖他，超越国家和民族的局囿，与大千世界融合。

但在我国，宗教造成人与人之间的差别。我们以天帝的名义互相仇视，杀害妇女，把婴儿扔进河里，毫无道理地使寡妇饱受孤寂的煎熬，把无辜的动物当作祭品——彻底丧失理性，人为制造的种种陋习，使人变得极为愚昧。

我们以宗教的名义，让陌生的奄奄一息的人死在路边，尸体

---

① 指梵天。

也不去火化，据我所知，是怕种姓受到玷污。我们憎恨与人的接触，比憎恨可怕的野兽还厉害。谁使宗教臻于高尚，宗教也使谁臻于高尚。可印度教徒不这么做。

  有关宗教的话题，在一封信中是不可能讲清楚的。因你来信对我提出要求，我才简略地讲了讲。我不指望你能从中得到教益。

泰戈尔
波尔普尔
1910年7月4日

泰戈尔写给柯达姆妮·黛维信的手迹

二

柯达姆妮：

　　孩子，上封信里，我多少使你伤心了。在一封信里，尽量压缩应说的许多话，难免让人听了觉得有些生硬。深邃的道理，用语言是很难讲明白的。虽然你我尚未直接见面，可你对我应该是有所了解的。因此，你能明白，我的理智不支持我们社会中的许多东西，为此，我心里是非常苦恼的。你不要以为，在你获得痛苦的地方，我不感到痛苦。在我国流行的祭祀方式中包含的深奥理论，是极有价值的。在印度出生的一些伟人，在精神探索中曾取得惊人成果。这些我是承认的。然而，对他们虽心存敬意，可一想到印度的苦难及其原委，以绚丽想象迷醉自己和他人的愿望便荡然无存。在我们的宗教中积聚了如此多的愚昧！有人在周围摧残我们的力量！有人盲目地相信自己的智慧！宗教是上层建筑的一部分。《奥义书》云：宗教是一条崎岖的道路。我们付出毕生精力，才能踏上正确的宗教之路。可如今我们随心所欲地降低它的价值。如果我们贬低宗教，我们的觉悟如何提高呢？

　　我知道，真理之路是不平坦的。把我们往后拉的绊脚索，多得数不清。如果我认为，那些绳索将一条一条一点一点地自行松开，迎来的只会是失望。但当天帝以发怒的姿态行善时，猛击一掌，便击碎一切桎梏。他给人以难忍的疼痛，但疼痛是开启成功的钥匙。我深切地感受到，忍受他旨在唤醒世界的重击——这样的幸运，不会不降临印度。我恭候那充满苦痛的吉祥日子。

为你祝福的泰戈尔
1910年7月13日

三

柯达姆妮：你好！

我从未说过"英国人的压迫必须忍受，印度永远不要争取独立"这种话。圣雄①说："我们将生活在大英帝国，没有那种愿望就是religiously wrong（在宗教上是错误的）。"换句话说，这是悖违宗教的。我没有说过这样的话。我说过："独立不依赖于任何外在事件。我们当前的任务，是全力创造一种态势，有了这种态势，独立就可奠定牢固基础，独立就是真实的。"那种态势，靠摇土纺纱机，靠自愿坐牢，是打造不出来的。与摇土纺纱机和坐牢相比，创造这种态势要艰难得多，复杂得多，为此需要普及教育，需要苦修般的长期奋斗。心血来潮地做一件事，不是长期奋斗。做许多事情，需要有觉醒的全部心力，需要长时期天天心甘情愿地作出牺牲，当我看到，我们的男青年对此不感兴趣，而只想时刻沉浸在澎湃激情之中时，恐怕难以取得胜利。

---

① 指甘地。

在我们的国际大学，为女孩子开办了各种形式的教育，不同年龄段的女孩子都可以在这儿接受教育。

为你祝福的泰戈尔
1922年2月5日

四

柯达姆妮：你好！

你误解我了。我从未说过"我们不能为国家做任何事情"这种话。不过，我不认可疯狂地做某件事是履行责任。我知道，那样的狂野中蕴含着一种快乐，但不会有成果。

这儿一座村庄里着了火。显然，着了火，应用水扑灭，这是人人皆知的，但村子里没有池塘。听见有人在大喊大叫"弄水呀弄水呀"，可叫喊声灭不了火。村里人忘了想别的办法灭火。一个外国人对他们说，推倒和着火房子毗连的几间房屋，大火就不会在全村蔓延了。村里人对他的建议听而不闻。那个外国人只好手执皮鞭，强迫他们推倒几间房屋，火势才得到控制。这是离我的寓所不远的地方发生的一件真事。

抄别国历史，撰写本国历史，是不可取的。心中的恼怒、激愤和喧嚷，可以为某件事大造声势，可这种方法，无助于实现符合国家实际情况的目标。近日，常听到"国内着火了"之类的话。

但我不相信,青年学子停止学习,老人们丢下活计,大喊大叫"冲啊杀啊",那大火就可扑灭。"摇纺车,穿粗布衣服①,这火就会熄灭",看到这种哄蒙孩子的言论竟能哄弄国民,不能不惊愕而失望。

有个行脚僧宣称:"我掌握烟草变成黄金的简单方法。"可依我看,最好应按照正当规则去赚取黄金。获取黄金,没有别的办法——这时你若生我的气,只能说明,你没有赚取的行动,却怀有对黄金十足的贪欲——天帝不会奖赏这种人的。没有人说,摇纺车,不会有任何成果。会有一些成果,仅此而已。服了奎宁,疟疾治愈,治好了疟疾,是本国一件大好事。但服了奎宁,就可实现"自治",这种话连卖奎宁的商人也没有说过。

关于妇女教育,有工夫再和你详谈。

为你祝福的泰戈尔
希拉伊达哈
1922年2月28日

五

柯达姆妮:你好!

读了你的来信,心里受到很大震动。你以为,我拥有让你心灵快慰的精神财富。其实,我是路上的行客,倾听着目的地的召

---

① 指当时国大党呼吁焚烧洋布、穿本国土布衣服的爱国运动。

唤。抵达目的地，我没有大声召唤别人的能耐。我有言说的本事，因此天帝通过我说各种各样的话。我没有被叫进把我所有的言语浓缩在一句话的庙堂里，点燃灯烛。我不是师尊，不是国家领导人。我是诗人。我的本行，是为丰富多彩的"游戏"提供用各种韵律塑造的玩偶。人们从中获得多少快乐，就是我多大的成功。这是我的本性，我的责任是守护我的本性。有些人期望从我身上获得政治智慧和行事的娴熟技巧，怕是打错了算盘。希望落空，心中懊丧，他们又责怪我。

有一天你向我提了各种问题，我尽力坦诚地作了回答。因为，这是我的职责。所以，叫我尽责，我会立刻行动。不过，话语中包含的许些智慧和情感，只能为思想和心灵带来部分满足，其中不可能有灵魂完整的庇护所。提供那种庇护所的是另一种人——他们不是做游戏的天帝的伙伴；他们手捧着制定法则的天帝的使命。

那天收到的信中，看到你质朴的心志和深挚的感情，我万分惊喜。为此，我怀着特殊敬意和关切之情写了回信。与现在相比，那时我时间比较充裕，身体也更康健。心里惦记着你的事情，反复思考，力所能及地帮助你，是我的快乐。我认识的像你这样冷静而清晰地思考问题，并乐意接受别人意见的女性，寥寥无几。我知道，我说的许多话，有悖于你一生的传统观念。换成其他人，必定气愤地，甚至鄙夷地拒绝那些话。但你尽管伤心，却从未丧失平静地理解我讲的话的耐心。我从未想过哪天要让你百分之百地接受我的观点。我只是希望，你从多个角度思考各种事情方面，在心里没有遇到任何障碍。而某些师尊，凭借自己信仰的力量，试图让大家全盘接受他们的观点。

只美化心中情感的诗人,没有将他的观点强加于人的兴致。行人瞧他一眼,照样走自己的路,如果露出一丝欣喜的表情,就足够了。读了你的信,觉得可以为你提供些许快乐——其间也许没有值得保留的任何东西——它像一阵细雨,而不像饮水杯中解渴的水。假如我有你需要的永恒财富,今天在你力量即将耗尽之际,它就可以成为你的盘缠。但其一生的行当是"游戏"的人[①]的手中,只有色彩,没有值钱的东西。然而,我知道,长期以来,正是你内心的力量,在你的心田开辟交织着欢乐和痛苦、失望和希望的道路。我由衷地祝愿你登上成功的顶峰。

泰戈尔
圣蒂尼克坦
1926年4月17日

六

柯达姆妮:你好!

收到你的来信,心里既高兴又有些担忧。此时,估计你全身已筋疲力尽,精力的委顿导致你内心的衰弱。这样的委顿像一张蜘蛛网缠住了我们,很大程度上把我们和世界隔离开来。于是,阳光不能射进我们的视野,和风不能吹拂我们的心田。虚弱生命

[①] 指诗人自己。

的细瘦根须，没有能力汲取储存所需的全部甘浆。

你日趋衰微的精力，已实现不了你的雄心壮志，为此，你才如此苦闷。你身心内外已不能保持步调一致。其实，每个人的生活中，多多少少都有这样的不和谐。这种不和谐的冲击是非常必要的。大地高低不平，各地温度不一样，地球上河水才流动，清风才吹拂。我们的天性中存在着不均衡，我们的心河在各种冲击下才时刻流淌。但这种不平衡过了头，就会遏制而不是焕发我们的精力。

我之所以这样絮叨，是因为最近一段时间，活动范围的狭小、工作中的重重困难和身体的衰弱，也为我的生活蒙上了悲凉阴影。可我不承认它是终极。它是幻影，我应看到自己能够把它冲破。把幻影当真实，等于怕鬼。只要我说它是假的，它顿时灰飞烟灭。希望你也一次次对委顿的虚影说，你是假的，你是假的。愿你知晓你真实的灵魂在永恒之中，愿你不再受每日世事的折磨。

为你祝福的泰戈尔
圣蒂尼克坦
1927年4月16日

写给波里耶纳特·森①的信

---

① 波里耶纳特·森(1854—1916)系泰戈尔的文学知音。

一

波里耶纳特兄：

　　关于你写给《文学》编辑的那封信[①]，我还能说什么呢？你在信中激动地表达了心中的愤慨，也袒露了你深挚的友情和责任感。我心中洋溢着友爱的喜悦，把这种纯真的友好情谊当作我生命的一部分。把信中的其他内容，交到编辑手中，接着送到民众面前，是否合适，当慎重考虑。当然，以个人的名义寄给编辑，我看不会有大问题。可我实在无意就此在报刊上掀起一场大辩论。我对忍受公开阐述各自观点带来的不体面，感到非常惶恐。你把它远远地扔掉吧。就像轰赶苍蝇，用手拍打一下，在心里把它轰走就行了——尽管小的骚扰不时卷土重来——但只要没有比苍蝇更大的玩艺儿和比嗡嗡声更大的响声袭来，这件事就到此为止吧。"凡事均有终了——海水终将干涸，森林大火终将熄灭。"攻击者的谎言之火难道会永远燃烧？！

　　接连下了几天大雨之后，今天，明丽的阳光下，我四周的稻田里荡漾着欢乐的绿色涟漪。我将尽可能彻底原谅卑鄙者的卑劣和无能者对我的侮辱。否则，从万里无云的天空送来的出人意料的无穷赠礼，我如何全部收入囊中？今日我心田的边缘倘若允许

[①] 波里耶纳特·森看到《文学》杂志上刊登的攻击泰戈尔的文章，写信给该杂志的编辑，表示抗议。

写给波里耶纳特·森的信

一根尖刺存在，我怎能在心中为这种阳光中沐浴的纯洁美好日子，安置其大无比的座位？

泰戈尔
希拉伊达哈
1899年7月2日

波里耶纳特·森和泰戈尔

二

波里耶纳特兄：

今天先说一件火烧眉毛的急事。

只要没有其他过多费用，确定百分之八的版税率，三年内至少就有两万卢比的收入，可先用于偿还欠马鲁亚利商人的债，从而暂时减轻身上的压力。你以为如何？可行的话，你起草一个实施方案吧。如果为洛肯德拉纳特·帕里特还钱而欠债，他肯定会生气的。所以，我准备出售版权。现今，除了自己的书和自己的身躯，我已没有别的值钱物品可卖了。目前不容易找到购买图书版权的商人，而想"出卖"自己，能否找到买主，也是个大问号。印刷厂的哪个老板如愿购买版权，我想肯定不会上当受骗。

你大概已同昌德尔兄弟公司谈过纸张问题。我已做好把我写的故事装在纸船里，让它漂向时光之海的准备。所以，你尽快购置二十四磅 $17\frac{1}{2} \times 22\frac{1}{2}$ 英寸的上等用纸。

我不认为进入我这个诗人的书院必须由学者陪同。所以，毗达诺卜若迟迟来不了，你不必等他。对你来说，进入书院的这条路畅通无阻。

听说你发表了评论我诗集《瞬息》的文章，为此，我无意掩饰我欢快心情的特殊原因是，这本诗集的语言和韵律，是全新的。不能品尝其意蕴的人，左思右想，不明白是否应喜欢这本诗集。所以，大约百分之八十的读者，目前犹豫不决。时间过长地让他们置身于彷徨的境地，他们势必气恼，开口咒骂这本书。听到对这本诗集的评论,他们茅塞顿开,心里就踏实了。我在写给洛肯德拉纳特的信中说:"在诗集《瞬息》中,我让我的心绪像一群鸟,从一座树林里飞了出来。它们一面飞翔一面唱歌。我把乐音给了它们的歌喉,把轻灵给了它们的翅翼。得益于这种轻快的飞翔,我将成为四海漂泊者中的一员。"

有些人喜欢斜靠在绣榻上,听笼中鸟叫"黑天黑天、罗摩罗摩",而不太愿意听空中飞鸟的天然歌声。我放飞的鸟儿身子轻盈,不会自投罗网,蹲在笼子里的横杆上,为此,他们必然恼火。一个个评论家的笼子里,有一根根这样的横杆,无法用铁链把诗拴在横杆上,他们就对它射箭,开枪。《瞬息》命中有被杀死的可能性,因此,危急时刻你挺身而出发表评论,令我大为欣慰。

今天这纯净的日子,如同斯拉万月①叶片浓密的藤上,一串丰满的葡萄,在空中摇曳,饱含着美和甜汁。抬头仰望,不禁担心今后不会再有这样的美好日子。

泰戈尔
希拉伊达哈
1900年8月8日

---

① 印历4月,公历7月至8月。

三

波里耶纳特兄：

　　你为何又默不作声？我想知道你的行踪。你要是来这儿，我就不外出了。你要是不来，我就收拾行李去一趟库尔那。月亮渐盈时你开始收拾行囊，月亮渐亏时才能到这儿。你动手收拾行囊时，这儿稻子刚抽穗，如今成熟的稻子收割了，打成捆，堆在打谷场上。此时此刻，你在忙什么？稻田渐渐变得空空荡荡，白天的云影渐渐消失，夜渐渐深了。或许，希拉伊达哈快成为一片空地时，客人才会姗姗来到它的门口。

　　还有别的消息吗？我平静地坐着，心想如有振奋人心的消息，我肯定早就收到信了。

　　今天收到昌德拉那特·巴苏①的一封信，深受鼓舞。读了下面节选的一段，大概你也会很高兴。

　　　"我没有与你并驾齐驱的能力。你的速度太快了，和闪电一样！你的才华不可估量，丰富多彩，熠熠闪光。在你的天才面前，我只得甘拜下风。短短四个月之内，你发表《尘埃集》、《故事诗集》、《幻想集》、《瞬息集》等四部诗集。我怎能成为这样的高产诗人？我绝对写不出这些诗来。刚放下《尘埃集》，《故事诗集》又出现在面前。——你送

---

① 昌德拉那特·巴苏（1844—1910）系印度社会学家。

写给波里耶纳特·森的信

来《故事诗集》,替换我手中的《尘埃集》,没让我充分品味《尘埃集》。接着又送来《幻想集》,一把夺走《故事诗集》,再次打断了我的欣赏。前几天又以《瞬息集》使我惊喜不已,同时打乱了欣赏过程。我是凡夫俗子,行进的速度极慢,赶不上你的步伐,落在后面。目睹你的速度,我好生惊异。你的速度,简直是闪电的速度,既快又美,闪闪发光。这样的速度不是这儿的速度,而是空中的速度,是昊天的速度。罗宾德拉纳特,我没有本事精确测定你的潜能。

"上述四部诗集的作品首首优美,韵味悠长,动人心弦,(许多地方),也非常精细或犀利。而我这个热爱农村的乡下人,在《瞬息集》中闻到孟加拉农村生活和乡村美景的无可描述的芳香,不禁陶醉了。我在你的其他诗集中似乎未闻到这样的芳香。也许,这样的芳香来自希拉伊达哈。只有在乡村,才能闻到自然的生命的芳香。我以哪一首为例呢?许多诗篇中,我闻到了这样的芳香。不过,不知为何,在《离愁》的芳香中我心醉神迷了。你真切地描绘了乡村特有的馨香。

我发现了《瞬息集》的一大特色。它的样式也跟瞬息似的。在《瞬息集》的每一页,我看到勾勒的栩栩如生的'瞬息'。所以说,你的天才是不可估量的。"

读了这封信,兴奋之余,我感到惭愧,感到忐忑不安。我获得的东西,比应得的多得多,对此,我心里没有一丝怀疑。我个人也比较喜欢《离愁》这首诗。他特别提到这首诗,让我分外高兴。

昌德拉那特·巴苏难道没有收到我的《叙事诗集》？抑或，这本诗集没有在心中留下任何印象？让人心中困惑不解的是，由于某种原因，这本书可能未送到他手中。

泰戈尔

希拉伊达哈

1900年8月15日

四

波里耶纳特兄：

　　对你说实话，此时此刻，我们手中一分钱也没有了。最近，我从我唯一的债主萨达①那儿借了二百卢比，勉强维持家庭生活。萨达手里其余的钱给二嫂了。

　　杜尔迦大祭节日渐临近。这时，大家在想方设法还欠款。如今，我们家中正闹饥荒，你们从远处是看不见的。昨天中午，我亲自外出筹措一小笔款子，结果空手而归。当然，我没有说目前债台高筑。我们的月份钱早已减了一半。怎么还钱，实在想不出好办法。这一辈子，从未像现在这样负债累累，处境窘迫。

泰戈尔

1900年

---

① 泰戈尔外甥萨达罗沙特·贡迦巴达亚的简称。

五

波里耶纳特兄：

啊呀，自然灾害太可怕了！接连几天，风暴肆虐，大雨滂沱。这在你宣扬罗斯金①的艺术观的文章中，是令人赞美的景致。你在文章中提到，美感与正义感发生矛盾时，必须给美的欣赏一席之地。于是，四周持续的自然灾害所造成的损失，全看不见了！长得很高的甘蔗倒伏了，稻田沉入洪水中，溢出两岸的河水吞噬了古老村庄和叶茂影浓的苍老大树。然而，无人上法院告状，政府部门从不采取救灾的有效措施。野烈的狂风呼啸着奔驰。无从知晓颠顶的急流一面狂舞一面在做什么。雨水从空中肆无忌惮地毫无必要地倾泻。

我默默地闭着双眼，喃喃地对心儿解释说，我目光短浅，智慧有限，看不见整个大千世界，因而面对可观的、当地的和短时的损失，如此悲伤。但是，因为何种原因，这种灾难总是发生；如果现在不发生，在悠远之地，在其他时代，它会造成怎样的结果，这是我无从知晓的。所以，不管我多么悲伤，多么难受，我不会控告任何人。我不会说，为什么不显现我们期待的东西！我在这暴风骤雨、苦难和巨大损失的中央，寻找超越时空的恒定的安靖。我试图依凭专注的神思，穿过风暴的鹿砦，进入它最隐秘的所在，那儿，无限而沉默的完美永世静坐着。进入不进入那儿，那儿都是一种状态；有甘蔗地，是那种样子，甘蔗地毁了还是那种样子！

---

① 罗斯金（1819—1900）系英国艺术评论家。

身处于一切杂事和一切苦乐之中,我也要把我的心灵安置在那儿。我希望,有一天我会成功。那时,我所有的怨恨一瞬间将荡然无存。

泰戈尔

希拉伊达哈

1900年9月21日

泰戈尔给波里耶纳特·森赠诗手迹

六

波里耶纳特兄：

  关于贝拉的妆奁，很难说何时可置办齐全。但无论如何要为她筹措一万卢比左右。可能一部分是现款，其余的分期支付。当然，分期支付对我来说相当不利。但囊中羞涩，也只好如此。现在手头只有少量现款。我父亲不会同意为此向别人借钱。所以，耽搁了这么久。当前这拮据的日子里，我实在拿不出一大笔钱来，作为女儿的嫁妆。以前，通常在婚礼的第二天，我父亲会拿出四五千卢比的嫁妆，为新人祝福。为此，不用别人说一句话。所以，我是不敢张口对他说要两万卢比的。

  昨天的信中，我已清楚地对您谈了我对妆奁的看法。硬着头皮去做超出财力的事情，是不应该的。我绝不会一意孤行，惹家父生气，让全家人不满意。当下，我绝不会为难父亲。死缠硬磨，或许能达到目的，可我不会这样做。家父的儿子们，哪怕急需用钱，谁也不会死乞白赖地跟他要钱。

  目前，有望在别处借到一部分钱。所以，暂时不知道要跟您借多少。万一别处借不到，星期五再写信告诉您具体数额。

你的泰戈尔
1901年3月24日

七

波里耶纳特兄：

　　文学杂志《婆罗蒂》来信催稿了。所以，我只好同时为两只初稿之表上紧发条。我正为《婆罗蒂》写一篇小说，同时也不敢怠慢杂志《佳丽》。

　　这两天天气转热了，我大脑这台引擎运转正常，因而没有太多的顾虑。但春天开始做的一件事，一直拖到冬天，麻烦就随之而来。让两只船在雨季的河上航行，水流湍急，速度很快，用不着我撑篙。可渐渐到了雾季，气温下降。到了冬天，浓雾笼罩着我，想象的翅膀就一天天僵硬，不得已，就得折磨自己和作品了。每次要和厌烦和懈怠搏斗，艰难地写完作品。

　　我的想象之花在夏季绽放，一直延续到雨季和秋季，之后开始凋谢。因此，全年定期供稿，是我完不成的任务。同时，我也干不了编辑这行当。因为年历上的一个个月份，不会等待我的想象绽放。而愚蠢的月刊按照年历的月份行进，不给编辑任何变通的机会。

　　我不知道塞伊雷斯[①]最终确定谁当《孟加拉之镜》的总编辑。他们将在你、纳肯特拉·古卜达和昌德拉·塞克尔·穆卡齐中间挑选一位。他们担心你每天太忙。而塞伊雷斯有点怕纳肯特拉·古卜达，对昌德拉·塞克尔也不放心。因此，《孟加拉之镜》总编辑的王座至今空着。我劝你不要坐上去。

---

① 斯里索昌德拉·马宗达的简称。

你寄来的一首诗,我很喜欢。不过,头两节的押韵,我觉得不太协调,可调整又很难。我正稍作修改,配置适当韵脚。希望不至于破坏你这首短诗中演奏的咏叹曲。

你的泰戈尔
1901年4月3日

八

波里耶纳特兄:

你把我想象为立身行事的榜样,这种不恰当的想象必然受挫。我这样说不是故作谦虚。其实,我从不否认我的品行中有各种瑕疵。了解我的人全知道,我的心越是为崇高理想所吸引,越是感到心有余而力不足。我只能说,我愿意把自己完全献给天帝。可我不想对自己产生误解,也不想误导别人。

现在,我乐意身处幽僻之地。如果我的心在合适的地方安顿下来,越来越康健,那么,在人世喧嚣之中,依凭自己的品德,依凭天帝的理想,我就可以生活在宁静、友情和善德之中。如今,我要自觉地洁身自好,培养独特个性;主动地把世俗怨愤推到远离我心灵的地方。此时此刻,我和你们的分离,不是敌对造成的分离。在某个时期,应该尽量把自己从多个领域撤回来,待在一个领域。在学习和艺术方面,不遵从这条原则也是不行的。在人生深层的探索中，也要接受这条原则。凡是有利于我目前事业的，我都努力把它们吸引到我的周围，其他一切要为它们让路。

你别以为我非常高尚，非常圣洁。关于我，你说的话，尽管听似正确，我却并非完全那样，不过，大致是那种类型吧。我也犯过错误，有时也蛮不讲理，也怨天尤人。可我又原谅我的心，尽快让它得到解脱。

你的泰戈尔
1902年2月25日

九

波里耶纳特兄：

最近有一个穷人为我们学校捐赠一千卢比。这对我是多大的支持，是我难以对你说清楚的。仅仅因为这一件事，我仿佛更接近了天帝。我认识到，他的事业凭借自身的光荣而获得成功，我不过是微不足道的载体而已。天帝理解我的心，我还说什么哩！

那位捐赠人一再叮嘱不要公开他的姓名。他的名字镌刻在我的心上了。

你的泰戈尔
1903年

十

波里耶纳特兄：

　　你们谁也不可怜我啊。我迷茫地围着"幸运"的磨盘转圈子，无暇顾及经营友情了。我的日子被各种琐事压住了。另外，年纪大了，需要更多的休息和安静。所以，一有空闲，找个背靠的地方，一声不响地坐着。

　　你说我是个"吝啬鬼"，确实如此。这是我天性的组成部分。造成这样状况的原因也增多了。年幼的时候，除了自己的，没有别的需求。想买书就买书，花钱大手大脚。结果，手中空无一物，当然手中也不需要什么。如今，两百个孩子的这副担子压在我肩上。我经常找不到帮手来为我考虑他们的学习、生活。当然，眼下不用找人，靠个人的力量尚可应付局面。

　　光阴荏苒，十四年过去了。我卖了许多书的版权，借了许多钱，至今尚未还清。不过，这算不了什么，因为，我有借贷的能力。

　　关于歌词的诗性，信中你陈述的观点，我是同意的。只有一点不正确。关于诗作，我们头脑里其实并无什么理论。我写了歌词，谱上曲演唱，这是我当下的迫切需求。

　　我写诗的黄金岁月远逝了。我以前说过，鲜花不会永远绽放，能绽放的时候必然绽放，用不着别人催促。

　　现在我写的歌词，是优秀还是平庸之作，已没有时间去想了。你若问为什么付印，我的回答是，这些歌表达了我的心声，因此，能满足某些人心中的需求。需要唱这些歌的人，哪天唱唱又何妨呢，这也是我所期望的呀。谁在不完美的行动中寻找完美，我就把歌曲放在谁的脚凳下面，这就算这辈子收到的小费吧。如今，我没有获得更多回报的能力了。我还能以什么获得更高的价值？我期待获得恩惠，你们为我祝福吧：愿文化市场上的商人[①]此时成为门口的乞丐，能一天天过下去。

你的泰戈尔
1915年

[①] 指泰戈尔自己。

写给赫蒙达芭拉①的信

---

① 赫蒙达芭拉（1894—1976）系出身于书香门第的孟加拉女作家。

一

赫蒙达芭拉：你好！

我之所以写这封信，是因为你对我有相当的误解。我从不对别人作什么指示，因为我不是导师，我是诗人。我就几件事和你交流看法，你不要以为这是为你排疑解惑。

我们与真实的关系，建立在个人的本性之路上。你凭你的天性对事物的认知，是我所没有的。因此，你如果不接受我在探索过程中赢得的感悟，我决不会生气。把个人意志强加于人的荒唐做法，绝对违背我的禀性。

当然，有的地方，打着宗教旗号，公然胡作非为，倒行逆施，是我无论如何不能接受的。但在精神趣味的享受不妨碍他人之处，蛮横地提出抗议，就是偏执之举了。

这儿我只能谈本人的看法。我的心灵显然不能依赖某种象征。对此，你突然会觉得，这不应是诗人的观念。把形象赋予情感，是我的工作——我的快乐在那样的创造之中。在那儿，先有的不是形象，而是情感。情感不在外部与形象融合——它自己创造自己的形象之躯——又能轻易离弃它，在新的形象中寻找展现之路。宗教习俗从外部遏制的所有形象中，我心灵的冥想受到阻挠。

你要是说，既然梵天是无限的，就可把他置于一切形象一切故事之中。就总体而言，这样说是对的。大千世界，好坏、美丑，无所不有。因此，只把他置于好和美的范围之内，片面地对他观察，就是对他的"无限"的责怪。

然而，我的"梵天"只守护人的精粹。他住在人的天堂。人也有地狱——那儿有愚昧，有压迫，有虚假。然而，地狱的存在，是黑暗而不是光明的体现。它否认光明，但不能消灭光明。

为你祝福的

泰戈尔

1931年4月23日

二

赫蒙达芭拉：你好！

我想从你的信中"偷"一些你写的东西。也许有一天真会动手。观察的目光、思考的心灵、写作的笔和心中的激情，在你身上浑然交融。你毫不费力地把情味注满你的作品。作为作家，我缺少一样东西。我未能亲密无间地了解印度社会。所以，我写小说时，社会画面上有沟壑，不得不在旁边绕行。在你的信中，我感觉到了纯正的孟加拉人的家庭之风。

记得有一天在外国旅馆里，我背靠着椅子，哼着苏尔丹调的歌曲："啊，女友，心中的痛苦深埋在心中。"心中顿时感觉到孟加拉女性柔情的摩挲。在你信中精彩纷呈的描述中，清晰地回荡着孟加拉女性的心声，令人万分欣喜。

读到你信中担心我气恼的话，我不禁笑了。难道你以为喜欢辩论是我的天性吗？在我品尝趣味之地，争论的话题便在我身边失踪，对我来说，那儿没有一样东西是生疏的。

为你祝福的泰戈尔
大吉岭
1931年7月4日

三

赫蒙达芭拉：你好！

我的人生分为三部分，分别用于做正事、做闲事和不做事。做正事，是指在小学教书，写文章，管理国际大学，等等，这些属于履行责任。第二部分是做闲事，这儿全是令人上瘾的材料，如诗、歌曲和画。瘾头越来越大。年幼的时候，诗是我至上的天帝——就像地球的洪荒时期，到处是水，从心原一条地平线到另一条地平线，涛声阵阵。只有情味的游戏，只有梦境的节日。之后在青年时期，我奉命去做正事。在那个时期，我近距离地接触平民。履行责任的呼唤传进我的耳朵。陆地从水中徐徐上升。在那儿，不再在水浪和狂风的袭击下，摇摇晃晃地漂浮，而开始以各种办法建造房舍。不是在黄昏的彩霞里，而是在真实世界里，

写给赫蒙达芭拉的信

接触的一个个人带着苦乐真切地显现了。

在你描绘的与祭祀相关的日常事务的画面中,我看到了女性的清晰形象。你们具有母性,对生命的爱怜是天生而强烈的。你们照料生灵的衣食住行、沐浴、妆扮,从中得到快乐。为此,你们总有一种饥渴感。幼小时期用玩偶做的游戏中,也显露出你们服侍的欲望。你的姐妹全心全意地侍候你,是出于天生的责任感。侍候不了你,她们心里会产生负疚感。从你对侍奉神明的描写中,我清楚地看到,那是更大地满足母心侍奉欲望的方法。

我的神不在庙里,不在雕像中,也不在天国乐园。我的神在人群之中。那儿的饥渴是真实的,也有胆汁分泌,也需要睡觉。这些对于天堂里的神,是不真实的。弗洛伦斯·南丁格尔在战场上救治受伤士兵,那儿,女人的祭祀是真切的。人群中的神是饥渴的、有病的、忧伤的。伟人为他捐赠全部财产,献出生命;不在浪漫感情的抒发中终结侍奉,而以智慧、勇气和牺牲精神使侍奉臻于高尚。

在你的文章中听了你对祭祀的讲述,我觉得,这一切,是封闭的、不满足的、不完整的人生的自怨自艾。有些人每日如此容易地阻止以人的面貌出现的我的神得到祭拜,其实也每日丧失了自己叩拜的权利。他们的国人受到极度蔑视,被蔑视的人群的贫乏和痛楚,反过来使他们的国家忍垢受辱,步履缓慢,落在世界其他国家的后面。

我本不愿说这些话让你难过,但在庙里的神成了民众之神的竞争对手、打着神的幌子欺骗人的地方,我的心再忍受不了了。此前,我在佛教圣地菩提伽耶游览时,一位热衷于祭祀的王后,把金币放在主持的脚面上。这些金币，本可用来救济大批饥民。他们不肯为国民的教育、粮食、医疗花一分钱。他们在祭坛前敬献的钱财、花的时间、表达的虔诚，分文不值。人对人的这种极度冷漠和冷酷，在别国是闻所未闻的。其主要原因，是神攫夺了苦命的印度人的一切。

你的大哥

大吉岭

1931年7月14日

四

赫蒙达芭拉：你好！

　　也许你没有听到，我参加抗议枪杀赫兹里监狱的政治犯的集会，被人群簇拥着一直从市政厅走到纪念碑基座上。第二天上午七点，我家里也挤满人，没有插针之地。我的身体实在是受不了了。这两天，我连写一行字告诉你我现状的一秒钟也没有了。

　　在返回圣蒂尼克坦的火车上，两位马特拉斯邦人半路上对我讲述关于吠檀多不二论哲学观点，也是一种可怕的折磨。回到学校，我已经半死不活了。

　　几天不在学校，这儿已堆积了许多急需处理的杂事。本该仰面躺在床上休息的时候，却不得不俯身在写字桌上。面前一堆现代孟加拉小说眼巴巴地看着我的脸,等待我发表意见。我没有精力,只好让它们静静地"寿终正寝"了。有些作家认为,我对他们漠不关心。他们也不想想,他们是个体,但在我的书房里他们数不胜数。另外,我的时间并非无穷无尽,我的精力也非常有限。

我已寄给你几本书。收到这封信之前,大概书已收到了。

你的大哥

圣蒂尼克坦

1931年9月

五

赫蒙达芭拉:你好!

首先要对你说的是:由于与十万八千里之外某个煞星面面相对,今天起床,你接连打喷嚏;热牛奶竟烧煳了;右眼皮不住地跳动。于是断定,今天叫佣人去买菜,市场上菜价肯定上涨。因为,煞星注视着菜市场。而在你的村庄,你的小叔子,忘了邀请你姨表姐的大伯的儿子来参加幼儿首次吃米饭的仪式,导致亲戚关系中断,因为"土星①"扣压了请柬。等等,等等。这些胡言乱语,你一定要从脑子里彻底清除。

你为什么要让你的心变得脆弱呢?人世间,有大大小小许多

---

① 有些印度人认为土星是煞星。

不祥之物。要凭智慧和勇气同它们战斗！有时候失败，有时候胜利，这是人世的必然规律。由于特殊原因，有时心不在焉，豆汤里忘了放盐，做枸酱包忘了加热石灰，就把责任强加到名叫"天意"的东西身上，重重地捶打脑门——比这更软弱的行为，世界上还有吗？这分明是鸡毛蒜皮的小事，却认为是在天神面前犯了罪过，非折磨自己的心灵不可。如果是煞星犯了罪，让天神去教训他好了，凡人何必站在中间代它受过。你要是说，以大无畏精神一举砸碎煞星带来的恶果，那干脆从记忆中把煞星一笔勾销，大无畏精神不就能完好无损吗？满脑子都是连飞机也触及不到的"敌人"的恐怖阴影，在人生旅途中，谁还能获得胜利？身处印度，你四周全是"敌人"——疟疾、愚昧、守旧抱残、浑浑噩噩、彼此嫉妒、谴责、争吵、蠢人的妄自尊大，等等，等等。我们每日得用智慧、思考和道德力量，同它们作战。在这种情形下，为什么还渲染对黄历中盘桓的"敌人"的恐惧？恐惧从各种路径渗透印度的骨髓，蛀蚀心灵——这些恐惧虽手无寸铁，可谁能拯救理性无从抵达的印度呢？

在我国，人人征求"星宿"的意见，确定结婚的良辰吉日。四周成千上万的事例证明，"良辰吉日"背叛了人的初衷。但愚昧却有增无减。就此进行辩论时有人说，新婚夫妻的命运取决于"吉辰"之果。何止夫妻，兄弟姐妹、公公婆婆、岳父岳母，以及未来的子女的命运，也与此息息相关。果若如此，也不应把邻居、国人和外国人排除在外。一个英国小伙子打猎，误认为一个孟加拉男孩是猴子，一枪把他打死，这时，光卜算死者和杀人者的命运，是不够的。必须追根溯源，整个大英帝国和孟加拉民族的宿

写给赫蒙达芭拉的信

命,以及在发明火枪的第一天,星宿们彼此摆出的威胁姿态,才导致了此事的发生。

你读了我以死亡为题材的许多诗,写信问我怕不怕死。一般来说,我是不怕的。生和死,是个体的两个方面——如同观念中的沉睡和苏醒。常常可以看到,幼儿困了,就异常烦躁,乱抓面孔,伸手蹬脚,想让自己保持清醒。大人们见状,并不焦急。他们知道,要是不入睡,清醒是痛苦的。死亡也是这样。假如死亡不来临,带着不断延续的生命,就得大呼救命啊。不可舍弃、必须与人生结合的东西,是很容易相信并接受的。既然死亡是人生的终结,人死了谁会蒙受损失呢?一个人死了,他并没有什么损失嘛。当我活着时,还没有死嘛。提前害怕,愁眉苦脸,管什么用?如果我不在了,哪儿也不会有痛苦。而只要我还活着,今后和现今的情况就大致相同。换句话说,活着的苦和乐,与得失和好恶一样,不停地交替转换。如果不愿放弃今日的生活及其一切责任,那日后的生活也将如此。幼小的时候,我特爱我的奶妈,当时的生活以她为中心。我一天也不能不流眼泪、心情愉快地想象,她离开我一个小时,生活将会怎样。但如今她杳无踪影了,未留下一丝痛苦的痕迹。之后,由其他核心人物构成的生活的价值更高,有更多的苦乐。但最后这一切也将不复存在。在生活中间形成另一个实体时,我因新实体而更博大,绝不会吃后悔药。所以,谈起死亡,最好泰然自若,无所畏惧。当然,某些形式的死亡,是我不乐见的。老虎把我当作食物吃掉,这是我不喜欢的。不过,有些不喜欢的东西被老虎吞食,不叫死亡。其实,被老虎吞食中的死亡,是最值得期待的。假如我五十岁上被老虎吃了，就肯定不必给算命的婆罗门酬金，为保命而举行禳灾仪式了。

你的大哥泰戈尔
大吉岭
1931年11月1日

六

赫蒙达芭拉：你好！

我非常喜欢看你的来信。从你的信中，我清晰地感觉到了你那颗女人的心中最深挚的情愫。我已明白，对你们来说，获得一个珍藏仁慈、爱情和真诚的地方，是何等急迫！在那儿，你们心灵的祭品，可以充分而纯粹地发挥作用，你们奉献的力量，像浪涛汹涌的大河，突破一切障碍，流向你们最恰当的奋斗之路。女性那种自我奉献的急切心情，在你的信中袒露的真情中，已充分呈现。从信中得知，如同毗湿奴教派对你具有吸引力，你对它也具有吸引力——这和"不管地球多么小，也吸引着太阳"的道理是一样的。你瞎猜疑，觉得我也许不能正确理解你的心情。请你记住一句话：我们全是拥有女人禀性的天神。有的人中间，交融的男女禀性，各占一半，而有些人中间，比例有多寡之分。人世间，假如只有纯粹的女人和纯粹的男人，他们就不能交融了。所以，男女彼此理解，是没有障碍的。不过，在各自的权限之内，保持自己的特性，是可能的。换句话说，男人禀性中，男人是主要的，女人是次要的。而女人的性格中，恰恰相反。通常就是这样。否则，人世的天平就不能平衡。女人们要用无尽的仁慈、爱情和真诚充实自己和自己的世界。这是她们的柔情的一面。同时，她们还有刚强的一面。在这方面，她们有忠诚、忍耐和坚定的自我牺牲精神。她们以自己的力量，保护自己的庇护者，照顾他的生活，使之有所建树；他的所作所为出现偏差，及时纠正，并治愈他的伤痛。也就是说，不让他因有内助而变得懦弱，而是能振作起来，去实现人生目标。但是，男人如沉湎于那种特殊柔情，就会把女人情感加到自己身上。然而，那是悖违他的天性的。男人只有强化自己的性格，才能功成名遂。反之，就会变得软弱，断送人生理想。真正的男人凭借智慧、学识和勇气，坚忍不拔，克服一切艰难险阻，不承认困境是命运的法则，把我们的创造推向成功的顶峰。依靠这种男人，才能维护凡世的健康社会、安宁、财富和自尊。女人才有安全、依傍和光荣。否则，男人就会把在柔情之波中沉浮当作人生最高目标。那种丧失男性英雄气概的国家，在各个领域将沉入屈辱的洪水。所以，在你的信中，不管我对你心中的温情感到多么满意，从我的角度而言，为了男人的胜利，不能不公开说：男人应有豪迈的快乐、自由的理想、卓绝的奋斗，以及舍命抵御各种灾祸和从事艰苦事业的自我牺牲精神。长期以来，在孟加拉地区，有些男人也奉行女人的行为标准。于是，男人的创造力大打折扣。他们总夸大别人的丑陋，嫉妒别人的美貌，让对方受挫。他们不能在坚固的基础上建造事业的大厦。于是，他们阻碍别人奋斗，否认精英，聚在一起便大发牢骚，寻找拙劣的借口，说谎骗人，夸夸其谈葬送大好局面；用难听的语言大吵大闹，从中获得非同寻常的快乐。由于品德的基础薄弱，下面的泥土里水分太多，选用的石材不够结实，我们的聚会没有凝聚力，举行的活动缺乏持久性。只有面红耳赤的争论，只有派别的勾心斗角，往往把芝麻说成西瓜，把西瓜说成芝麻。

这个话题就谈到这里。

你的大哥泰戈尔
1931年12月3日

七

赫蒙达芭拉：你好！

看了你的几封来信，我发觉，由于你我在某些问题上看法不一，你心里非常不安。没有办法呀。因为，观点不是一块披肩，可以为讨得别人的欢心而随时更换的。看得出来，你目前的心态，已不能长久容忍我了。你开始误解我，到最后完全从相反的角度理解之前，你最好一声不吭。让关爱退化为怨忿，这不是最好的结局。我想把一两件事说清楚，换成别人，可能就不讲了。

关于平等原则，你对我颇有微词。我从不骄傲地认为，我已经登上平等原则的顶峰。但因此不努力达到应有的高度，是不能被称为理性之举的。我这个人食量较小，我知道，大吃大喝，会伤害身心。传说有位仙人不吃不喝，进行苦修。你如果说，当您喝西北风无法生存时，为什么还吹嘘您吃得少呢？默忍这种调侃，也并非不光彩的事儿。

你们家与萨贾尼贡特家过从甚密，为此，当你想象我心中不悦时，我说过，我假如有这样的狭隘心理，我会感到惭愧。我从未说过，无缘无故，未收到邀请，为展示豪迈宽广的胸襟，我急不可耐地想突然造访他家。假如他怀着敬意邀请我，我肯定会去的。你要是说，不发来邀请，我不贸然登门，是我软弱的表现，那我承认，毋庸置疑，这是我的弱点。但因为他们和你们关系亲密，我就厌烦你们，这样的小心眼儿，我是没有的。你要是觉得，因为先前有这类例子，我也理当如此，那你我的看法就大相径庭了。除此之外，我还能说什么呢？

你的信中，还有更令人惊诧的话。你想看到，我如何进出拉津特罗勒尔大街上你家的宅第。我的朋友和熟人中间，达官贵人极少。我随随便便出入的人家，在财富和声望上，同你们家不可同日而语。随时可进入我家的人中间，卑贱者不少。除了浪费我的时间，妨害我的正常工作，影响我的健康，万般无奈之外，我从不自以为名声显赫而拒绝见他们。这不是什么大问题，你别以为我在这件事上在寻求名望。你不必担心我会突然走进你家宅第，让你全家人喜出望外，以此宣扬什么平等理念。

你信中另一段话也有责备的意味，对我来说，就此评说就更难了。你说："牺牲个人利益、捐助穷人和不可接触的贱民的人，不是文学家，不是富人。他们是某某某，某某某。"我不想对你细说我在这方面是否做了什么，不过，即使我未出一分钱，为此，我就不能谈一谈应该做的某件事吗？村里失火，我没有去救火，很想去，可心有余而力不足。为此，难道你就不许我写"到别人家放火是犯罪"吗？有些人从不详细了解一下我的事业，可总对我所做的事情说三道四。我出生在孟加拉人中间，才如此不幸。你说几句风凉话要是觉得很开心，也没有什么了不起。不过，心里最好还是保留一丝疑惑，你也许并不知道每件事，也不可能全知道。事实上，我是你的陌生人，所以，你如何评价我呢？不光对我，对其他人也评头论足，也是不合适的。你如果把我不同意你的观点视为罪过，接着把想象的罪过强加到我头上，是极不妥当的。

你对圣雄甘地也一无所知。而我对他是十分了解的。他比我们高尚得多。某些事情上你同他观点不同，于是流露出对他的不尊重，是不会受到称道的。在这方面我劝你对自己说"我也许对他不了解，也无从了解，所以我保持沉默"，让你的心儿保持谦恭。

我不想再多解释了。你目前心情激动。在这种情形下，争论是不会有好结果的。另外，我实在太忙，没有闲工夫。因此，不再争论，保持沉默才是安全的。

你的大哥

1932年10月2日

写给迪纳斯·昌德拉·桑①的信

---

① 迪纳斯·昌德拉·桑(1866—1939)系著名孟加拉学者,著有《孟加拉语和文学》等专著。

一

迪纳斯·昌德拉先生：

维沙克月初一，圣蒂尼克坦的学校里举行新年庆祝活动。您如能在除夕或除夕前一天带着您儿子前来参加这项活动，我将非常高兴。

按照我校相关规定，我们不招收年过十岁的孩子。因为，年龄大的孩子和小孩子朝夕相处，是不安全的。您儿子要是年纪不大，我想见他一次。您在这儿可以住几天，这有利于您的身体健康。当然您也可在这儿撰写论文。

您来了可了解一下我们学校的规章制度，并督促我写评论。所以，千万别放弃这难得的机会。

您的路费由我出。东道主负担嘉宾的盘缠，是印度的古老传统。所以，这件事你如遵守英国的习俗，我会不快的。您一定得空手而来。不过，如想写作，可以把写了一半的文章或刚动笔写的文章带来。空闲时，我想坐下来拜读您的大作，以便获得写评论的一些素材。您曾承诺访问希拉伊达哈，来到波尔普尔，我就认为您履行诺言了。所以，您别再耽搁，别再从今世遥望来世了。

您的罗宾德拉纳特·泰戈尔
1902年4月9日

写给迪纳斯·昌德拉·桑的信

迪纳斯·昌德拉·桑

二

迪纳斯·昌德拉先生：

很高兴收到您的来信，期待着与您的愉快会面。杰斯塔月[①]初一，为庆祝家父的生日，我要回一趟加尔各答。返回时强行把您

[①] 印历2月，公历5月至6月。

拽来如何？我会慈爱地照看你儿子的生活，关心他的学习，您只管放心。十五天之内，他会适应这儿的环境，不会再说"我要回家了"。我学校所有的孩子从这儿回家度假，没有一个不掉眼泪的。

关于那件事，来信中您作了暗示便不作声了，其实我心里很清楚。我没有读那篇文章①，甚至不许这篇文章进入我的视野。因为，作者们的清高很容易受到伤害，而这种伤害中隐藏着耻辱的根由。我总设法远离别人嘴里喷出的和用笔书写的谩骂，以免陷入尴尬境地。憎恨中没有幸福，也没有光荣。所以，我向来小心翼翼，不对憎恨者以牙还牙。人生之灯的油不多啊，如果滋滋滋地在愤懑、仇恨中烧光，如何响应上苍的呼唤，投身于博爱事业呢？现在如果卷入无谓的争吵，势必影响教学，这非但伤不了对方的一根毫毛，反而会扩大自己的对立面。

我每日教书，写作。长篇小说《眼中沙》即将杀青。这期间，又读了一遍您的论著，收益匪浅。我写的评论倘若来不及在杰斯塔月的《孟加拉之镜》上发表，尽可来信"兴师问罪"。

我真诚希望您能摆脱生活中的种种忧虑。

您的罗宾德拉纳特·泰戈尔
1902年5月3日

---

① 指抨击泰戈尔的《孟加拉语和语法》的一篇文章。

三

亲爱的迪纳斯·昌德拉：

  天帝让我经受的悲恸[①]如果没有积极意义，那岂不成了精神折磨？我低头收下了这份悲恸。她生前是我的贤内助，今后将以她的离世成就我的余年。对她的美好回忆，将时时协助我为民造福，为我提供我取之不竭的力量。

  我为您租了波尔苏罗摩·潘迪特的房子。原计划今天下午亲自去看一看。这是一幢印度斯坦风格的房子。窗户不多。朝南开门，北面有围墙。冬天生活不会有什么不方便。院子里有一口井。房间和大门的尺寸和其他情况，等我看了再写信告诉您。收到信即可前来。我希望您到这儿来换换空气，身体会更健康。我的女婿在这儿，他是医生。所以您不用为看病担心。

  奥隆[②]在这儿很好。他已穿上您寄来的御寒的厚衣服。

热爱您的罗宾德拉纳特·泰戈尔
圣蒂尼克坦
1902年11月4日

[①] 指诗人的妻子穆丽纳里妮于1902年11月29日病故。
[②] 迪纳斯·昌德拉·桑的儿子奥隆·昌德拉·桑的昵称。

四

亲爱的迪纳斯·昌德拉:

您心里不必为最近掀起的争论之浪[①]而感到气愤。我的文章唤醒了敌人和友人,您只管把它当作一个吉兆。谁攻击我,谁支持我,都不值得记在心里。我的文章开始在国内发挥作用,这是一件令人高兴的事。您知道,反对和抗议的声浪,对于巩固和扩大一个客观真实是非常必要的。所以,您千万别为我遭到物议而不快。我多次忍受了别人的指摘。因我产生的多次风波,如今都已平息了。而我活得好好的,仍是从前的我。所以,您忍着点儿,等着看这场论战的最后结局吧。

来到这儿,我不能说写作有了明显进展。我的想象力仍在酣睡。

关于为米拉择选对象,我想听听您的高见。

您的罗宾德拉纳特·泰戈尔
吉里地
1904年8月27日

[①] 指泰戈尔的演讲《本国社会》引发的争论。

五

亲爱的迪纳斯·昌德拉：

别再和我谈国内大事。我已经归隐了[①]，心里已没有写文章的欲望。我不觉得全国在坐等我发表意见。在这阳光普照的空旷原野上，默默地沉浸在怡人的暖风中，让我的心儿享受充分自由吧。当然，懒洋洋地半躺着，偶尔也写几行"歪诗"。说实话，先生，我内心深处，"民族"、"爱国情怀"等单词全溜走了。悠闲时分，我的眼前浮现我的本相。

关于那些大事，我说过的话中有不少虚假成分。其中，大部分是人云亦云。除了灵魂的自由，我们没有别的自由。我们误认为新的桎梏是自由。我不想再卷入纷扰之中，偏离我的目标。

首先，在幽僻之地，心平气和地宽慰自己。在纯洁的心里，回顾一下前一段经历。之后，如有必要，再开口说话。目前，我乐意待在人们的视野之外。名誉对我来说分文不值。我要是老在人群中过日子，什么时候做家里的事[②]哩。所以，我及时退出了。

您不用急急忙忙卜算我今年的成果。学校里考试结束，不妨来波尔普尔一趟。确实，这地方不如大吉岭凉爽，但我发现，有些人成天嚷嚷"热呀热呀"，搞得自己心烦意乱。我从不感到波尔

[①] 1905年泰戈尔因抵制英国货等问题与群众运动的领导人产生意见分歧，退出了群众爱国运动。
[②] 这儿的人群，指群众运动，家里的事指从事教育事业。

普尔热得令我难以忍受。

祝您万事顺遂！

您的罗宾德拉纳特·泰戈尔
波尔普尔
1906年4月22日

六

亲爱的迪纳斯·昌德拉：

　　昨天我听说奥隆从学校跑了[①]。阿吉德·古玛尔[②]说奥隆并未去帕特那，但不知道他到哪儿去了。我对奥隆的二哥说，今明两天，弄清楚他的下落，我会把他送到您家中。也许他们[③]觉得我们在哄他们，没跟我打个招呼，昨天往西走了。他们走后不久，我收到奥隆的电报。我正派人把他抓回来。你们尽管放心。他住在我一个熟人家里。奥隆告诉我，他手头没有钱。我会把他送回去的。

　　您可能不知道，奥隆曾有过自杀的念头。他性格十分脆弱。今后，您若不谨慎防范，说不定哪天会失去他！我先把他弄回波

[①] 迪纳斯·昌德拉当时决定让儿子奥隆成亲，奥隆在学业未结束、经济上不能自立的情况下不同意结婚，与父亲发生矛盾。他逃离学校，躲到泰戈尔传记作者波罗维德家中。

[②] 阿吉德·古玛尔是国际大学梵学书院的老师。

[③] 指到国际大学打听消息的奥隆的二哥和姐夫。

尔普尔,再把他送到您身边。

请您相信,我没有鼓动奥隆出逃。奥隆知道我会阻止他,对我隐瞒了一切。请让奥隆的母亲放心。他在藏身之地,没有受苦。我怕你们硬拽他回去,效果反而不好,因此,由我采取送他回去的措施吧。如果不行,再通知你们。

您的罗宾德拉纳特·泰戈尔

圣蒂尼克坦

1910年6月22日

七

迪纳斯·昌德拉先生:

我默默地忍受了这几天您对我的谴责。

今天,我双手合十,要对您说的一句话是:您是孟加拉社会一位受人尊敬的人。和所有孟加拉人一起,我也愿意尊敬您。关于这所学校,您发表的言论,哪怕有根据,对您来说,也不是文雅的。而那毫无根据的诋毁,是在羞辱您自己。

您的臆想中,我做了件不光彩的事情,可心灵的主宰知道,我是清白的。尽管如此,我仍要沾您足上的一撮尘土对您请求:您大度地原谅我吧。不要总对我怀一腔怒火,这样会给您带来痛苦。不管我有多大过失,我是可以得到您的宽宥的。因为,我心里一直珍藏着对您的友好感情。我能对您提供帮助时，是不遗余力的。如果无意间，或者由于误解，我成为您伤心的原由，那我千百次匍匐在地，乞求您的原谅。

我有许多过错，为此，我在凡世得不到称赞，我也不指望得到称赞。让天帝命令我在你们大家面前低着头，站在可以获得你们怜悯的地方吧！但我由衷地祈求，别让我一辈子成为你们无法忍受的心中伤痛的根由，使你们无端激愤。我不想发火，不想与您争吵。我垂首接受您的裁决。但我双手合十，恳求您保存一份能确保您公正裁决的同情心。我多次说过，还想再说一次，我过去没有伤害过您，今后也不会。愿天帝保佑您！做完这样的祈祷，我向您告辞。

祈求怜悯的罗宾德拉纳特·泰戈尔

波尔普尔

1910年11月29日

八

迪纳斯·昌德拉先生：

给您写第一封信时，我觉得信中不会流露心中的愤慨。但心里真的气忿时，流露出来，是件好事。因为，风暴之前的宁静，不是真宁静。风暴之后的宁静，才是真的。

写给迪纳斯·昌德拉·桑的信

读了您的来信，我极为惊讶。我从未诱导奥隆终生当处男。我不可能这样误人子弟。因为，按照我的观点，结婚对完美的人生是必不可少的。我已让我儿子完婚。目前在操办桑达斯·库玛尔·马宗达的婚事。我从未同奥隆谈过婚姻大事。

我对他的出逃一无所知。阿吉德·古玛尔和桑达斯·库玛尔·马宗达知道内情，可能还帮了他的忙。但他们不是校方。奥隆对他们讲了出逃的原因，您不知道，我也不知道。可听了之后，他们表示赞成他出逃。他们可能基于某个原因，凭自己的理智判断，认为他出走为好。可我一直蒙在鼓里。奥隆未征得我的同意，也未对我作出可能出走的暗示。学校的其他人对此也毫无所知。

您把这种个人行为想象为学校的大事。奥隆贸然行动，完全是个人行为。这儿不会进行怂恿学生干这种事的教育。他肯定独立思考过印度社会和道德规范。这样自由地思考，不是犯错误。独立思考促发与环境的不和谐，是不足为怪的。您知道，我鼓励学生们提高思想觉悟，但不传授某种观点。我们这儿的老师和学生中间存在各种观点和行为举止。许多婆罗门的孩子来到这儿，固执地抱成一团。而另外一些印度教徒的孩子强烈反对只与同一教派的同学相处。

我深知，因为某个原因人心里难受时，很容易不公正地对待别人，所以，听了许多流言蜚语，我默不作声。但近来听了对学校一些女士的毫无根据的攻击，我再也无法忍耐了。

然而，不管一时间产生多大冲动，说过的话全轻如烟云，只存留片时。它们骤然产生，又骤然消失了。想到我一时失态也导致您的失态，今天我感到惭愧。在自己许多真实的心灵负担之上，压上这些短时的沉重垃圾，是让自己枉受不必要的压力。所以，这件事到此为止，我可以脱身了。这件事让您心里蒙受打击，为此，我心里感到难过。请您原谅！也就是说，从心里把它抹去吧。事实上，这不过是一场梦，一个海市蜃楼。是我们七嘴八舌把它说得跟真的似的。刹那间起了一阵狂风，刹那间又销声匿迹。现在，让一切归于宁静吧！

您的罗宾德拉纳特·泰戈尔
波尔普尔
1910年11月29日

写给奥隆·昌德拉·桑①的信

---
① 奥隆·昌德拉·桑是迪纳斯·昌德拉·桑的儿子。

一

奥隆：

听到你结婚的消息，非常高兴。

我真诚希望，你神定气静，真心实意，接受这桩婚事。只要你由衷地迎迓你生活中出现的这件美事，你将是一个有福之人。

在这世界上有福可享的地方，如果我们心浮气躁，好高骛远，就会陷入难以摆脱的困境。娶妻成家，是人一生的一桩大喜事。但不负责任、轻浮的男人，却往往在婚姻上惨遭失败。夫妻生活的神圣似乎还没有在你眼前灿烂地显现。所以，"婚姻会成为你的绊脚石"，这种担忧，仍在折磨你的心。

让你的心摆脱那种偏见，双手合十，在天帝面前接受婚姻的神圣责任吧。你如以高洁的目光看待婚姻，也会使你逐渐臻于高尚。

关于你的个人生活，以前你在心里设计的未来，其中有许多幻想和强行塞进的成分。其中鲜见你本人和你家的真实情况。我希望你走出幻想，认清现实。看清现实，你才能找到真实的自我，才能变得坚强，日益成熟。

当我们突然脱离幻想世界，走进现实世界时，先是感受到一种打击，仿佛我的什么东西被打碎了。然而，迷梦破了，现实没有丝毫缺损。你那消失的东西，是因为不真实，才支离破碎的。

你若死命抱着不放，就永远不能获得力量。你和四周的环境格格不入，就会处处受阻，寸步难行。

抛开你以前追逐的海市蜃楼，不要感到犹豫。这样的犹豫就是懦弱。不要带着羞惭和惶惑，畏首畏尾，不敢进入目前你正跨进的生活领域。那儿有你的真实权利，毫不踌躇地走进去吧！在那儿，你必须做实事，构建人生大厦。把你的真才实学，全在那儿发挥出来吧！那儿，有你的世界。那儿，有你世界的主宰！

我祝愿你怀着对你本人和你全部责任的充分敬意，步入新家庭。不要觉得是环境硬把你拖到此地，你不得不低垂着头朝这儿迈步。是上苍把你接回到这儿的，因此，满心喜悦和勇气，自豪地接受这永无悔意的领地吧。恰恰在这儿，可以认知你真正的人性，对此，不要有丝毫怀疑。有的人渡过七大海洋，广收珍宝，祭拜天神。而有些人像春天的果树，萌发新叶，开花结果，以自己的果实完成祭祀。愿这样的春天今日也回到了你心原！在你的立足之地，以培育的爱情的福祉，在你心灵的主宰的祭盘上，放满常新的美吧！

祝福你的罗宾德拉纳特·泰戈尔
希拉伊达哈
1910年7月8日

二

奥隆：

你为什么小看你的家庭呢？一个家庭其实是不小的。我们往往以生活圈子的狭小贬低家庭的重要性。你为什么不承担家庭责任呢？在目前的环境中，你是可以取得人生成果的。而人试图超越自己的能力，必然受到挫折。切莫与自己的家境吵架，在目前的现实情况下成长起来，逐渐加以改善吧。在你不接受任何责任的地方，不要以为它就是你的心仪之地，你一进去就会看到，其间也有许多困难，许多欠缺。实际上，只要你脚踏实地地过日子，一件件事情，你都能干得很出色。满心喜悦，面带微笑，挑起放在你面前的担子吧！一天也别发牢骚。事实上，发牢骚只是无能的表现。

我希望你把你在圣蒂尼克坦学到的有用知识，用于你生活的各个方面。那些脱离康庄大道，走谋求私利之路的人，是懦夫。像勇士一样，义无反顾地面对你不得不面对的现实吧。

每个人都在某个方面存在局限性。走进生活，你发现了自己的局限性。坦诚地承认自己的局限性，在有限的范围内，实现你的人生目标吧。不要垂头丧气，申斥自己。不管在哪儿，老老实实地过日子，不断取得进步吧。这是我对你的祝福。

祝福你的罗宾德拉纳特·泰戈尔
伦敦
1912年10月17日

三

奥隆：

你的信几经周折，终于在阿拉哈巴特送到我手中。

我早知道，肯定会请你到阿格尔特拉去教书。不过，你的就业还是让我一直放心不下。在北印度也到处在托人帮忙。据查尔斯·安德鲁斯说，他有把握在德里的斯得芬学院为你找到一份差事。当助教每月的薪金是一百至一百二十卢比。之后，渐渐增加。在这儿的最大好处是，你能和几位优秀的孟加拉教授一起授课。这所学院的英语教师和孟加拉教师在待遇上没有差别，大家的心思全放在教学上。你也许认识这儿的哲学教授尼希康德·桑①。他是个热心肠。你可以把妻子和儿子也带来。

当然，从经济上考虑，你到阿格尔特拉任教也许条件更好一些。那儿吃饭、住宿都不花钱。如果收费，你的月薪应有一百五十卢比。在这儿拿到这么多钱，是要等些时日的。这儿起初可拿到一百二十五卢比，要用其中一部分付房租和饭钱。十年后月薪可涨到二百五十卢比。在阿格尔特拉，涨到二百至二百五十卢比，不用花这么长时间。拉尔②在那儿。他会尽力帮助你。

从保持身体健康的角度而言，德里的气候并不比阿格尔特拉好。我看到尼希康德及其家人，以及其他两个孟加拉教授，经常

---

① 尼希康德·桑（1880—1964）后来任德里大学教务主任。退休后一度在国际大学任职。
② 拉尔是特里普拉藩王的二儿子波罗桑特拉吉索尔的小名。

生病。安德鲁斯在这儿多次患上疟疾，受了不少罪。由于这些原因，我一直拿不定主意。我在阿格尔特拉也打听过，那儿有一个短时的空位，月薪一百卢比，争取一下也不是不可以。总之，先去阿格尔特拉教书吧，别再挑三拣四了。凡事多向拉尔请教。我不反对你和上校穆希姆·昌德拉交朋友。但要小心，别参加任何党派。不要在任何人面前抨击别人。务必记在，那儿拉尔是你最主要的朋友和靠山。在穆希姆跟前，务必抑制传播小道消息的欲望。因为，那儿没人信任他，至少拉尔觉得他是对手。在那种地方，不要让任何人觉得那儿是你的据点。在那儿，专心研究学问吧，尽管你很久没有这样的习惯了。

祝福你的罗宾德拉纳特·泰戈尔
阿拉哈巴特
1914年10月17日

四

奥隆：

关于你的为人，我们家谁私下说了什么，我一无所知。不过，我坚信，他们百分之九十的话，是没有根据的。

在印度，围绕我炮制了许多谣言，而在其他国家，从不就某个人炮制这么多谣言。这，我是一清二楚的。我一天也不抱穿透所有这些传言的浓雾的希望。然而，当我发现，你们也与此有瓜葛，并颇不自在时，这实在是令我很不开心的。每当我想起你时，心里就说："你是个浑小子。"我从不认为，我几时帮过你的忙。如果曾助你一臂之力，那完全是表面的东西，微不足道。通过那些小事，是无从探知你的本来面目的。

你要毫不怀疑地记住，我至今一如既往地关爱你。我不知道，你心态平和地到我这儿来会遇到什么阻碍。你要是觉得，我们是富人，应该避之三舍，那是你的胡思乱想。我绝对不相信你的Communism（共产主义）。你对自己的命运发火，举起拳头在空中乱挥。倘若时来运转，你就会持别的观点了。我看你父亲也这样。当他贫穷潦倒时，就可能听到他说："贫困是我们的首饰。"如今我知道，他对"首饰"已没有一丝信心了。当没有财物、金钱带来的烦恼时，会觉得，与别人分享一切财物的理想，是非常神圣的。我个人认为，凡是有一些私产的人，如果资助别人五分钱，作出一份奉献，至少就拥有一份神圣。没有特殊追求的人，生活上放荡不羁，却把这种消极状态称作洒脱豪爽。但是，为兑现自己的终极目标，人应该是慷慨的。于是，他所作的努力，就是舍弃的努力。作出自我牺牲，是应该有一些私物的。这在内心世界和外部世界，都是如此。总之，我不想评说你的共产主义。我要说的是，有一种内心的Communism（共产主义）。那是打破心灵壁垒的共产主义。你的那种壁垒越来越高了，为此，你就显得矮小了。

罗宾德拉纳特·泰戈尔
1930年8月20日

写给阿米亚·贾格拉帕尔迪①的信

---

① 阿米亚·贾格拉帕尔迪(1901—1986)1926年起任泰戈尔的文学助手和国际大学教授。

一

阿米亚：

　　收到你的来信，我感到很难过。原因是，我像你这样年龄的时候，和你一样①，也曾有过巨大悲痛。我一位自杀的亲人②，是我童年时代生活的主要支柱。她突然去世，我脚下的大地仿佛塌陷了，我天空的阳光也仿佛熄灭了。我的世界成为一片空虚。我的人生不再有滋有味。我不认为这空虚之雾有一天能够消散。但后来我的人生慢慢摆脱伤痛，进入旷达境界。我渐渐明白，不从死亡之窗观察人生，就看不见真正的人生。在死亡的天空显现的人生宏大的自由形象，开初是很难接受的。但之后，它的放达，给心灵以快乐。那时，个人生活的苦乐，在永无止境的创造领域，轻淡地出现了。世界之车依然前行，人类历史之车也依然前行，越过障碍，越过艰险，依然保持着自己的速度，开辟自己的道路。那道路就是创造之路。

　　我的心灵旅程也是壮阔的，也要经历坎坷，不断延续，修筑自己的道路，伸向一个个世界，伸向一个个时代。我们谁都不会一直绑在悲痛之柱上。我们是创造的主宰。我们像永无终点的大河，穿越一桩桩事件，让自己不停地流淌。任何事件都不能像巨

---

① 指阿米亚的大哥突然去世。
② 指泰戈尔的五嫂伽达摩波莉·黛维。

石把我压入漫漫黑暗。

愿你记住这些话，唱起旅人之歌吧！与世界之旅保持同步，怀着一颗平静的心，在永生之路上阔步向前吧！让悲恸解下你的枷锁！让离别为你指一条通往盛大的欢聚之路吧！让死亡给你的东西大大多于夺走你的一切吧！不要觉得自己卑微而瞧不起自己！让你的人生通过痛苦而臻于完美！

为你祝福的罗宾德拉纳特·泰戈尔
1917年6月22日

泰戈尔和阿米亚·贾格拉帕尔迪

二

阿米亚：

我访问了几个欧洲国家，十月份将前往美国访问。

从你的来信中得知，《新闻日报》上发表了对我的专访，其中谈到了玛丽·比克馥①，为此《国务活动家报》、《英国人报》发表文章，对我破口大骂。你们在印度不知道，这些报纸的存在，对整个世界来说，实在是太微不足道了。这些报纸的哀鸣，就像印度蚊子的声音，在这儿是根本听不到的。这儿的人非但没对我的观点作恶意抨击，还大加赞许。

我会见了这儿在广阔空间里思考人类问题的许多思想家。同他们交谈，心灵可获得自由。因为，人的自由领域，是思想领域。在那儿，利益王国的一切规则全被推翻。在那儿，人超越苦乐，超越享受，潇洒地漫步。在那儿，"今时"的锁链不能捆住他。在那儿，在希望的阳光下，在灿烂的无限未来中，灵魂无拘无束地徜徉。在未来的时光中徜徉的那些人，是天堂的居住者。因为，"今时"是死亡的地盘。在这儿，人一步步在消耗。这儿到处是冲突和失望。人把全部奋斗限制在这狭小的"今时"中，受苦受难。因为，人是永恒乐园的居住者。而永恒乐园在无限时光中，而不在一段时光中。我们的真正桎梏，是岁月的桎梏。当我们感到痛苦时，那样的痛苦不让心灵走到痛苦岁月之外。那样的痛苦强行

---

① 玛丽·比克馥（1893—1979）系美国女电影演员。

把我们捆在"今时"之柱上。这就是贫乏。它以当下的忧思包围我们,不对未来开启希望之窗。这就是狭隘,在年月的地盘上有它的居室,但没有庭院。

当代印度人囿居在极小的"今时"的高墙内。印度人太贫困了,不能满足"今时"的全部要求。他单靠个人的财力,日子无法过下去。于是登富翁的门,期望获得贷款。然而,只有拥有"今时"的一些资财、能够维系未来的人,才能借到钱。可我们越是向别人伸手,就越是出卖我们的未来。我们的"今时"太狭窄。我们面对的"未来"被挡在远方。于是,我们的心灵不能在宏远时空里思考,我们成天只在自己人中间吵架。

为你祝福的罗宾德拉纳特·泰戈尔
法国
1920年8月28日

三

阿米亚:

你如来这儿工作,不会没有你的位置。你哪天想来就来吧。

我看了你写给威尔士的信。信写得很中肯。我也有邀请他来执教的心愿。近来,印度人对外国人非常厌恶。我不认为这时候来个外国人会有好结果。

甘地说过，世界上有些人打着科学的幌子干了许多罪恶的勾当。但打着宗教的幌子干的罪恶勾当就更多了。最近，你向我国有关不可接触者的谬论开战，这种谬论也是寄生在宗教上的。另外，还有千百种罪恶，例如贞妇自焚殉葬也是一种宗教仪式。但是没有人，至少圣雄没有作出扫荡宗教的训诫。

为你祝福的罗宾德拉纳特·泰戈尔

圣蒂尼克坦

1921年9月4日

四

阿米亚：

你信中写的这首诗，我很喜欢。你可以寄给一家月刊发表。

这儿的杂事已处理完毕。希拉伊达哈祖传田庄仍是老样子——老宅右面，一排希苏树在风中飒飒作响。东边的芒果园里，从早到晚两只黄鹂的啼鸣中，仿佛有两位诗人在进行歌咏比赛。一座座竹林掩映的村落，像戴着面纱的农妇，矗立在一望无际的田野上。池塘边，两头黄牛懒洋洋地在啃草。花园旁边，椰子树和槟榔树像孩子似的，朝天空挥舞着手。日日夜夜，高天沉默的蔚蓝和大地活跃的葱绿，彼此作出色彩变幻的暗示。白天像游船，满载着鸟儿的歌唱、金色花的芳香、翠竹的飒飒声响和闪闪烁烁的光影，从天空东边的码头，驶向西边的码头。

一切和从前一样。只有我熟稔的帕黛玛河，离开希拉伊达哈，退到遥远的地方，再也没法找到了。对我来说，这样的分离，并非区区小事。这就像阿罗迦天宫中依然珍藏着金银珍宝，可财富女神杳无踪影。金足镯放在地板上，长鼓和笛子一样不少，只是以前翩翩起舞的两只纤足，不知走到哪儿去了。外出了一些日子，我们是不能回到毫无变化的原地的。火车站仍在，火车仍在奔驰，但原地原貌藏在哪儿，是无从找到的。

今晚乘车返回加尔各答。再过两三天到你们那儿去。

为你祝福的罗宾德拉纳特·泰戈尔

希拉伊达哈

1922年4月6日

五

阿米亚：

看了你的来信，我好生惊诧。警察也对你动手了？这让我想起我的长篇小说《戈拉》中描写的场景。

他们在街上侮辱你，把你带到警察所。那种侮辱人的情景，我已多次目睹——那是对所有人的侮辱。这件事让人看到，人内在的恶念往其他人身上泼污水。只要人心里有这种恶念的杀伤力，我们人人就得承受这样的侮辱。那么，我们的责任是什么呢？是在骨子里打击这种恶念。人对人的鄙夷，以各种方式残酷地显现。它在千家万户显现——那显现的一股股细流汇聚起来，在社会事务、国家事务，在公司法院，在各种大的场合，以高尚的名义，嘲讽人性。

你注意看教师爷。他带着这样的恶念走进教室。你如果看透赫赫有名的宗教训喻者，就能知晓，他们对人是极端轻蔑的。所以，以宗教的名义对人的压迫，才有如此狰狞的面目。大庭广众之下，你受到这种轻蔑带来的些许侮辱，也是件好事。大众蒙受的痛苦，如不分担一些，就不会被允许出席人的忏悔仪式。

罗宾德拉纳特·泰戈尔

希隆

阿萨姆邦

1923年5月11日

六

阿米亚：

为了消除学校的松散现象，我不得不回到学校，这件事让我心里有些忧愁。当我认真思考时，我才明白，在我们的能力范围之内，做好自己的事情，是合乎常情的。哪天我们才会说"今后我们不会有更多资产，行了，不要再拼命了"呢？

写给阿米亚·贾格拉帕尔迪的信

二十年前,我身无分文,觉得一年能募集到两三千卢比,就可高枕无忧了。可现有学校一年花费一万两千卢比,仍觉得与以前相比,空缺只大不小。

事实上,靠募捐是无法消除精神贫乏的。和诗作、歌曲和绘画一样,教学也是一门艺术。不是靠增加器材,而是靠器材的充分利用,力争尽善尽美,才能消除它的贫乏。发挥我手中之物的作用,它才有长久价值,逼它跨越自己的界限,必然影响效果。

每每想起二十年前我这项事业的美好形象时,心里不由得长叹一声。不过,应当承认,各种具体工作不像诗歌,不会都有无可言说的快乐。换言之,为它的华丽外表而满足,是不行的,必须评判它的成果。人的匮乏必须弥补,可为此所作的努力,不是做表面文章。它的最终目标是成功。水罐的最大作用,是可用来装水,喝水。其次才是把它做得美观一些。学校也是一种日用品,是为消除特殊匮乏而开设。因为缺资金,缺人手,缺少忠诚,它在多大程度上不完善,就应在多大程度上感到愧疚。

我对你们的请求是,要像对待亲戚一样对待这所学校。哪个环节出现纰漏,要感到内疚,并尽力纠正。千万别忘了,我不在这儿的时候,你们的担子更重了。学生们也把学校当作亲戚,也有责任心,我就非常高兴,完全放心了。

我承认,妥善管理圣蒂尼克坦书院的重任,本不应由我来承担。我只是个文化人。我心中闪现的情感的形象,给我鼓舞,把我从生性需要的享乐引向无伴的创作的崎岖道路。但我心中没有原动力,谁跟我要这种动力,是得不到的。这种动力,是上苍赋予的。生来没有这种动力的人,不应挑具体工作的担子。做这种工作，需要其他性格的人。把繁杂事务引向一个目标，不是文化人的本行。可不幸的是，我之前接受了这种重任。由于我不胜任此事，一开始就很苦恼，并遭到别人的反对。所以，这项事业中缺憾越多，它的表面就越显得粗陋。经费问题也日益突出。所有的亏空，要我来填补。乞求的褡裢挂在我一个人的肩上。于是，我每日寝食不安，忧心忡忡，筋疲力尽。在期望的驱策下，在大洋的此岸彼岸来回奔走，收获甚微。而无端的阻力时刻在增加。就这样，紧紧巴巴地过了二十五年，至今看不见光明前景。而我来日无多了。在我的余年里，我不会以身体衰老或疲惫为由，有所懈怠。学校这盏灯需要加油，我绝不会擅离圣蒂尼克坦。

为你祝福的罗宾德拉纳特·泰戈尔
圣蒂尼克坦
1929年2月21日

七

阿米亚：

　　坐在缓缓行驶的海轮上，有件事让我心里感到十分惊喜。船上许多英国旅客随身带着我的著作，纷纷请我在书上签名。他们乘船出国有不同的目的，谁也没有想到会在船上遇见我。旅行期间，这些书为我们增添了不少话题。我们的外国旅伴达鲁因说，他常带着我的译著《园丁集》出国旅行。忽然得知那么多人知道我和我的著作，不禁大为惊讶。在这个世界上，对我的真实情况了解得最少、讨论我的作品最少的地方，大概是圣蒂尼克坦了。但圣蒂尼克坦的任何人到欧洲旅行，在比他们更尊重我更了解我的人那儿，无不得到特殊关照。

我从不把自己的观点强加给不愿听的人，但圣蒂尼克坦的学生至少应该知道我作品的文学价值。你们离开印度到了外国，就能明白我与整个世界有着多么广泛的联系。这种联系将带来巨大成果——在世界的历史上，与当地的政治相比，它起的作用更深广，具有更高的价值。这一点，反倒是我身边的人最不能深刻理解。由于一直存在思想障碍，我未能为圣蒂尼克坦作出更多贡献。所以，那儿工作中的冷漠情绪未能彻底消除。然而，长期以来，我在那儿留下的一切，以及未留下痕迹就泯灭的一切的一部分，由我带到其他国家，让我感到分外亲切。

圣蒂尼克坦没有为我安置一把坐得踏实的椅子。经受了千辛万苦，至今未获得应有的成果。目前所谓的成果，就是吃苦受累而已，工作价值或许打了很大折扣。所以，不图回报，以自己的付出，以自己的生命，让别人成为自己的债务人，是件好事。谋取回报，并非好事。得出最后的结论，需要时间。最好在我寿终之后。

罗宾德拉纳特·泰戈尔
1929年3月14日

八

阿米亚：

你一直想去欧洲待一段时间，身心内外，你大概不会遇到阻力。在印度，应该是没有这种阻力的。我心里也多次萌生出国的念头。在欧洲，由于人心的碰撞，心中的潜力可以充分发掘。这是我的切身体会。然而，还有许多别的东西，比如内在关系，是我不能剖析也不能展示的。无数细密的神经内的各种情感，充斥我的心——其间有我生前的记忆，通过我的目光、我的听觉、我的思维、我的欲望，在系着多根弦丝的我的人生之琴上，奏响特殊乐曲。没有它的弹拨，我宴席上的美味佳肴，吃了如同嚼蜡。正是由于这个原因，我一次次出国访问，充盈当地况味和形象的苍穹，总是对我呼唤。

另外，自孩提时期起，我心里就喜欢孟加拉姑娘。她的柔情蜜意，滋润了我的心。每次出国，我心中翠绿记忆的背景上，就浮现起她的倩影。随着散发着泥土清香的穆尔坦调乐曲奏响，从远处传来她的孟加拉歌声：

> 女友啊，心中的恋情藏在心底，
> 他在外出时，想对他倾诉
> 却说不出口。

那时不禁想起大海东岸棕榈树郁郁葱葱的海滩，想起云影浓厚的雨天和大雨滂沱的雨夜。胸中响起淅淅沥沥的雨中曲。在异国他乡，二月底，仿佛能听到交融着芒果花香的杜鹃凄凉的啼鸣。

然而，这片土地上的一些人，常常给我严厉打击，无情地羞辱我，多少次简直难以忍受，可我无声地忍受了。我至今不能说"我不要你们"。我被牢牢地束缚住了，忍受着难忍的痛苦也无法摆脱。可我也知道，我置身于社会之外一座家庭之岛的孤独中，与我的故乡完全脱离了。我无从越过这分离之海，收获这片土地上的农作物。我独自生产自己所需的粮食，品种与众不同。不管我多么爱这片土地，由于不可避免的某些原因，囿于自身的我的心，是独异的。因此，这儿的市场上，当批发文学作品的年迈的老板着手确定我作品的类别时，我时常哑然失笑。

我是未参加正规宗教仪式的不合格的婆罗门，从小归入另类，甚至梵社①也未能把我绑在它的支柱上。为此，我得到国人的赞扬，可未获得友情。在受束缚的情形下，即使未得到友情，我也不怨天尤人。

请记住我一句话：立足国内，你才能有所作为。

       关爱你的罗宾德拉纳特·泰戈尔
          圣蒂尼克坦
          1934年4月25日

---

① 梵社是罗摩·默罕·罗易创建的宗教改革团体，泰戈尔一度曾担任其秘书。

九

阿米亚：

今天一下子收到你两封信，非常高兴。

也许你已听说我们的艺术团正前往锡兰①。这种募捐方法，使人极其疲惫，而且也不总有令人满意的结果。不过，从训练的角度而言，是值当的。渴望观看我们演出的锡兰民众，将领略的孟加拉艺术风格，有助于他们在丛林中开辟新的艺术道路。

我们在孟买已获得一些捐款。除了捐款，还有更大的收获。也许应该把这种巡演当作国际大学的重大活动之一。当下，"政治"的调门最高；当我们带着自己的歌曲、舞蹈站在它身边的时候，与会者没有鄙视我们，也没有驱赶我们，由此可见，"神咒"②也已传进聋子的耳朵。孟加拉的歌舞和绘画的浪潮，正向全国蔓延，应该承认，它最初是从我们这儿涌现的。

胡侬曼蒂③展示了她的舞蹈才华。她的艺术天赋得到了充分发挥，为此，她异常兴奋。我们会为她创造条件，让她在艺术之路上走得更远。

听说你在那儿接受了宣传我教育思想的任务，非常高兴。目前是我保持沉默的时候了。我的黄昏已经降临。我漫长岁月的记忆屏幕上浮现各种色彩，但吟唱的时间快用光了。在我人生的春

---

① 今斯里兰卡。
② 指泰戈尔的教育理念已为反对者接受。
③ 国际大学艺术团的舞蹈演员。

写给阿米亚·贾格拉帕尔迪的信

天,怀着最初感知的快乐,我滔滔不绝地说了许多应该说的话。就像蝴蝶带着艳翼,从卵里钻出来,我心中的情感,用自己五彩缤纷的语言,已经充分表述。现今已没有那种不断更新的鲜活语言,自己的旧作,至少那些英文译作,读来有恍若隔世之感。它们不再有打动人的魔力。所以,代我说话的任务落到了你们肩上。你们的嗓音无拘无束,开口说话无比快活。在我手上业已黯淡了的东西,在你们手上又会闪闪发光。

你们的罗宾德拉纳特·泰戈尔
1934年4月29日

泰戈尔和国际大学艺术团

十

阿米亚：

　　艰难的日子来临了。首先，那些佃户一贫如洗，粮价暴跌，他们基本上已不交租。诺贝尔文学奖的利息已无法提取。波若达的藩王已停止提供每月六百卢比的捐款。目前，靠剩余的收入和借款，维持着我的小家庭和国际大家庭①的开销。所以不得不带着国际大学的艺术团出来，表演歌舞，争取筹到一些款子。前些日子，在孟买得到一小笔捐款，否则，我只能双手捂着脑袋，瘫坐地上了。现在在锡兰，我们的表演迷醉了观众的心，但获得相应的捐款却不是件易事。另外，带一群人走那么远的路，花费很大。除去花费，但愿略有节余。然而，这如同往破罐里倒水，那些缝隙不懂得我募捐的艰辛。为了让无源之水②不断流动，我在国内外奔波募捐，但我不可能长生不老啊。

　　如果我们中间一个人常年待在欧洲，加强与欧洲各国的联系，一定会有成效。我跟罗梯说过这件事。他正在考虑人选。事实上，圣蒂尼克坦的小学和高中不是国际大学的亲儿子，而是养子。它们隶属于加尔各答大学。可为了养活它们，我们站在自己破产的无底深渊的边缘，总有一天一起陷入灭顶之灾。

关爱你的罗宾德拉纳特·泰戈尔
科伦坡
1934年5月15日

---

① 指国际大学。
② 指当时的殖民政府不给泰戈尔创办的国际大学拨款，教育经费全由泰戈尔筹措。

十一

阿米亚：

读完你寄来的两本单行本，我提笔给你写信。我在马特拉斯寄给你的信，想必已经收到。

在印度各省巡回表演歌舞，已成为我的日常工作。想起来心里觉得好笑，与此同时，印度一些领导人在全国各地发表演讲，散布国大党的豪言壮语，听众中没有一个人对其重要性产生怀疑。然而，那是一堆空话和假话！

事实上，一个省和另一个省的差异，不只是语言和区域的差异，更是骨子里的差异。彼此的人际关系不仅是松散的，在许多地方甚至处于对立状态。我们中间就分区选举发生激烈争论，似乎大家虽心不齐，只要接受同样的选举方式，就可以遏制这个千疮百孔的国家的灾难。

目前，我尽量以科学的态度平静地观察整个事态。在有死亡的原由之地，人死了，就再没有比这更简单的事情了。所谓国家议会制度！把它从英国诊所讨来，马上就可以和我们的特性浑然交融？把纽约的摩天大楼搬到我们的泥沙地上，它只会成为楼内居民的一座坟墓！那个白文件夹里装了什么东西，装了多少东西，递到我们手上，那并不重要。给我们的东西从我们五只手指的缝里流失，最后剩下多少，这才是应认真思考的。老实说，让我感到奇怪的是，有人居然准备给我们许多东西。毫无疑问，这样的"给予"，不是最后交易，不过是为激发我们今后提出更多要求的勇气而已。

除了英国人，其他民族的手是不会把帝国的那么多"好处"给我们的。也许，这种给予中隐藏着深谋远虑。在全世界卷起的竞争的旋风中，不能赢得印度的心，最终就不能控制印度。近来他们以各种手段笼络的穆斯林，有朝一日在他们面前将举起铁棍。总之，有了强烈贪欲，明智的远见就起不了作用。我坚信，欧洲其他国家的人，甚至美国人成了主子，印度脖子上的绞索将勒得更紧。他们必然使用无情的暴力。

从我们的角度，要说的一句话是：在英国统治下，似乎获得了一些好处，但我们至今没有合适的教育制度，没有填饱肚子的足够食物，没有医疗设施。为了维护统治机构的运转，耗尽了所有资金，当权者手上已没有提高平民素质的款项。一个世纪以来，当权者的这种冷漠，渗透了我们的骨髓。我们四周有严密的监视，可我们食不果腹，这种状态还要延续多久呢？然而，在他们的国家，正想方设法解决老百姓缺吃少穿的问题。因为他们清楚地知道，人要是半饥半饱，人性是无从维护的。但与我们相处，他们降低了人性的标准，这样的冷酷无情，必然黯淡我们的前景。为此，不管存在性格、社会和习俗方面的各种弱点，我们自己无论如何要承担自己国家的责任。依靠别人，自己的弱点只会更多。另外，在历史演变中，英国统治不可能永远岿然不动。经历各种错误和苦痛，通过变革，我们应学会掌握自己的命运。我凭借微薄之力，开始踏上这条学习之路。我们的老百姓不像欧洲集中在城市。和中国一样，印度历来是一个农业国。英国带着城里人的观念，切断了我们与农村生活的紧密关系。因此，我们的死亡从下层开始了。

那儿的匮乏，那儿的痛苦，那儿的迷信，那儿的困境，说起来三天三夜也说不完。我在这儿进行重新往农村注入活力的初步尝试，既没有得到国人的鼓励，也没有得到当局的支持，可我仍坚持探索。拯救我们的国家，要从哪个方面入手？我的回答，就在我这项乡村实验项目之中。多年之后，圣雄甘地突然着手做这项工作。他是伟人，他的步子很大，可他似乎已丧失了许多机会。我多次说过，他早应开展这项工作。最近他已离开国大党，虽不明说，这也意味着国大党不能着手奠定民族复兴的基础。在合作精神鲜少的地方，不同脾性的人聚集在一起，不一会儿就打得头破血流。这种迹象可怕地显现了。在发生集体内讧之地，没人能实施一个长期项目。我势单力薄，做不了太多的事情。不过你记住，帕波那会议之后，我一直提倡做这样的实事。教育改革和乡村发展，是我一生的两大目标。

关爱你的罗宾德拉纳特·泰戈尔
1934年11月15日

十二

阿米亚：

我重读了我诗歌的英译本。《采果集》和《情人的礼物》的大部分作品内容太单调了，读着感到歉疚。我用不成熟的手漫不经

泰戈尔诗集《新月集》

心地译了这些作品。这些作品应该删除。《游思集》中的几首，也要删除。应当删除的几首，我已打上记号。另外两三首删不删，尚未拿定主意。总之，希望你认真地再读一遍。《渡口集》的许多作品，我比较喜欢。我觉得，《吉檀迦利》之后，可先把它付梓。不要按照英文书名分类，取消书名出版，我认为是上策。因为，从现在起，要把这些书先搁置起来。通常不是这样销售的，不必担心亏损。最好把诗集《吉檀迦利》、《园丁集》、《新月集》、《游思集》和《齐德拉》、《牺牲》等剧本编成一本书。同时，删除其他单行本中一些应删的作品，也可合编成一本书。一部分读者爱读《飞鸟集》和《流萤集》——但不是所有读者都喜欢。你和了解读者兴趣的人商量一下，确定选用其中哪些短诗——我说不好应如何挑选。总之，挑选诗作不必完全由我定夺。你不要犹犹豫豫，因为，在英文作品方面，我丝毫没有作者常有的傲慢情绪。

你们的罗宾德拉纳特·泰戈尔
1934年11月28日

十三

阿米亚：

　　我打上记号的几本书，想必你已收到。目光掠过书中的作品，我意识到当年翻译这些诗是多么草率。原作译成英文，丧失了多少文学价值，我未在适当的时候进行分析。为此，今天我感到愧疚。我对你的要求是，不要完全依赖我，你尽可运用你的分辨能力。其实，不公正地评判诗作的危险性，在我身上更多一些。

　　现把我为中篇小说《四幕》写的引子寄给你。我已决定在国内发表。看看将有怎样的结果吧。但你不要因此放慢翻译这本小说的速度。假如他们[①]禁止发行，也可在你那儿[②]出版。他们应该明白，这本小说的叛国内容只是他们的臆想。

[①] 指当时的殖民当局。
[②] 阿米亚当时在英国进修。

不同的季节，我住在校园里不同的寓所，在一个地方住的时间都不太长。最近准备从格纳迦宅搬出来。一座土坯房已动工建造。我希望这是我在人世间最后的住处。之后就是来世了。我想把这座土坯房造得别具一格，让骄傲的砖木结构房子感到汗颜。

我对绘画并无浓厚兴趣，甚至对能否画好持怀疑态度。在绘画领域我是无名之辈，作为画师，我心里是坦然的。我随心所欲地作画，没人对我指手画脚。哪天能让大家满意，当然是件好事，不满意也无妨。我至今不相信，这些弯弯曲曲的线条会拥有永久地位。对未来显示我身份的资本积累得不算太少了，再增加资本有什么益处？我觉得，把成就之柱造得越粗，在岁月之掌上，就越是一个大的攻击目标。名望之舟上装的货物越少，就越有价值，沉没的危险也越小。

你们的罗宾德拉纳特·泰戈尔
1934年12月11日

十四

阿米亚：

小说《四幕》已经发表。我从不相信，那些当权者会禁止这本小说出版——没有禁止出版的任何正当理由嘛。非要捣乱，那就是愚蠢行径。我不认为有必要审慎地与那种愚蠢行径对抗。

文学的生命力在语言的血管中流淌，一旦受到阻挡，原作的心脏就会停止跳动。没有活力，这种文学作品的内容必然僵化。翻阅我的旧译，我一再产生这种想法。你也许听说过这样一个故事：小牛犊死了，身边少了它，母牛就不产奶。于是，有人把死牛犊的皮剥下来，牛皮里塞满稻草，做成一个假牛犊。闻到它的气味，看到它的模样，母牛的乳房里便又流出奶来。翻译，就是那种死牛犊的模样。它没有叫声，只有哄骗。为此，我心生愧疚和懊悔。

　　只要我的文学作品不是短命的，不是属于一个省的，不管什么时候，谁对它产生兴趣，就可以在我的语言中，看到它的真貌。了解其真貌没有别的办法。在这条正确道路上，如果谁很晚才知道真相，吃亏的是他，作者没有任何责任。

　　　　　　　　你们的罗宾德拉纳特·泰戈尔
　　　　　　　　　　　　　　圣蒂尼克坦
　　　　　　　　　　　　　　1935年1月6日

十五

阿米亚：

　　这次前往西印度，一直走到拉哈尔，前后将近一个月。

　　国内印度教徒和穆斯林之间的对立已发展到了难以忍受的程度。从中可以看见的未来的序幕，血迹斑斑。拉克垴一位穆斯林绅士忧心忡忡地对我说："怎么办呢？"我说："不是在发表演讲的国家舞台上，而是通过切实有效的工作，让双方握手言和。目前着手采取的乡村发展措施，可以开辟两个教派团结起来的渠道。"他说："阿迦·汗①在鼓动穆斯林另立山头。他这样做，是试图遏制农村的印度教徒和穆斯林在参与圣雄甘地开展的项目过程中重归于好的可能性。在当今印度的政治领域，与印度教徒分道扬镳，是维护穆斯林利益的主要手段。以前是宗教信仰，现在则是经济利益，把两个教派彻底分开了。怎样运用智慧劝说两方重新坐在一起呢？如果双方不齐心协力，印度的自治就无异于往破罐里倒水。"

在人类历史上，英国最卑鄙的罪恶，是强行把鸦片塞进像中国这样大国的喉咙里。为了自己酒足饭饱，对别人如此凶狠，这是"文明"登峰造极的野蛮例子。为了达到永保自身利益的目的，英国如今又扩大印度教徒和穆斯林之间的矛盾，这同强迫中国吸毒如出一辙。有一天欧洲发生毁灭时，印度将滑出英国松开的拳头，但像印度这样的大国，在两个相邻的民族的骨髓里种下的毒种子，我们何时能把它清除呢？他们就这样抹黑了一个国家未来的历史。与文明欧洲的关系中衍生的满目疮痍的印度，由后人世代承负。今天阿迦·汗跑来了，作为制造灾难的"文明"使者，手持能刺死我们的利剑。我们手无寸铁，我们束手无策。我们如何与妄图置我们于死地的恶神战斗呢？我在旁遮普省看到的印度教徒和穆斯林的分裂状态，是不文明的，令人极为忧虑和羞愧。孟加拉地

---

① 印度穆斯林联盟负责人之一。

区的形势,你是知道的。两派关系恶化,经常发生血腥事件,这不仅让我们深感痛心,也让我们无地自容。

认真想一想,我们就能明白,没有一场出人意料的突发变革,我们就不能砸碎巨蟒缠绕般的枷锁。英国贪求的印度这件珍宝,仿佛是它的私产。没有印度,英国就会出现粮食、布匹的匮乏,从高层的强势国家跌到低层。我们说,它作出这么大的牺牲打的是什么招牌呢?难道不是文明的招牌?然而,不得不承认的是,目前我们面前的人的文明,是吃人的文明。它要的一批Victim(牺牲品),是它的食物,是它的牛马。它的财富,它的享受,甚至它的文化,昂首挺胸,骑在下层民众的背上。

我访问俄国,看到了更换文明基石的行动。我觉得,如果他们能够改变啖食人肉的国家志趣,那么,我们就能继续生存下去。否则,装腔作势地瞪眼眦目,或者乞求怜悯,弱者永远不能获得自由。在那片祭坛般的土地上,尽管有这样那样的缺点,但看到人类新时期的形象,我是欣喜的,并为此充满信心。纵观人类历史,我在其他地方未看到长久令人欣喜和充满期望的端倪。我知道,俄国的新时代建立在一场惊天动地的革命之上。但这场革命是打倒人类最残酷最强大的敌人的革命——这场革命是能使长久的罪恶进行忏悔的一部法规。

如今我们被关在欧洲文明的铁笼子里。铁笼子的下层,储积着穷奢极欲的毒气。欧洲文明在它的铁钱箱里,找到了确保权势安全的神咒了吗?那儿,许多名门望族灭绝了,许多奋进的历程扑倒在地,默不作声了。我们不期望吃英国政府白皮书里的残羹剩饭,世代苟且偷生。我们看到了濒临死亡的许多迹象。站在人类的角度观察，瞻望前景，我自然而然就想到，新生的俄国，在人类文明的胸腔中，正奋力举起死亡之剑——即所谓的"野心勃勃"。与此同时，我在心里祈祷：愿他们奋斗成功！

你们的罗宾德拉纳特·泰戈尔
1935年3月7日

十六

阿米亚：

世界仿佛在做噩梦。眼前，人类文明原则的基本框架，眼看着被扭曲得奇形怪状了。不久前，我还不会想到，它的模样会变得如此丑陋，被人嘲弄。

我悲愤地坐着远望，庞大帝国的大臣们消极地冷漠地看着日本用利牙啃噬中国。后来，他们甘愿在日本手中被一次次羞辱，而以前这在东方帝国王座的庇荫里从未发生过。我看见，帝国傲慢的权贵们无动于衷地看着意大利张开血盆大口，吞噬阿比尼西亚[①]；在友谊的名义下，帮助德国用皮靴踩躏捷克斯洛伐克。我看见，他们执行不干涉的狡诈政策，葬送了西班牙共和国。我看见，他们低着头，弄到希特勒在慕尼黑协定上毫无意义的签字，喜形

---

① 今埃塞俄比亚。

于色。他们低三下四，为保全脸面而不顾他人利益，最终并未捞到什么好处。他们一步步强化敌人之手，如今无奈地加入残酷的战争。我心里祝愿英国、法国在这场战争中获胜。因为，在人类历史上，再也不能容忍法西斯纳粹主义添加污点了。

然而，最让我悲伤的是中国。因为帝国统治者拥有无穷的财力、物力，可无助的中国几乎是在空手作战，它唯一的支柱是英雄气概。

然而，你想一想，在历史的革命中，作为诗人，我已发出最后通牒——不会马上有反应——通牒的最后期限，也许在许多世纪之后。

你们的罗宾德拉纳特·泰戈尔
蒙普
1935年9月20日

十七

阿米亚：

我不知道你是否听到我们上演《齐德拉》歌舞剧的消息。这个剧本取材于史诗《摩诃婆罗多》，改编成歌舞剧，搬上了舞台。带着这个歌舞剧，我们踏上了胜利征程。在加尔各答首演后，途经巴特那、阿拉哈巴德、德里、米拉特，最后到达拉哈尔，在各地成功上演。在每个城市，都受到热情赞扬。你若在现场观看，就能感受到，歌曲、舞蹈和色彩的有机配合，表现了怎样卓绝的美的真谛。来自西方的一些观众一再对我说，我们应去欧洲演出。这是我最后一次走上舞台，为观众提供美的享受。

为了弥补国际大学的资金短缺，我虚弱的身体已到了疲劳的极限。在冷冰冰的门口，徒劳地捧着讨饭碗的辛酸和丢人现眼，几乎难以忍受。每天我都觉得，在孟加拉邦没有我立足之地，我仿佛是外乡人。突然，有一位不愿透露姓名的朋友，捐赠六千卢比，帮我度过了难关。这出人意料的同情使我万分惊喜。这是一笔个人赠款，不是来自孟加拉邦——不是来自和我一样的孟加拉人。让我特别感动的是，这种慷慨行为，既减轻我的压力又保全我的面子。这不是为某个机构的非个人捐赠。我活到今天，心里从未期望在孟加拉什么地方获得这种真诚的同情。

然而，从未踏进我遥远的工作领域的某些人，为了自己的名利，企图利用我名字时从不感到犹豫。他们从未表达过减轻我负担的意愿。没有第二个人像我这样忍受孟加拉的无端诟病，没有人挺身而出为我遮风挡雨。我已跨进暮年，一直有一种被流放的感觉。我为孟加拉邦奉献了我的一切才华和家产。肩扛着冷嘲热讽的负担，走到漫长人生旅程的尽头，却在其他省份获得了这份真爱。我从未获得比这更大的奖励。这些日子，我本应休息的，他的慷慨之举顷刻之间展示了我牺牲休息的价值。我谨向他表示今生今世最后的敬意！

你们的罗宾德拉纳特·泰戈尔
圣蒂尼克坦
1936年4月7日

十八

阿米亚：

　　好长时间未收到你的来信，你大概正忙于撰写毕业论文吧。我也很久没给你写信了。近日心里有了写信的欲望，主要是为放松一下心情。你在大海彼岸，远离争论的旋风。所以，我可以坦率地和你交流看法。你了解我的为人，这也是有利条件。

　　大英帝国声称已把一部分印度国家机器交给我们，为此感到了施恩的自豪。我国一些精通国家理论的人回应说，这样的施与，不过是展现尽量不施与的技巧罢了。但他们中间也有人说，有个瞎眼的政治家舅舅，总比没有舅舅强。我没有密切关注这场争论。因为，英国有条成语：给你一匹马，你就不要再数马的牙齿了。让我心中焦虑的是，孟加拉分到的一份施舍物中，掺杂伪劣食品，产生的副作用将永久存在。从建国角度审视，在孟加拉已造了一间制造矛盾、对立的黑屋。从此，确保经济、社会和文化繁荣的安定，在不同的契机，将被尖喙啄得千疮百孔。穆斯林忘了，在王室势力的偏护下，他们不可能时来运转。最近，不光是印度教徒，所有教派的心中，都受到沉重打击。这是一种割断为大树输送生命力的根须的打击。为分家产打官司，任何一方，败诉也罢，胜诉也罢，都会导致大家庭基业的瓦解。得利的是那些鼓动打官司的人。在破产之前，固执己见的人，明白这个道理，是要花些时间的。

　　国家体制中的平衡，如果严重失调，国家统治机器就会发生故障。结果，必然处处出乱子。这是整个孟加拉的耻辱和痛苦的根由。当局分发麻醉品,就是为了让人服了忘记这个简单道理。果然,有些挨揍的人,竟在高呼胜利。

你听了下面的叙述也许会感到惊讶。你知道,参与政治运动违背我的天性。我一直担心,这些年我开创的事业的氛围,有可能被国内的政治风潮搅乱搅浑。政治狂热中,弄虚作假、夸大其词、拉帮结派,通常会搅浓憎恨的毒汗。我时时加以防范,不让圣蒂尼克坦的学生受到它的污染。你知道,我曾离开校园,应邀在美国各地演讲。那些日子,政治狂潮凶猛地冲击校园。把圣蒂尼克坦从它的狂乱和泥淖中拽出来,恢复正常,着实花了很长时间。目前,我们带着教派情绪激烈争吵,有一方[①]确实暗底里受到鼓动,可我们中间许多人心里,体温也超过华氏九十八度。长期存在的变态的教派心理,削弱印度各族群众福祉的基础,他们没有看清这个事实所需的良知和承认这个事实所需的勇气。为了不让教派主义的荆棘在圣蒂尼克坦的校园里扎根,我每日在心中提高警惕。

印度的国家机器由英国掌控。这种统治在某个地方伤害我们,引发动荡时,我们对整个英国的反抗情绪自然而然就更加剧烈。然而,某些不合理和不真实的东西,对我们的心灵来说,是不健康的。这中间发生的鲁莽的不当行动,即使我们不加分析,也可以说,它不利于争取国家福祉。

你知道我的观点,我对许多人说过,在获得对其他国家统治权的欧洲国家之中,我最尊重英国。鉴于我们与他们之间的不正常关系,说这种尊重的话,对我们来说是困难的,也是不悦耳的。

---

① 指穆斯林。

写给阿米亚·贾格拉帕尔迪的信

我见过许多高尚的英国人。他们毫不迟疑地挺身而出，反对本国或其他国家的暴行。他们不是国家领导人。但有些国家的领导人，不管在日本还是在欧洲，不能被认为是国家的真正代表。在英国，掌握国家大权的上层人物，假如轻视本国那些德高望重的人的理性分辨力，人性的崇高理想或许就被他们砸烂了。这种事已在德国、意大利发生，英国已长了乳牙的法西斯分子也在蠢蠢欲动。

国内个别人气呼呼地问我，既然你如此尊重英国，为什么不希望英国永远统治印度呢？我的回答是：帝国主义大网之中的外国统治，对印度来说，显然是有害的。所谓帝国，如果理解为一个完整身躯①，别人就不必之为操心了。牛厩，可以搭在养牛人家里，但不能搭在养牛人的亲戚家里吧。它的价值，主要体现于供奶和置放挤奶工具。英国统治已有一百多年了，如今，印度的乡村缺少粮食，缺少干净的饮用水，缺少医疗机构，交通设施落后，教育制度薄弱，由此造成的沮丧情绪，是如此深广，如此难以忍受，历历在目，也使我失望了。

在印度谈论苏维埃俄国是一种罪行。但此时我不能不谈一谈。幅员辽阔的俄国大地上，采取非同寻常的措施，积极而稳妥地解决粮食供应、教育发展和治疗疾病等问题，对此逐一探究，心里不能不产生交织着尊重的妒意。苏维埃俄国能做到这一点的主要原因，是它是一个活生生的完整躯体。不同地区没有情感和需求的差异，血脉没有切断。苏维埃俄国的欧洲部分和亚洲部分之间，不存在怨恨。在帝国时期，基督教徒仇视非基督教徒，大动干戈，鲜血一次次染红大地，现在已看不到血迹了。那儿，缔造祥和的文明，未花

---

① 这儿的完整身躯指英国本土。大英帝国中有许多殖民地，包括印度。牛厩是帝国的比喻。

二百年时间。仅仅几年工夫，就取得了行政管理的惊人成果。

在介绍苏维埃政权的情况时，政府如用法律手段扼杀舆论自由，我们再就此讨论，就显得很可笑了。我只就印度和苏俄的衣食住行、教育状况和医疗卫生作了比较。导致两个国家巨大差异的主要原因是，名为帝国的机体是四分五裂的，其间没有生灵的神经系统，只有统治的长链。受制于这种不正常的关系，英国的掌权者必然削弱自身的优长。

罗宾德拉纳特·泰戈尔
圣蒂尼克坦
1936年7月28日

泰戈尔访问俄国

十九

阿米亚：

　　读了你在信中对印度历史古迹的描述，收益匪浅。

　　我觉得，曾经活在世上的人，以各种方式，使他简朴的人生之旅的每一天，与周围环境保持和谐，留下的各种痕迹，后人通过悠长的时空隧道感觉到时，无疑是快乐的。我们在往昔中重新发现今时，在其他时代的面前，判断当下生存的价值。在古代的一个破罐中，我们品尝到人生之旅与昔时的爱的滋味。中国古代诗人的吟哦中，很容易看到人生旅途中每天行走的路上迈出的每一步，可我在其他国家的诗作中从未见到。发生大的变故，当心镜扭曲破碎时，人世的影像立即变形，我们就看不见永恒的人了，整个画面融入了嘲笑——也许，它显示当时历史脾性的独特相貌，但不是所有时代的。是否有一些属于所有时代的东西，你可以质疑。

　　我在伊朗的伊斯法罕参观过一座清真寺。对这座清真寺的维护，体现伊朗人的宽广胸怀。建造这座宏伟精美的清真寺，付出了难以想象的艰辛。在这座建筑物上，回响着梵音般的神咒。参观者说，是的，我们承认这是杰作。我可以不是穆斯林，甚至对穆斯林可以有成见，但我这个非穆斯林也由衷地承认这是不朽之作。

　　凡是不健康的、扭曲的，凡是怪异的表情举动，均属心理学研究范畴，不属于诗歌。人的最大追求，是把艺术形象赋予各种生活，把凡世塑成天堂的模样。文学和绘画，一开始就帮人做这件事。现代时尚经常瞧不起人的这种意愿，称之为"幼稚"。但人历来有这种幼稚行为。他做游戏似的编造多余之物。人用有约束力的格律和变形的语言创作的诗歌中，反常和不合情理，也坦然获得一席之地。你说这是什么游戏呢？心血来潮做的这种游戏中，有美的情味，有艺术魅力。这就是所谓的抒情诗。史诗是用奇迹做的游戏。戏剧编织的想象的事件，合乎情理地在我们心中显现。我之所以也称它为游戏，是因为它并非一成不变地选择真实事件，其中也有许多不真实的成分。

我谈到的中国古诗，题材普通，但不肤浅，不加雕琢的真情实感毫不费力地表现出来。我看到许多现代诗人，狂妄地宣扬肤浅。他们不承认有必要用朴素之美的点金石，点触普通题材，使之具有非同寻常的意蕴。他们轻视修饰，可这种轻视，就是他们修饰的傲慢。他们的作品中毫无以朴实的眼睛观察到的普通生活的美。

一切糟粕从莫恒查达尔遗址消失了。从它的暗示中，我只看到唯一的真实是，那时人也活着。一个生命的絮语，对另一个生命来说就是奇迹。当我撇下一天的各种心愿各种行动，坐在窗口朝外张望时，我看到芒果树长了花蕾，榕树的金黄气根上的叶片在暮冬的阳光下闪闪发光，黄鹂在树荫里跳舞，时光悠闲地流淌，我突然体悟，我读的这几首中国古诗，越过莫恒查达尔遗址数千年简朴生活的清晰痕迹，可以轻而易举地与新时代的生活交朋友。

你们的罗宾德拉纳特·泰戈尔
1938年2月21日

二十

阿米亚：

不知道你是否还记得，我访问俄国与东道主交谈时，我说我非常尊重契诃夫。话一出口我就察觉，说这话未考虑时间、地点和对象。契诃夫是现代俄国革命前的作家。他属于资产阶级，他的作品能否跻身于无产阶级时代尊贵的行列，似乎是非常令人怀疑的。我希望有机会观看他的剧本《樱桃园》的演出，但希望落空了。我听说，在希特勒统治下，也以种族为借口，诋毁一些优秀文学作品。画作也有类似的遭遇。作品属性由希特勒裁定。按照纳粹的原则，一种文学作品属高贵种族，还是属劣等种族，全由他说了算。这种事实在太可笑，被压在"悲惨"的底层了。

有一天在一份孟加拉报纸上看到，我们这儿的诗人尽管不是俄国人，按照苏维埃的标准，也分类了。不是根据内容判断作品孰好孰坏，而是根据出身，称他是资产阶级还是无产阶级作家。还有一天在报纸上看到——不知是真是假——印度教徒捞不到某个政府部门的肥差，求职的印度教徒就改信伊斯兰教了。随着时间的推移，在现代市场上，不管有无创作诚意，不管作品好坏，或许会无奈地为作品披上无产阶级的外衣。我们学校的逊达斯曾经收集许多绍塔尔族民歌。我不知道，那些是资产阶级还是无产阶级民歌。虽说无从判定，但其中一些歌曲，我是爱听的。由此可见，那些是资产阶级歌曲。手中拿到一本穆门辛赫歌谣集时，我非常高兴。按照阶级出身论者的观点，这些诗也许是无产阶级作品。我出身资产阶级，可这丝毫也不妨碍我对它们的喜爱。退潮的日子,与上面汹涌湍急的潮水相比,获得泥沙绝大部分力量的是下面的鹅卵石,那时按照泥沙的标准,无产阶级鹅卵石要被评为河里的最佳成员了。在社会灾难发生的日子,比起人性的标准,突然降生的阶级成分备受青睐。这样的灾难,在各个社会各个时期都能看到。但在文苑,迄今为止,名副其实的佳作的标准,并不取决于阶级属性。

　　近来,把资产阶级属性或无产阶级属性,也就是经济领域的阶级差别的标志,打在文学作品上的狂热,在我国出现了。这种阶级差别无疑特别新鲜,因为它打破了常规。我们的不幸在于,最近国家体制中穆斯林获得优势之时,在文学领域,教派统治的新模式露出了可怕嘴脸。此外,再实行苏维埃或纳粹统治,灭顶之灾就在所难免了。我没有说,国家主义心理学或教派心理学在文学中未得到反映,但它如果忙于为刑事诉讼案的当事人辩护,民族文学和外国文学中就会发生瘟疫。于是,某个教派①的统治者有一天将把英国文学从我们学校驱逐出去——因为,那种文学虽说是基督教文学,也充满受人膜拜的男神女神的名字和情感。最后,将来某一天实行布尔什维克的政策和制度,又将如何呢?在当前这批掌权者的统治下,我的作品到处被穆斯林的匕首捅伤,有人甚至指着它的鼻子恐吓。而将来的某一天,它面前会是马克思主义的一块墓地吗?

你们的罗宾德拉纳特·泰戈尔

圣蒂尼克坦
1939年3月17日

---

① 指穆斯林。

二十一

阿米亚:

我怀着极为焦虑的心情给你写信。

前一段日子,印度的心田是一片沙漠。一望无际的贫瘠,阻塞不同地区商品交易的通道,使多个季节陷入贫困。

突然,在令人惊愕的极短时间内,在一片空茫中,国大党高昂着头,眺望遥远的未来,怀着对自由的期望,像一棵枝繁叶茂的大树。大批民众心态的变化快得出奇;他们学会了充满信心,忘了害怕,毫不犹豫地决心打碎枷锁。

不久前,印度因无所作为而彻底丧失信心,眼下,不觉得有什么做不成的事了。胸无大志的颓唐无影无踪了。仅仅靠一个人的坚定勇气,从一个边陲到另一个边陲,全国发生了巨变。历史上的这个奇迹,也许有几天在某个地方不被承认,我心里担心会有这种不知感恩的现象发生。

如今,怀着必胜信念,国大党倚重天才人物,已有所建树。我知道,在今后的岁月中,它有必要进行改革,进一步扩充组织结构。然而,操之过急,骤然打破它与"现时"的和谐,不断折腾它的话,它庙堂的基石就会破碎。毫无疑问,依靠甘地的力量,全国已开辟大团圆的圣地,应当在他的协调下,保护这块圣地,让它日趋完美。

当我认识了国大党的崇高价值,得知国大党是一位圣人的创造时,看到有人动手捣鼓它,就不免有些担心。这时觉得,它的变化和成熟过程，应从内部启动，而不应只在外表上修修补补。

大家知道，以前，打着国大党牌子的组织，在印度开展运动。

那是外部的运动。它没有关注印度群众的心，也没有唤醒他们的心。为了拯救民族，它目光凄楚地望着那条通往外面当权者的路。它向往的"独立"，蜷缩在培养奴性的奶妈怀里，它从不想从这样的梦中醒来。

在国大党成熟的初期，它内部让人担心的事不少。如今，它壮大了，声名远扬，全世界怀着敬意承认它了。当年的国大党，脑袋徒劳地撞王朝关闭的大门，如今它有了尊严，自由出入朝廷，甚至朝廷与它妥协也不感到犹豫了。然而，制订《摩奴法典》的摩奴说过，把荣誉理解为毒药吧。世界上不管哪个国家哪个领域，权利膨胀的地方，都在发明让自己死亡的毒药。帝国主义也罢，法西斯也罢，都在内心制造自己的灭亡。我怀疑，国大党内部正在上升的权利的温度，恐怕也是它不健康的原由。

基督教经典中说，对于庞大的财富来说，进入天堂的路是狭窄的。因为，为金钱而傲慢的权力是昏聩的。国大党现在拥有巨大荣誉的财富，因而它进入天国的道路是坎坷的。探寻自由是苦修，是灵魂的苦修。我知道这是圣雄的教诲。但在修行的场所，一起充当卫兵角色的那些人的心灵，是高尚、无私的吗？他们互相攻击，制造分裂，难道是为追求纯正的真理？这中间难道绝不会产生贪图权力和因权力而自豪的狂热？国大党这座庙里，造了膜拜权力的祭坛，当圣雄甘地的信徒宣称他是与墨索里尼和希特勒平起平坐的人物，往他脸上抹黑时，我难道还没有得到那种祭坛目空一切的证据？那些信徒视对权力顶礼膜拜、把人当作牺牲供奉的墨索里尼和希特勒为楷模。他们能够保护在真理的祭祀上苦修者创建的国大党的纯洁性吗？我是真心敬佩尼赫鲁的。哪儿有金钱、迷信或国家影响在个人狭小界限内集中权力的狂妄，他就在哪儿对它宣战。我曾经问他，在国大党这座城堡门口，那些卫兵的心中，难道还未开始出现迷恋个人权力的可怕迹象吗？这期间至少我心中已产生怀疑。不过，在这方面，我不是政治家，我承认这一点。

国大党拉着车，踏上了争取印度独立的漫长旅途。用政治之绳捆绑的这辆车缓缓前行时，一次次发现，这辆车的各部分之间没有亲情。在这种情况下，国大党领导人朝前走必须万分谨慎。因为，疑神疑鬼的心，常常增大打击力度，扩大越轨行为。今天，这果真发生了。整个孟加拉与国大党绷紧的纽带快要断成两截。这种危境本来是可以避免的。在全省心神不定的情形下，孟加拉领导人是很难沿着正确道路前进的。

我已察觉，圣雄甘地已下决心赋予爱国运动一种特质。他在心里已画了一幅路线图。所以他担心对立的观点动摇他的决心，是很正常的。这些年，他经历各种坎坷，驾驶国家之车已走了很长一段路。他若害怕驾驭的缰绳松弛，那我不会说，这种害怕体现对权势的贪恋。天才人物如不坚信自己的能力，他的人生目标就实现不了。他们把这种信念和对天帝的信任连结起来，使之永存。虽然圣雄有这样那样的严重失误，可他已获得"他的信念是正确"的证据。除了他，没有第二个人能够完全实现他心中的构想。他也坚信这一点。每个天才人物有权利这样自信。尤其是他未结束的创造快要成功的时候。他的创造车间里，也许有必要增加许多有价值的新材料。如果不怀着敬意耐心地协助他增添材料,整个创造将受损。在这种情形下,应依靠主创者。至于我个人,我承认,我和圣雄在所有问题上并非意见一致。换句话说,假如我是他那样的天才人物,我会以另外的方式行事。我在以前发表的文章中,已阐述了我的方式。我有心志,但没有影响力。具有这种影响力的人,人世间可谓凤毛麟角。印度如出现这种人,是国家之大幸,必须为他让路,我无意挖掘他事业之河的支流。

你们的罗宾德拉纳特·泰戈尔
蒙普
1939年5月20日

写给拉马南德·贾特巴达耶①的信

---

① 拉马南德·贾特巴达耶（1865—1943）系孟加拉杂志《外乡人》、英文杂志《现代评论》主编。

一

尊敬的拉马南德·贾特巴达耶先生：

短篇小说《喀布尔人》昨天下午已收到。这是挂号邮件，信封仍被人撕开，之后又黏上。此前，我已收到三封这样被撕开又黏上的信件。显然，王国那颗煞星的怀疑的锐利目光已经落到我身上。由此可见，希望保持国王①与平民之间的信任关系，是白日做梦。

我们学校最近也受到王室暗中的惩处。东孟加拉政府职员的孩子们突然纷纷离开学校。甚至有人打电报来催促他们退学②。

其实，我一贯坚守圣蒂尼克坦的办学宗旨，在社会剧烈动荡的时候，不允许举行可能带来不安定的讨论会。事实上，我把学生的心思从那儿拽了回来，为此，受到了一些人的指责。但由此可以清楚地看到，进行宗教宣传也罢，开展公益活动也罢，你想做点实事，国王必定从中阻拦。双方就这类事情面对面商量达成妥协的道路，也被堵死了。当王权像隐藏在乌云里的雷声，动用武器时，别人没有机会争辩，保护自己的路也被切断。像这样以怯懦的方式，蹂躏平民一切善举的卑鄙拙劣的行径，世界上难道

---

① 指殖民当局。
② 1911年，东孟加拉－阿萨姆政府下发一份秘密文件，禁止政府职员的孩子到泰戈尔创办的学校读书。

写给拉马南德·贾特巴达耶的信

拉马南德·贾特巴达耶

还有吗？国王用这种手段统治平民，也使自己堕落了。一群充当密探的小丑，在国王耳边进谗言，王国统治的丑剧，在魔鬼的狂叫声中落幕！

让力量悬殊的双方之间的不公平交战，能持续多久就多久吧。经受痛苦，经受失败，依然是驭手的人，将能抵达目的地。我们将尽自己的责任，直到最后一刻。即使输了，道义也在我们一边——那就是我们的胜利。

过几天我们就会知道，政府在背后捅一刀，会吮吸我们多少鲜血。不过，这把不义之剑的柄并非只是一个人握着——凶手的性命恐也难保。

你们的罗宾德拉纳特·泰戈尔
1911年11月9日

二

尊敬的拉马南德·贾特巴达耶先生：

从您的来信已得知目前我校资金困难的详情。

我认为，现在是把学校的实情告诉学生家长，向他们提出每月多收两卢比的时候了。有的家长可能不同意，但家境殷实的家长，大概会考虑我们的要求。目前在校生的家长如每月不愿交二十卢比，应仍让他们住校学习。但要作出新规定，今后不招收每月只肯交少于二十卢比的学生。

我不认为校方向老师们提出减薪的建议是正当的。但他们不能主动表示作出一些牺牲吗？他们中间谁带个头，这条路是可以走通的。

我不知道我校教师工资标准是否比其他学校高，但我不能对他们提出牺牲个人利益的要求。这种要求，只能对我一个人提出——我校的宗旨呼唤我这样做，因为，这是我的职责。只要我还有一些财力，我就不会对别人伸手。学校出现资金短缺，归根结底，是我的过失。我怎能让别人代我受过呢？辞退薪金较高的老师，不失为解决问题的一个办法，但节约开支的这种做法会危及学校的生命。因为，他们全在我校的核心部门。

我想，无论如何，我将承担全部责任。当然，我的财力有个极限——那极限已不远了——因为，我已负债累累。另外，可以肯定地说，这所学校的年寿长于我的年寿——因此，把我和学校的年寿看得一样长，某一天将走上绝路。

总之，大家若不认可一样东西有必要存在，以人为的方式拯救它，是自讨苦吃。依靠我的财力，学校的部分教学如确能维持，那就让我的财力最后消耗殆尽吧。划燃火柴是为了点亮灯，可灯要是不亮，就让火柴烧尽吧——这几秒钟时间内，路走得越远越好。

听到学校资金危机的消息，我动了回国的念头。但我这儿的朋友一再劝慰我说，只要想办法多出版我的著作，对学校的经济来源，是不用担心的。所以，我正眺望希望之路。但对卖书有可观收入，仍毫无信心。

有人建议我访问美国。看看到了那儿是否有转机。不过，我对乞讨的学问一窍不通。为了国家的事业，提着要饭的篮子出国，我感到极为羞惭。所以，我相信这只篮子会藏起来，回国的时候，我两手空空。

　　　　　　　　　　　　　　你们的罗宾德拉纳特·泰戈尔
　　　　　　　　　　　　　　　　　　　　英国
　　　　　　　　　　　　　　　　　　1912年10月7日

三

尊敬的拉马南德·贾特巴达耶先生：

我收到在哈佛大学演讲的邀请，昨天宣读了题为《邪恶的问题》的文章。听众听了非常高兴。这儿研究印度哲学的教授伍德博士告诉我，从印度来了许多不学无术的人，就印度发表演讲。久而久之，听说谁从印度来发表演讲，听众便寥寥无几。美国人过去十分尊重印度，目前出现了相反的情况。他们自称是爱国者，但在这儿，他们使印度蒙受耻辱。我们在国内没有地位，到了国外，如果也低眉垂首，处境是多么悲惨啊。

这儿许多人对我们学校很感兴趣——从这儿获得资助，也许不是不可能的。问题在于，在大庭广众之中大声宣传，伸手乞讨，对我来说，实在太难了。为了国家的事业，眼巴巴地看美国人的脸色，我满脸羞臊。我不能开口明说我们的匮乏。假如我伶牙俐齿，能更泼辣一些，在这儿就能解决学校的经费短缺问题，打道回府。但靠我恐怕做不到这一点。我也许和我的诗作《奖品》中的诗人一样，手里只拿着一条花串回国——尽管纳伯尔①先生为看到我肩上装满金币的布袋，正翘首眺望大路。

你们的罗宾德拉纳特·泰戈尔

波士顿
1913年2月1日

---

① 纳伯尔是诗人创办的学校的老师。

写给拉马南德·贾特巴达耶的信

四

尊敬的拉马南德·贾特巴达耶先生：

"您'软硬兼施'，抢走我的作品，在《外乡人》上发表。"这样的流言，没有进入我的耳朵。您如真那么做，也不会成为我痛苦的原由。假如我是《外乡人》的主编，也不会轻易放过泰戈尔的。动用威胁、利诱、套近乎等手段，弄不到大量作品，几十篇总归有的吧，没有几十篇，几篇总归有的吧。泰戈尔有个天生弱点，他像一棵枣树，不捅他几下，他就不流甜汁。你如不及时"贿赂"我，就没有长篇小说《戈拉》的问世。没有人催逼，我就写不出大部分长篇小说或短篇小说。您若问我，我怎会有这种臭脾气，我的回答是：直到今天，虽有作家的名分，我依然真的不相信，我能写作。每每收到约稿信，就觉得我没有写作的才能。可又不愿被人发现我是个蠢才。这件事里藏着一个秘密，说出来没人相信。可这是真的。这就是：以泰戈尔名义发表作品的那个人，不是泰戈尔①。那个挨骂的、获得诺贝尔文学奖的人，是泰戈尔爵士。他日夜提心吊胆，生怕有一天真相大白。有人说，译本《吉檀迦利》不是我译的，是别人译的，他们说得"对"。事实上，泰戈尔爵士不懂英文。哪天叫我出席会议发言，或当主席，我可就遭大罪了——因为，创作英语《吉檀迦利》的那个人，他死活不肯和我一起出席会议——不得不出席会议，我也会铭记先哲贾诺科的

---

① 指印度有人造谣，说《吉檀迦利》不是泰戈尔自己翻译的。

教诲,坐在嚓声者的长凳上。写封实用的英文短信,我不会让《吉檀迦利》的译者插手。或许他怕我今后让他去当文书。但写长信时,突然看见他不请自来,挥笔书写。我的名誉,全捏在这种随心所欲的人手中,所以不敢叫别人承担具体责任。至于您嘛,可一如既往常常催促我为《外乡人》供稿,从而使我相信我还能写作。

有人请我把我的孟加拉语文章《我的宗教》译成英文,我准备动笔。我的麻烦在于,我不会直译。我几乎是重新创作。因为直译的话,下笔总忘不了自己。不忘记自己,我就忘记文字,忘记语法,忘记表现手法。

你们的罗宾德拉纳特·泰戈尔
1917年10月28日

五

尊敬的拉马南德·贾特巴达耶先生:

您在信中说,《现代评论》和《外乡人》上发表的对我的看法,是错误的。不应该掩饰的是,我认为它比"错误"更严重。

苏茹腊称您的编辑工作是商业行为时,我可以认为那是您缺少经验造成的错误。可我没有想到文章中充斥不尊重人的挖苦讽刺;我认为它是一种罪过——这给你们这些亲近的人带来痛苦,这是我公开给予你们的严厉惩处。目前,审理这桩公案,我不是

写给拉马南德·贾特巴达耶的信

法官，我是原告，但审理此案，不能运用不同的法律。

首先，应该明白，对我的敌对情绪在您的刊物上迅速蔓延，在人们眼里，这太过分了。我从国内寄来的几封信中，得知读了这几篇文章，一般读者大为惊讶。其次，我从国内外的朋友和对手口中，很久没听到这种对我的尖刻嘲讽和轻蔑的话语了。关于社会和国家，与我有分歧的人，他们有权攻击我的观点和举动。但在您的刊物上，这不是识见引发的抗议或攻击，而是人身污辱。

围绕印度的政治、社会、文学趣味进行争论，以及开展同行业的贸易竞争，人们的心里极为紧张时，在唇枪舌剑中，难免会说些尖酸刻薄的话。即使忘了彼此的品行，也不会觉得不太合适。我不知道，发起激烈的不合作运动的同时，反对我的哪家刊物上，最近是否也曾刊登充满对我的谴责和讽刺的文章。

"我没有拒绝法西斯分子的款待"①，这是刊登在《现代评论》和《外乡人》上的文章的主要话题。在这件事上我若有过错，我的朋友们对此可略感气愤。但这并非一件让他们热血沸腾的事。我就此写的一封信发表之后，收到在意大利之外的印度和欧洲各地对此信反应的剪报，没有人冷言冷语，对我挖苦嘲笑。他们大都怀着敬意接受我的解释。

您说那篇文章中有错误。是什么错误？是记述事情经过的错误？我在信中陈述了相关细节。但那位作者讽刺说，他怀疑这封

---

① 指泰戈尔接受邀请于1925年5月访问意大利，意大利国王曾接见他，墨索里尼曾出席他的演讲会。意大利媒体肆意歪曲他的演讲，为此，他受到国内一些人的指责。在同罗曼·罗兰等国际名人交谈之后，泰戈尔明白自己被人利用了。

信不是我写的。换句话说，在他看来，那封信根本不配出自我的手，认为它是假信，才能保全我的脸面。也许，意大利的法西斯报纸，也不会用这种狡诈言辞，怀疑那封信用的是假名字。

我这一生中，一次次莫明其妙地发生亲情的变异和友情的危机——我始终默默地忍受。这一次，我也不会提出抗议。我不希望你在国外读到这封信，心里感到丝毫的不快，所以信封上写了你国内的地址，把信寄出。你收到这封信时，争论的热度或许已经下降了。

您的罗宾德拉纳特·泰戈尔
维也纳
1926年10月25日

六

尊敬的拉马南德·贾特巴达耶先生：

您举了几个例子，说明我先前和最近的不慎重和缺点。为此与您争论的话，在自己的痛苦之上，又会增添烦躁不安。我这辈子确有许多过错。您肯定知道，我是一个毛病很多的人。这不是虚伪的谦辞。所以，我心里从不狂妄地认为，和您交往的过程中，我从未自觉或不自觉地做过错事，对您从未不讲道理。我这个人是极不谨慎的——由于办事考虑不周，我自己难受，也让别人难受。所以，不对您的指责提出抗议，不大张旗鼓地进行折磨人的唇枪舌剑，我郁闷的缘由就将减少。

不过，有句话我觉得应该说一下。安德鲁斯收到我的信为何不马上发表，他在三四封信中说明了原委。实际情况不像您想象的那样——相反，他表示完全同意发表这封信。但这并不说明我那封信是极为适宜的。我只想说，在这件事上您有误解。

您的罗宾德拉纳特·泰戈尔
圣蒂尼克坦
1926年12月23日

七

尊敬的拉马南德·贾特巴达耶先生：

您想发表我的画作，我完全同意。不过最好由你们一位编辑从中精选。别管我的喜好。应当选一般人喜欢的作品。我不曾集中精力学画现代画，也没有机会去学，所以，我对现代画知之甚少。有的外国艺术家说，古朴和新颖的画法，奇妙地结合在我的画作中。果若如此，媒人是无从知晓的。所谓的印度绘画艺术，不曾在我稚嫩的画笔下显现。它的血缘混杂，无望得到谁的钟爱。它纯粹是拾来的物件，英文中称之为Finding。所以，让它在印度绘画爱好者中间抛头露面，我是挺担心的。不过，能看懂这些画作表现的某些情感的人,不至于扭过头去。他们会仔细欣赏,否则,因为我,"祭棚"①里早就一片混乱了。他们还将看到,另外几幅画作,从我的迦丽女神的码头运到你们迦丽女神的码头,交到你们的女神手中,就不用担心它们只是祭品了。安全转运,全仰仗您了。

你们的罗宾德拉纳特·泰戈尔
1931年11月24日

泰戈尔在作画

---

① 指展厅。

写给拉马南德·贾特巴达耶的信

八

尊敬的拉马南德·贾特巴达耶先生：

为我的画作起名，是根本不可能的。让我解释一下原因，我不是想好了主题再作画的。常常是不为人知的一个影像，出人意料地在我移动的画笔下矗立起来。这跟悉多①突然出现在遮那竭国王的犁头前一样。但为唯一的偶然事件起名，是容易的，尤其是那个名字不必拘泥于实际情况之时。我的许多作品，是不请自来的，翻阅登记本，名字哪能对得上哩。我知道，不为形象加个名字，品咂其内蕴就感觉不到愉悦。所以，我建议，看画的或买画的人，自己为这个无名氏起个名字，给这个无房住的无名氏一间名字之屋。你们曾为收养孤儿奔走呼号，为这些无名氏大声疾呼，有何不可呢？您将看到，您个人无望获得一个以上的名字，可这些画却因获得众多名字而名声大振。形象塑造，是我的活计，人工降名字之雨，则是别人的活儿了。

我们有时采取博取名望的措施。最近听到传言，泰戈尔在庆祝生日之际，千方百计拔高自己的名誉。为了名气，我做了一些实事——末了，六十九年之后，在孟加拉地区，我用许多木棍敲锣打鼓，举行生日庆典，巩固显赫名声，留下一份"最大的功业"。当您发表我的传记时，别忘了讲述我这种"卓越的狡黠"。国内许多狡黠的人，至少在心里在为我喝彩。这为未来的孟加拉诗人树

---

① 悉多是印度史诗《罗摩衍那》的女人公。她是遮那迦国王耕地时从垄沟里拾到的女儿。

273

立了一个制造名声的"杰出榜样"。

你们的罗宾德拉纳特·泰戈尔
1931年12月18日

九

尊敬的拉马南德·贾特巴达耶先生：

我的书很早就开始在德国销售，势头迅猛，简直就是一场销售大战。最后到了结账的时候，马克数目下滑，折换成卢比，连一小把也没有。全部收入，我装进了德国的口袋。书款假如不被大打折扣，今天，我就不用提着乞讨的布袋，四处奔走了。

目前，我的书经过哪些销售渠道，在哪儿卖了多少本，我一无所知。我只知道，书款没有转到我的账号下。为此，气恼也无济于事。其实，我并未指望有太多的收益。事实上，在欧洲市场上，发行我的书可获得利润，这是无可争议的。但听不到利润的数字，也看不到账本。对我来说，没有必要采用希特勒的那种手段。我在心里安慰自己，在遥远的古代，在诗歌爱好者中间诵读迦利陀娑①等著名诗人的诗作时，他们是十分高兴的。我的悲哀在于，我找不到超日王的地址。那时，代表民众为诗人颁发奖品，是某些杰出人物的责任。我如今哪儿去找这样的国王？假如在普通人中

---

① 迦利陀娑是印度笈多王朝超日王的宫殿诗人。

写给拉马南德·贾特巴达耶的信

间，谁哪天为表示心里非常满意，根据诗人才华和虔诚，派人把奖品给他送去，那么，像维护版权一类的商业行为，就不会在艺术女神的宫殿里公布丑恶了。既有情趣又有金钱，在民众社会中，两者兼而有之，并不罕见。可他们只付2.25卢比，就觉得已相当慷慨。结果，有艺术情趣而无财力的人，受到了这种残酷的惩处。于是不得不承认，以黄金的价格出售诗人心声的这种商业行为，是野蛮的。

你们的罗宾德拉纳特·泰戈尔
1935年7月8日

访问欧洲时的泰戈尔

十

尊敬的拉马南德·贾特巴达耶先生：

奖品时常来到跟前，可到不了手中。奖品几乎全是外人的赠与。在欧洲，给我带来快乐的荣誉，其实不是荣誉，而是真挚的情义。很难说清楚，欧洲人和我的心灵联系，是通过哪条细微的影响之路建立的。因此，心灵的那种奇妙馈赠，从挪威到南欧，不断给我极大满足。可我多次对你们说过，我不相信文学体验基础上的荣誉的持久性。

在英国发表的我的作品的语言，是他们熟悉的语言。它受到的欢迎，在第一阵惊叹之后，便渐渐黯谈了。在那儿，文学语言，就整体而言，在走下坡路。我知道，不管我掌握的英语短时间引起多大惊叹，它的锚不可能拴在永恒之柱上。所以，为转瞬即逝的荣誉而自豪，对我来说，是一件惭愧的事。我的同胞中有些人已在英国文学社会中，与人建立了亲情关系，他们可能对您说过我这种担忧。他们心里，甚至也有些不满。

在外国语言和文学领域，我从未站着对人伸出乞施之手。我从未想象也从未期望在他们文坛获得一席之地。所以，总的来说，这件事类似于一次意外的冲击波。

然而，我在欧洲其他地方得到的赞誉，是发自内心的。我的作品不必举例说明，如何沿着看不见的路，以自己的奥秘之网，吸引人们的心。文学家不使用金匠用的毫厘不差的天平，在金匠的商店里，测定作品的价值。作品的价值，在他们幽深的心底。

写给拉马南德·贾特巴达耶的信

我在一段段旅程中,感觉到了这一点,又惊又喜。事实上,我自己——我心灵的主宰,是这种赠予的唯一证人。第二次去欧洲,在这种宠爱之页上,再次书写新内容——这种遥远的可能性,不复存在。因为,欧洲正在崩溃,此时懊恼是毫无意义的,急切地对出访表示支持,是幼稚的表现。我的旅伴不回顾旅程中的一件件往事,也可以体悟到人心的神秘纽带,把自己的体会告诉别人,就足够了。从头到尾详详细细地讲述和书写,当下已没有什么价值。你在幕后看到的一些表象,也体现人们的真诚情义。这种情义是如此广泛,我的旅伴已充分品味,至今仍在分享。这在我的一生中,是最重要的。这实际上拓宽了我的心胸,对别人也成为一种前所未有的有益教育,为此,我对欧洲大陆心存感激之情。

我以我的心触摸了那儿的人心。这种心与心的触摸,永远不会泯灭。您知道,对它的肯定,唤醒我心中的博爱。所以,您不必为我不能再次出访而感到遗憾。让遗憾的原因待在身外吧,心中快乐的盛宴永远不散。

你们的罗宾德拉纳特·泰戈尔
1941年5月6日

写给格达纳德·贾特巴达耶①的信

---

① 格达纳德·贾特巴达耶(1891—1965)是拉马南德·贾特巴达耶的二儿子,曾陪同泰戈尔访问伊朗。

一

格达纳德：

收到你生日那天写的信，非常高兴。我来加尔各答已好几天了，还要在这儿待几天。

我们每个人的生活中，多多少少有自己与自己作斗争的原由。它存在是必要的，能促使我们成长。过多的安逸和郁闷，不利于心灵的健全。所以，以幻想掩盖痛苦，不会带来我们的福祉。应承认痛苦，超越痛苦。人的灵魂，与外在的一切截然不同，比外在的一切高洁得多。每天一次次想到这一点，我们就能打破一切外在桎梏。衷心祝愿天帝赐予你认知摆脱束缚、夺取胜利的灵魂的能力。

为你祝福的罗宾德拉纳特·泰戈尔
1922年2月28日

二

格达纳德：

　　回到国内发现，我们的家境极为窘困。田庄基本上收不到租子，欠款的利息在上涨。罗梯正忙于出售或出租朱拉萨迦祖居的房屋。日常开销不得不大大压缩。在这种情况下，《缤纷》表示愿意出一千卢比购买我的《波斯游记》首发权。我家日常开支很大，所以只好同意把这部作品给《缤纷》杂志。

　　我多次对你父亲说，我不愿和他保持债务关系。我时常把诗作、散文等作品交给《外乡人》发表，为此，千万别谈什么报酬。这是我很不爱听的。

　　大部头作品版税较多，我当然是要出售版权的。我常想为国际大学写作，增加财源。但家庭生计也得维持，于是只好另觅买主。除了写作，我没有其他谋财之道，只能尽量多写作品。

　　下山离开大吉岭，希望能见你一面。我要为我的画作找一条出路。挂在大吉岭罗梯房间里的那些画，你看了吗？

你们的罗宾德拉纳特·泰戈尔
1932年6月22日

写给阿苏克·贾特巴达耶①的信

---

① 阿苏克·贾特巴达耶是拉马南德·贾特巴达耶的儿子,他创建的周刊《星期六之信》以嘲讽文人而著称。

库杜①:

你射出火红的讽刺之箭,击穿饱学之士的学识之盾时,我在其中看到了史诗的荣耀,心里当然是欣喜的。然而,在你们的《星期六之信》的战场上,看到受伤者之中某些女士倒在地上,我不能不感到难过——哪怕她们确有过错。男人天性中对女性的怜悯,并非我说此话的唯一原因。另外一个原因是,遭到你们的抨击,经济学教授蒙受的羞耻,是文学性质的羞耻,但与其相比,女性蒙受的羞耻宽泛得多,是社会性质的羞耻。这些民事案件的"犯人"在两种法院里受到惩处。在量刑方面的不平等,使我感到震惊。

请你仔细想一想。《吠陀》云:女人像男人忠实的身影。纵然她们有过错,也是跟在男人身后犯下的。在这种场合,你若痛打大人物,把他拉下台,他身后的影子就看不见了。比起主体,其影子常常看上去更长一些。同样,女人的罪过似乎也更大些。不过,她总归是影子嘛。请你考虑一下太阳②对你们土星③的意见。

> 为你祝福罗宾德拉纳特·泰戈尔
> 1927年11月14日

---

① 阿苏克·贾特巴达耶的小名。
② 泰戈尔全名第一个音节的意思是太阳。这儿"太阳"指泰戈尔。
③ 孟加拉语中,土星(soni)也是星期六(sonibar)的第一个音节。孟加拉人认为土星是不吉利的煞星。泰戈尔此话的寓义,是希望《星期六之信》不要刊发过分刻薄的文章。

写给加里达斯·纳格①的信

---

① 加里达斯·纳格(1892—1966)是拉马南德·贾特巴达耶的女婿,著名历史学家。

一

加里达斯：

看了你的来信，深感欣慰。在印度，经常忘记岁月的无限，经常忘记世界的宏大。你把从意大利但丁纪念活动采集到的悠悠岁月之风，通过你的信，送到这儿，我的心许久之后得以轻松地长出了一口气。

待在欧洲，完全忘却印度社会中民众的生活领域是多么狭小。所以在那儿下决心要从事的事业，回来这儿却发现没有实施的足够空间。这儿的语言是乡土语言，用它传递的信息，不是世界的信息。只可用它来吵架，撰写在报上发表的文章。

心里酝酿的大项目，总受到自己狭小的活动范围的残酷打击。长期以来，圣蒂尼克坦的学校建设，由我一个人主持。我从未想过办学能为民众带来多大好处。我独自坐在这片田野上，把内心的憧憬树立在外在的可能性之中。不过，国际大学不是抒情诗一类的事业，而是史诗一类的事业。印度如不接受这项事业，对我来说，它会成为财力的负担。我没有收到天帝要我肩扛这种重负的指令。我应该活得自由自在。

我在欧洲受到的热烈欢迎，成为我在国内受到冷嘲热讽的缘由。大家都想说，我心里充满异域情愫，因而受到外国人的赞誉。仿佛印度的阳光只让印度的眼睛看见东西，外国人眼前是一片漆黑。仿佛印度农田里长的作物，在外国就不是粮食。

为了摆脱这种烦恼，我像悉多一样，对我目前的遭际说，你裂成两块，让我消失吧①。它接受我的请求，裂开了。一边是诗，另一边是歌曲，我在中间徐徐下沉。我几乎每天写一两首儿童诗。我仿佛逃离了聪明的成年人的世界。我应当再次明了，大千世界是人间戏剧的场所——它的拥有者②，是永恒的稚童。日月星辰没有什么实用价值，它们的极终价值是：它们产生了，它们存在着，仅此而已。它们是形象，它们是故事，它们是神话。因此，当我们奉献形象，创作故事，讲解神话时，我们的声调和世界创造之调是一致的。所以，某天早晨我写一首短歌，履行的重要责任，仿佛能使地球引力完全消失；每每目睹国际大学的肃穆面容，微笑就浮上我的面孔。

有的学者说，人活着是为了建功立业。唉，唉，支离破碎的伟业下面掩埋着数不胜数的名字。然而，今天上午我写的歌会怎样呢？即使人们忘了它，它照样前行，去唤醒其他歌曲。它的演进，在世界歌曲的永恒之河中，不会停息。它在世界创造的韵律秋千上晃动。所以，我一次次暗忖，我让我的游伴③独自坐在他的日月星辰和鲜花绿叶中间，挑着谁的担子，一步步走向泯灭呢？我真想把一切猛地扔进尘土里，朝前奔跑。

回眸往昔，我进小学读书，不久便辍学。去当编辑，没多久

---

① 典出史诗《罗摩衍那》，罗摩怀疑悉多不贞。悉多求救于大地母亲。大地于是裂开，地母把她接走。
② 指印度神话中的创造大神梵天。
③ 指创造大神梵天。

便辞职。刚被政治吸引住,便一刀割断关联,逃之夭夭。一场场争论,一次次放逐了我。我前面提到的我的游伴,也陷入同样的困境。

随信寄给你今天上午写的两首歌。

关爱你的罗宾德拉纳特·泰戈尔
1921年10月28日

二

加里达斯:

世界上两种宗教,即基督教和伊兰斯教,与其他所有宗教观点的对抗极为强烈。它们不满足于开展自己的宗教活动,妄图剿灭其他宗教。因此,除了接受他们的宗教,没有与他们相处的其他办法。同基督教徒打交道的方便之处在于,他们是现代的载体;他们的心灵没有囿于中世纪。宗教观念没有包围他们的全部生活。他们不以宗教壁垒阻挡其他宗教信仰者。"欧洲人"和"基督教"这两个单词的意思不一样。"欧洲的佛教徒"和"欧洲的穆斯林"两个单词之间,没有天生的敌意。但以宗教名字命名的国家,其基本面貌,显现于宗教观点。"穆斯林佛教徒"或"穆斯林基督教徒"这种单词,是不可能自行产生的。

而印度教徒,大致与穆斯林相似。换句话说,印度教徒们被宗教的高墙包围着。表面上的差异仅在于，对他们来说，反对其他宗教，不是没有不同的目的。对印度教之外的其他宗教，他们实行非暴力、不合作的方针。总体上说，印度教徒的宗教是与生俱有的，以习俗为基础，因此它的壁垒特别坚固。印度教徒承认伊斯兰教，同穆斯林平等相处的道路，也十分狭窄。在饮食、举止等方面，穆斯林不以清规戒律把其他教派挡在远处，可印度教徒在这方面极为谨慎。在基拉法特运动①期间，穆斯林在自己的清真寺等宗教场所，尽力把印度教徒拉到自己身边，可印度教徒却没有相应的行动。习俗是人与人之间的桥梁，可在这个领域，印度教徒垒砌了一道道围墙。

我刚去经管祖传田庄时看到，穆斯林佃农来到公事房办事，仆人把地毯掀起一角，让他坐在地上。仆人认为其他教徒的言行举止不洁净——人和人相处的这种可怕隔阂，可谓登峰造极。印度的厄运在于，印度教徒和穆斯林这两个教派的人，偏偏栖息在同一片土地上。印度教徒的坚固壁垒，不在宗教观点上，而在习俗上。与之相反，穆斯林的坚固壁垒不在习俗上，而在宗教观点上。在一个方向，一个教派的大门洞开，另一个教派的大门关闭。两个教派的人如何聚首呢？在不同的历史阶段，希腊人、波斯人、西徐亚人等不同民族的人进入印度，浑然交融。但你记住，那是在"印度教"时代之前。"印度教"时代是一个后续时代。在这个时代，

---

① 1918年，印度成立了以塞特·考塔尼为主席、穆罕默德·阿里兄弟为首席发言人的基拉法特委员会。印度各阶层穆斯林掀起反对瓜分土耳其、保卫哈里发的抗议浪潮。1919年11月24日，M.K.甘地当选为全印基拉法特委员会主席。1920年8月1日，甘地和基拉法特运动领导人共同发动非暴力不合作运动。

竭尽全力构建、强化了婆罗门教。垒砌的不可穿透的习俗厚墙，严禁他人进入。心里根本不曾想到，从四面八方，把鲜活的东西禁锢起来，严加控制，只会加速它的死亡。简单地说，在佛教时代之后，在接纳拉吉布特等外来民族的特殊时期，为了尽量避免与外人接触和避免受外人影响，创建了现代印度教，如同建造印度的庞大城堡，其特性是禁止和拒绝交往。世界其他地方，没有如此娴熟如此精巧地建造这种壁垒，制止各种聚集。这种壁垒不单矗立在印度教徒和穆斯林之间。像你我这些追求言行自由的人，也处处受阻，也是孤独的。这个问题在哪儿能解决呢？在心灵和时代的变化之中才能解决。就像欧洲通过探寻真理和扩大知识面，从中世纪走进了现代，印度教徒和穆斯林也应在各自的小圈子之外，开始新的旅程。如果把宗教将坟墓一样建造起来，让整个民族死在坟墓里，死在地狱里，就无法在进步的道路上前进，无法与别人欢聚。如不清除我们人性中的障碍，我们就不能获得自由。要普及教育，采取切实可行的措施，彻底改变现状。鸟笼比鸟的翅膀大得多。要改变鸟笼般的陋习，之后才会有我们的福祉。印度教徒和穆斯林欢聚，在人们期待的时代变化之中。但听了这话不必害怕。因为，其他国家的人民经过艰苦奋斗，已经改朝换代，从"蚕茧"的时代，进入"展翅飞翔"的时代。我们也能打碎精神桎梏，走进广阔世界。

关爱你的罗宾德拉纳特·泰戈尔
圣蒂尼克坦
1922年6月21日

三

加里达斯：

很长时间之后，收到你的来信，非常高兴。你结识了罗曼·罗兰，这是令人极为欣喜的。在欧洲访问期间，与我交谈过的人中间，我觉得与罗曼·罗兰最为亲切。和他交谈的时候，不懂法语，我十分苦恼。当我动身返回印度时，我觉得，圣雄甘地也广泛而深入地在我们民众心中，唤醒像罗曼·罗兰这种伟人沉浸其间的那种情感。因此，我打定主意，我要以自己的行动和作品，加入他的队伍。

但回到国内，目睹这儿掀起的运动，我深感痛心。首轮煎熬，是精神折磨。我们懒散的心，天生是墨守成规的，受到强大的精神压力，谁也没有勇气略微反对时髦的观点。换言之，全国各地强劲地刮着自由的逆风。于是，男女老少的口中，回响着愚昧的主张，摈弃其他一切思考、讨论和实践，只摇手纺车，只穿粗布衣服①，几个星期之内，国内就可实现自治。那种自治是什么？无人有问清楚的勇气和意愿。国内的知识分子和聪明人也异口同声地说，这是我们的信念，是我们的宗教观点，决不允许就此展开讨论。国内大部分人，不加分辨，把这种奇谈怪论当作《吠陀》圣训，这样，就再不探究难以实现自治的原由了。之后，举国上下，是一副瞪着血红眼睛、捂着嘴巴的模样。他们试图在这种精神压

---

① 指甘地发起的全面抵制英国商品的运动。泰戈尔不赞成焚烧英国货的过激行为。

泰戈尔会见罗曼·罗兰

制的沙堆上,一夜之间,建起一座自治的摩天城堡。当然,全体孟加拉人并不相信,采取某种特殊手段,十二月三十日之前,印度将挣脱枷锁。但许多人认为,这是糊弄民众的一种计谋。有证据表明,有些人相信,甚至圣雄甘地对那种似是而非的观点,心知肚明,也采取了这种策略。他在写给安德鲁斯的信中说:"不给民众这种明确的承诺,他们就没有热情。"你知道,几个世纪以来,印度老百姓被视为拥有最少权利的人。为此,拥有最大权利的人一向认为,糊弄心灵,把他们引向美好前景,是一项任务。

然而,他们的心灵麻木了,美好前景却未出现。当今某些民众领袖也粉墨登场,采取糊弄他们心灵的措施。这是什么行为?这不如同用铁链把鸟儿的脚拴在笼子里横杆上,再用铁链拴住它的翅膀,使劲儿往外拽,以便给它自由吗?结果,脚骨折了,翅膀也扯烂了。那些骨子里是锁链之神的膜拜者,妄图用新锁链砸碎旧锁链。你知道,我绝对不能容忍这种做法。我坦率地说,我同意接受的是真理,而不是甘地。有的人听了这句话很不高兴。

以上是我要对你说的第一点,其次我要说的是,我发现,一连串事件中,充满对西方的强烈憎恨。通常在政治领域,这种极端仇恨占有一席之地。各地都有以敌意的蒸汽驱动爱国之神的战车。因此,如果崇拜膂力的政治家们挥舞刀剑,捧着乞钵,在政治的加里卡特①,敲锣打鼓,决意为西方阎王的坐骑——水牛奉上祭品②,那我当然不会参与此事,也不会吞食失望的苦果。

在各种集会上口中诵念非暴力的经文,渐渐挑起强烈憎恨,国内大部分心怀仇恨、崇尚暴力的人,心里暗想:"这是一步妙棋。目前就是要让国家喝烈酒,不过甘地嘴上说他是在让国家喝恒河圣水,可见我们中间他最狡黠。酒店门口挂上圣地的幌子,的确是使国内酒鬼的疯劲儿升至极限的好办法。"日日夜夜喃喃诵念的经文是:英国政府干的是魔鬼的勾当。与此同时,甘地一次次把大家叫来,说:"你们仇恨魔鬼的恶行吧,但要保持、加深对魔鬼的爱。"然而,那些朴实的人,偏偏未能体悟其深意。他们天真地思忖,"动武"这玩意儿是抽象的,一块滚落的石头会伤人,翻腾的狂涛会淹死人,鱼市场里的恶棍也动手打人——生"动武"的气,不值得——谁打人,谁必然招人生气,所以,不必控告脱离魔鬼的恶行——而要生魔鬼的气。

总之,未能完成不合作运动的两大任务。其一,是运动未能坚持到12月31日。原因是,奋斗与成果成正比,这是真理。让"奋

---

① 加尔各答的印度教圣地。
② 指在爱国运动中牺牲的人。

斗"爬到土制纺纱车上,简化"奋斗",是不能取得成功的。"奋斗"不是儿戏,光讲空话是骗不了老百姓的。其二,未能坚持非暴力。其主要原因是,寻求非暴力应走在宽容之路上,这是正道。对人不宽容,一步步挑起憎恨情绪的同时,推行非暴力——光凭甘地的教导,这是不可能实现的。

不单对英国政府和民族,对整个西方世界的教育和科学知识,也产生了仇恨。东方与西方之间,仿佛有一条科学知识的界线。如同焚烧英国布匹,各地也燃起了焚烧外国文化的熊熊大火。

有的"爱国头领"宣传说,我沉迷于对西方的幻想,我接过那儿吹捧者递来的赞美之酒,一饮而尽,我这颗心在那儿的地上滚动。我邀请西方客人登上我的祭坛,这说明我已经神经错乱。

我在西方会见的罗曼·罗兰等思想家,为整个人类世界事业而奋斗。对他们来说,国内外的差别不复存在。为此,他们也受到本国爱国者的冷嘲热讽。

我回到印度,会见了圣雄甘地。他像把牛犊关在牛圈里那样,把他的理想关在印度政治的院墙内。我一贯认为,大于国家的理想,能使国家变得伟大。可他们说:"我们首先接受一个国家的理想,之后才可能接受世界理想。"他们忘了,某个人患的某种病,在医学理论的指导下,可以治愈,这样的医学理论是属于大家的。就躯体而言,每个人的相貌不一样,但躯体的基本性质,均符合生理学。我们在多大程度上获得人性,就能在多大程度上获得国家。有些人认为,拒绝西方的人性就是追求东方的人性。他们某一天会说,对西方的不幸者来说,地球无助地围绕太阳旋转,走向死灭,但对受神呵护的印度人来说,地球稳稳地站在蛇王的头上打瞌睡哩。

　　总而言之，头顶着沉重"师尊"的美名，国内有些人在心里冥想着土制纺纱车和买布的顾客。他们想依靠的一个天空，只有东边，没有西边。

你们的罗宾德拉纳特·泰戈尔
圣蒂尼克坦
1922年5月4日

写给穆诺朗昌·邦达巴达亚的信[①]

---

① 穆诺朗昌·邦达巴达亚(1871—1950)曾在泰戈尔创办的梵学书院任教。

一

亲爱的穆诺朗昌：

圣蒂尼克坦的梵学书院创办不久，您就成为这儿挑大梁的教师之一。我希望，在过去一年里，你我建立的胆肝相照的关系，能够永远保持下去。

最近，您身体欠佳。所以，我不能拒绝您辞职。我衷心祝愿您今后在事业上取得更大成就。

您怀着一腔真情，卓有成效地提高了这儿毕业班两个学生的成绩，为此，我对您表示由衷的感激。此前，没有理由相信罗梯和逊达斯一年之内能通过升学考试。可在您的指导下，他俩分别在一年和几个月之内顺利地升学了。这完全出乎我的意料。这让我对您的敬业精神和教学水平产生了绝对的信任。之后，您为何不参与学校管理呢？学校有了您，将受益匪浅，对此，我深信不疑。应该说，这一年，罗梯有了您这位老师，是极为幸运的。今后若有机会，我将再次聘请您当我的助手，我心里不会放弃这样的希望。

愿您在其他地方也不忘记您曾在这儿为"树苗"浇水。您可以经常回到这所学校，住在属于您的房间里。

我经常考虑如何让您和别的老师在这儿生活愉快。倘若照顾不周，或因为误解，让你们心生怨气，请多多原谅。这一年，要是感到这儿某些东西给人带来快乐,值得信赖,确实让人有所收获,那就请牢记在心里吧,并经常想起我是一位与人为善的朋友。

您的罗宾德拉纳特·泰戈尔
1903年2月25日

二

亲爱的穆诺朗昌:

一旦承担一项大事业的重任,就会意识到自己的弱点。我也从多个角度感觉到了我性格的不完美。可尽管如此,我必须履行赋予我的责任。我一直真心希望你们成为我的得力助手,减轻我的负担。但您在来信中说我优柔寡断,有些事情处置不当,这是您辞职的原委。然而,较之我个人,您如更看重我的事业,在危急关头,您就不会离开我,而会留下来期待真理的胜利和为民造福的目标的实现。

我从未因看到自己或他人的缺点而放弃自己的事业。可您忘不了自己。您没有把学校当作您自己的学校。为此,我至今心里感到难过。此前,不管发生什么,您,苏布德[①]和查迦南特[②],在我心里占有一席之地。我们相处如同亲戚,忘记那种情感是困难的。

[①] 指苏布德·昌德拉·马宗达(1878—1930),梵学书院的老师之一。
[②] 查迦南特·罗易(1869—1933)自梵学书院创办至1932年,一直是该校的老师。

因此，你们对学校的冷漠和厌烦，将使我永远伤心。

然而，您千万不要觉得这种"处置不当"，对学校来说是隐患，必然导致学校走下坡路。我每天感到惊奇的是，通过各种改革，这所学校获得了新的生命力，不断取得鼓舞人心的成就。近来，这所学校克服许多阻力，跨进了光荣的崭新的青年期。您并不懂它内在的全部含义。事实上，您内心尚未认知这所学校的深邃特性。您像一个陌生人，以怀疑的目光从外部打量它。所以，您看不到它闪射的光芒。但总有一天，你们会打消心中的疑惑。

学校的事情，您就别再多想了。天帝如把它的担子让我来挑，虽有各种挫折，肯定将让它走上成功之路。即使他收回这副担子，我此前所作的努力也不会付诸东流。

但愿我与你们建立的联系永不中断。哪怕通过学校的渠道与你们的关系不复存在，我也不会放弃怀着真挚友情，常在身边见到你们的希望。

几天前，蕾努卡[①]病逝了。把她带到这儿，我一直忧心如焚，顾不上给您写信。我以为能在学校与您再次见面，看来无望了。

您的罗宾德拉纳特·泰戈尔
加尔各答
1903年9月19日

---

① 泰戈尔次女。

三

亲爱的穆诺朗昌：

多年之后，收到您的来信，非常高兴。

收到来信前的很长一段时间，我带着女学生离开波尔普尔县，在其他地区演出。现已回到学校。

目前我的工作分为两大部分。其中之一是经管祖传田庄。我把毗拉希姆普尔乡分为五个区，每个区任命一位负责人，主管乡村社会的建设。目的是调动村民的积极性，参与乡村公益事业。比如修路，解决饮水问题，调解民事纠纷，创建学校，清除树林里的枯枝杂草，为应对饥荒建造公共粮仓，等等。总之，采取必要措施，鼓励他们参与各项农村福利事业。我的穆斯林佃户中间，各项工作进展顺利。但印度教徒的村庄里，困难重重。在印度教徒的社会下层，印度教是一块绊脚石，从内部阻碍集体福利事业的发展。目睹这一切，我再也无意将印度教理想化，赞同那些自杀性的悦耳谎言了。

此外，在波尔普尔的学校里，收了一部分知识分子的孩子，也收了一部分社会地位较低的家庭的孩子。我让他们在一起学习，努力消除两类孩子之间的隔阂。

在我忙得不可开交的时候，您来信请我出山。我内心是很想答应您的。但您肯定知道，我没有本事支派哪个人去实现什么目标。我天生不是当领导人的料。我能抒写心中的所思所想。当我看到，没人肯出力去实现我的设想时，我不得不独自奋斗去实现自己的构想。我想为别人指明其施展才华的合适之地，却往往找不到道路。

生来配当领导人的某些人，善于把别人当工具使唤。他们能把每个人安置在各自的位置上。于是，听到他们召唤，民众便蜂拥而至，不一会儿聚集在他们周围，寻觅各自的成功。您不要误认为我是那些领导人中的一员。我不过是一名作家，只能干自己的老本行。

当你们怀着友好情义来到我身边时，我心里涌起喜悦之浪，而当你们远去时，我感到孤苦无助。我能用天帝赐给我的诗笔，在人们的心田，耕耘播种。种子播完了，我的任务也就完成了。我没有把作物运到家里，脱粒，装进库房的能力。我只是一个"农夫"。希望你们常到我这儿来，激发我的工作热情，而不是接受什么指令。在四周感受到你们的一颗颗火热的心，"我"就成为"我们"了。让我拥有你们的一部分力量吧。天帝一定能让我和你们的相识结出硕果。

您的罗宾德拉纳特·泰戈尔
圣蒂尼克坦
1908年7月14日

四

亲爱的穆诺朗昌：

春天的寓意其实很简单，要我全面阐述，不能不感到有些犹豫。

遥望世界，可以看到，尽管一个个时代在它上面迈过，可它却不衰微。天空的阳光明媚,蔚蓝纯净。大地未见贫瘠,葱绿未见黯淡。但进行局部观察,可以看到鲜花凋谢,树叶枯萎,枝条枯死。衰朽和死亡,在四周日夜发动进攻。但世界的更新永不停止。注视"具象",我们看到衰朽和死亡,可注视"真理",我们看到不朽青春和生命。

进入冬季,树林的财富仿佛一瞬间全用完了。其实,就在那一瞬间,春天的无限富丽分散在一座座树林里。抓住衰朽和死亡,细细打量,可以看到,它们扯掉面具,挥舞着生命的胜利大旗。从后面看到的衰朽,往前看它是活跃的青春。如果不是这样,这无始的世界如今就千疮百孔了,在上面行走,必然滑倒。

每年的春季,在世界本性中,常旧变为常新。人的本性中,也进行着"陈旧"演变的游戏。生命力通过死亡,一次次重新认识自己。永存的东西,如果不是一年年失去,又一年年获得,就无从感知它了。没有冬天,春天盛大节日的华丽就会消亡。

您的罗宾德拉纳特·泰戈尔
希拉伊达哈
1916年2月3日

写给孔查拉尔·高斯[①]的信

[①] 孔查拉尔·高斯系泰戈尔创办的学校的老师之一。

孔查拉尔先生：

您把履行我赋予您的责任当作修行，这让我深感欣慰。我真心祝愿，天帝赐予您修行的毅力和虔诚。

我以前对您说过，少年学子的学习期，也是苦修期。我们的先人深知，获得人性，不是为谋利，而是为实现崇高目标。获得人性的基础是教育，他们称接受教育是修行。这不光是背书和通过考试。

首先，教学是修德。世界上许多东西是买卖的商品，但"德"不是商品。它意味着一方怀着造福的意愿慷慨地授予知识，另一方怀着谦恭的敬意接受知识。所以，在古代印度，教学不是商品。如今教书的是教师，而以前传授知识的是师父。教书的同时，他们给予的东西，除了师徒的精神关系之后，没有别的。

和学生建立精神关系，是圣蒂尼克坦梵学书院的主旨。不过应当记住，它的宗旨越是高尚，教学方法就越难，越罕见。做好此事，不像下订单那么简单。教师可以聘请，可师父不容易找到。因此，应时刻注视目标，耐心地等待机会。

要引导我们的学生热爱祖国。应特别注意不让学生去和其他国家比较，轻视、嘲笑、贬低甚至仇视自己的祖国。

要让学生习惯于艰苦的梵行，弃绝奢侈和炫富。要从学生的心里，铲除金钱是光荣的错误想法。出现这样的苗头，要及时纠正。另外，要教育学生不穿华丽服装，使每个学生不认为贫穷是可耻的、可恨的。

其次，要培养学生良好的生活习惯。有关饮食起居和保持卫生的规定应严格执行。宿舍内外、床和身上穿的衣服，应该洁净。学生应自己洗衣服，擦干净水盆。每天按时擦净放衣服书籍的地方。学生最好也打扫老师的房间，学生为老师服务是应尽的义务。

第三，学生应尊重老师。学生不可对老师评头论足，出言不逊。学生见了老师要问候，行礼。

我不认为学校的老师是我的下属。我希望他们思想活跃地完成教学任务。我不想以严厉管束强迫他们去做给人看的好事。我把他们当作朋友和合作者。学校的工作，是我的也是他们的。若非如此，这所学校就白建了。

我希望为民造福的种子在老师们的心田发芽，他们能够热情而愉快地把自己的生命与梵学书院融为一体。

> 你们的罗宾德拉纳特·泰戈尔
> 1902年11月13日

写给查鲁·昌德拉·邦达巴达亚①的信

---
① 查鲁·昌德拉·邦达巴达亚系《外乡人》杂志编辑。

一

亲爱的查鲁：

我不能不说，一次次读到报纸上有关热烈欢迎我的报导，我感到有些受宠若惊。说这儿英国人喜欢我的作品，这件事并未使我兴奋，显然是假话。但你们把那些消息集中起来，敲锣打鼓时，我感到非常愧疚。尤其在这一期《外乡人》上看到，你们刊登了拉德富特小姐和辛克拉尔小姐的两封信的译文。我真担心你们还会把这两封信在英文杂志《现代评论》上发表。这是私人信件。公开发表，会使她们感到难堪，是非常不合适的。当然，我不知道你们在做什么，要是那么做，我连阻止都来不及了。我恳求你们，别人谈的个人意见，你们不要公开评论。

叶芝编辑的诗集①，连同他写的序言，已经付梓，估计十月份可以问世。我手头上还有不少译作。再增加一部分小说，就更好了。我已翻译了三个剧本。翻译的诗歌数量不少了。我做梦也不曾想到，年过半百，我竟会用英语翻译我的作品。我在诗集《瞬息集》中写道："也许来世我是我作品的评论者。"然而，今生今世，就拉开了评论的序幕②。自己当自己作品的译者，是一大难事。没

---

① 指泰戈尔的获奖诗集《吉檀迦利》。
② 指翻译。

让自己的作品少受罪——简直是脱胎换骨的再创作。

　　　　　　你们的罗宾德拉纳特·泰戈尔
　　　　　　　　　　　　伦敦
　　　　　　　　　　　1912年10月6日

二

亲爱的查鲁：

　　麦克米伦出版公司正在印制英译本《吉檀迦利》。该出版社将出版我的全部作品。方便之处在于，该出版社在英国、美国和印度均有业务。也许经济效益会好一些。

　　第一次印刷的《吉檀迦利》已销售一空。当地读者饶有兴致地读我的译著，都说非常喜欢。所以，时来运转的话，我们学校可以度过难关了。看来，在英国，艺术女神不是"正房"，而财富女神也不是"偏房"。在英国，一夫多妻是违法的。这给我们带来了希望。

　　我的译作已攒了许多。羞惶之坝一旦崩溃，谁还怕"语法"的血红眼睛！就像我小时候一面走一面把脚穿的拖鞋朝前甩，翻译时英语的严格规则也甩掉了一些。总之，翻译从未停步。今天刚译完《秋天的节日》，明天将开始译另一部作品。

　　你知道，美国人是乞讨演讲的乞丐。到了一个地方，不管你如何婉拒,不演讲是过不了关的。为此,必须写几篇文章。这件事对我来说不太舒心,却有必要做。从各地不断发来邀请,我尽量减少出席数次,可推掉一些仍剩下不少。应邀出席每项活动,不演讲是难以起身离去的。朝前望去,哪儿也看不到静心休息的迹象。

你们的罗宾德拉纳特·泰戈尔
美国
1913年1月

泰戈尔访问美国

三

亲爱的查鲁：

《鸿雁集》中的"法螺"，是天帝呼唤人的"法螺"。法螺声中，发出参战的邀请——与灾祸、罪恶、不公正交战的邀请。临战之际，是不能冷漠地让这法螺卧爬在地的。这时，应接受经受磨难的命令，并传播这道命令。

如果在人类灵魂的广阔背景前审视沙杰汉[①]，我们就能看到，皇帝的御座上，烘托他灵魂的光环尚未消失。由于御座容纳不了他，他突破宏阔的界限，远去了。世界上没有能永远拘禁他、损害他的巨大景物。死亡带着灵魂，突破界限远去。泰姬陵和沙杰汉的关系，不是永恒的。他和他帝国的关系也是如此。那种关系，像碎叶一样飘落。这丝毫无损于永远真实的沙杰汉的形象。

诗作《泰姬陵》最后两行中，代词是"我"和"他"。远行的是"他"。他没有回忆的纽带。哭泣的"我"，指承担责任的物体[②]。这儿的"我"不是诗人。人们所说的"我的离愁、我的回忆、我的泰姬陵"，是墓地的象征。而获得解脱的，是穿越万世的旅行者。泰姬陵也罢，印度的帝国也罢，特殊历史阶段中名为沙杰汉

---

① 沙杰汉系印度莫卧儿王朝第五代帝王，他按照王后慕玛泰姬·玛哈尔的遗愿，修建世界七大奇迹之一——泰姬陵。1658年，沙杰汉的第三个儿子奥朗则布篡夺王位，把沙杰汉囚禁在阿格拉红堡达八年之久。沙杰汉遥望泰姬陵，怀念玛哈尔，终于抑郁死去。

② 指泰姬陵。

的短时实体也罢，任何地方留不住他。

你们的罗宾德拉纳特·泰戈尔
1928年2月21日

四

亲爱的查鲁：

　　你知道，我这一生中，多次发生一群人对我连续攻击和毁谤的事件。我感到欣慰的是，其起因不是我的立身行事。我的诗笔拒绝参与争论，偏袒某一方。不久前，几个赫赫有名的"弓箭手"修筑阵地，不停地对我发射利箭，可我至今完好无损。今天对我挥舞拳头的个别人的愤怒，明天就烟消云散了。有些人妄图高举写有"泰戈尔是无名之辈"的大旗，提高他们的地位，我由衷地祝愿他们赢得不朽名望，是凭自己的成就，而不是采用拙劣手段。"没有第二个印度文学家在声誉上能超越我"，但愿这种卑下的念头，任何时候不在我的脑子里产生。但愿他们的奋斗取得成果，坐在新时代的文学宝座上，眉宇间点一颗王室的吉祥痣。从此踌躇满志，贬低其他著名诗人的压抑不住的怒气，得以平息。

你的罗宾德拉纳特·泰戈尔
1929年10月15日

写给萨登德拉纳特·达多①的信

---

① 萨登德拉纳特·达多(1882—1922)系泰戈尔的忘年交,孟加拉多种格律的创造者,被誉为韵律的魔术师。

一

萨登德拉纳特：

　　读了你的译文，十分惊喜。这些诗是如此平易，却又富于韵味，不觉得是译诗。一般来说，原作的意蕴是难以在译作中移植的。但你的译诗之花，把原作当作花托，展现了自己的情味之美。我相信，这是诗歌翻译的特殊荣光。所以，它既是译诗，又是新作。

罗宾德拉纳特·泰戈尔
1908年

二

萨登德拉纳特：

　　有一种翻译只是从一种形态转变为另一种形态。这种译文中只能看到躯体，可这种躯体不会说话。换句话说，其中只保留原作的一小部分精华，大部分精华丢失了。

　　你的翻译作品是转世重生。灵魂从一个躯体转移到另一个躯体。这不是艺术加工，而是再创作。在孟加拉文苑，你的译作不是侨民。它们拥有当地人的全部权利。它们行走不用出示故居的通行证。你的朝觐之路上的尘土变成花粉,以新的芳香迷醉清风。

罗宾德拉纳特·泰戈尔
1910年

前排右一坐者为萨登德拉纳特·达多

写给拉蒙特罗松德尔·德里贝迪[①]的信

[①] 拉蒙特罗松德尔·德里贝迪(1864—1919)系泰戈尔的至交,他和泰戈尔先后任孟加拉文学协会副主席。

一

拉蒙特罗松德尔兄：

　　在我旧书信的一处这样写道：幽远的一天，沧海中沐浴甫毕的年轻的地球上，我成了一棵树，萌生叶片。您手执编辑的利斧，朝我这棵树的回忆的根部砍去。您这样做不是刈除多余的枝条，而是戕害生命。因为，那是我生命的心语。

　　我的生命中隐藏着树木的生命的回忆，今天我成为人，我承认这是真的。不单是树木，整个物质世界的回忆，也潜藏在我的体内。世界的脉搏，在我的全身，扩张着亲情的快乐。在我的生命中，累世经年绿树青藤哑默的快乐，今天获得了语言。否则，芒果树花蕾中的幽香欣喜若狂之际，我焉能收到请柬，准备欢度春节！

　　我体内的无穷欢乐，是河流、陆地、树林、飞禽走兽的欢乐。您为何不让我承认这一点呢？是怕别人耻笑我么？我假如介绍自己是政府机关里身穿黑毛料制服的文书，一生的经历如何如何辉煌，人们大概觉得那是实实在在的东西，神色庄重地赞许地点点头。如果电车的乘客和买月票的乘客，听到我与世界万物融合的情形，报以冷笑，我只得默默地把冷笑咽下肚去。

　　您看，当我坐在开启的船窗口，遥望着太阳光照耀这古老大地的灰褐色土壤，我的身躯仿佛透过尘土和青草，无阻地朝地平线扩展。我伴随着日月星辰，伴随着泥土、岩石和水，伴随着万物，在一个个吉祥的时刻，这句话在我的心里清晰地响起之时，我的身心在一个宏大的存在的巨大欢悦中，不由自主地欣喜颤抖。这不是诗人的浪漫抒情，这是我的本性。我从本性出发，写诗写歌写故事，因而您不要将其隐瞒。我为此丝毫不感到羞赧。

我是人，因而我也是尘埃、泥土、流水、树木、飞禽走兽，我就是万物——这是我的光荣——我的意念中闪耀着世界的历史——我的存在中，汇集了所有的生物、非生物。所以，我的血液熟识海涛的节拍，与之共舞，但海涛不认识我；我生命的欢乐与树木生命的欢乐融合，开花结果，但树林不认识我。我的回忆不在它们中间，这有什么可笑的呢？我不会凭借膂力阻挡您，只是对您倾吐了我的怨艾。

你的罗宾德拉纳特·泰戈尔
希拉伊达哈
1912年2月29

二

亲爱的朋友：

　　荣誉的鬼魂[①]附在我身上了，我在心里呼喊驱鬼的巫师。我不

---

① 这封信是泰戈尔获得诺贝尔文学奖之后写给拉蒙特罗松德尔的回信。

能分享你们的快乐。你也许心想，我这是夸大其词。可心灵的主宰知道，我的人生承受着多大的压力。

  喧嚣渐渐平息，
  有人在窃窃私语——

  写了这两行诗，我着手翻译《吉檀迦利》。你已经看到，喧嚣已平息了多少。
  你为何不就此写篇文章呢？我很快将去一趟加尔各答，届时再详谈。

你的罗宾德拉纳特·泰戈尔
圣蒂尼克坦
1913年11月17日

写给斯里索昌德拉·马宗达①的信

---

① 泰戈尔曾任《孟加拉之镜》主编。他的前任斯里索昌德拉·马宗达1883年主编过四期《孟加拉之镜》。

一

斯里索昌德拉兄：

您独自去了比哈尔邦的圣地格亚达姆，可您知道您把我抛入多么凄惨的境地吗？与您晤面，已是我生活不可缺少的一部分，如今，被剥夺了与您见面的机会，我像抽鸦片的弄不到鸦片，整天萎靡不振，无精打采。

实事求是地讲，是您引诱我抽上"鸦片"的。您到我家里，施展各种"伎俩"，把几颗小小的想象的大烟丸塞进我的口腔，唤醒我的幻想，使我沉迷于《晨歌集》和《暮歌集》的意境之中。我合上眼睛，悠悠然进入自我陶醉的状态，醉醺醺地吟哦诗句，您听了在心中得意地微笑。这叫作"抽鸦片上瘾"，也就是洋洋得意沉浸于自己的梦幻。是您培养了我吸"鸦片"的习惯。

您和我切磋文学创作，自己说得很少，巧妙地诱我大谈特谈我的诗、我的作品和我的观点，激发我创作的热情。英国人把鸦片贩运到缅甸和中国。您也神不知鬼不觉地把"鸦片"生意做到了我铺着防湿油布的小屋里。您这个人可不简单哪！您勾引我吸"鸦片"，可您捧着盛大烟丸的盒子躲到哪儿去了呢？在难耐的夏日，弄不到"鸦片"，我一个人坐在屋里打哈欠，身体蜷缩成一团。我熟悉的您那把伞和那双鞋，起码应该放在我屋子门口，让我得到些许慰藉啊！

写给斯里索昌德拉·马宗达的信

读了来信得知，您在格亚达姆自己的"阴曹地府"里，孤苦伶仃，百无聊赖。不过，您的公务是您的伙伴，换句话说，只要活着，您的终生伴侣——副县长的桂冠，就像影子一样与您朝夕相处。眼下您不太喜欢这个伴侣，但随着时间的推移，与它感情日笃并非不可能。

现在我手头没有要做的活计，解开立领制服的纽扣歪躺着，呼嗒呼嗒地扇风。所幸的是，这会儿不觉得需要"抽大烟"。我的靠枕里养育着梦想，一似您那盛满梦想的大烟盒子，头搁上去，写作的瘾头就渗入我的脑壳。最近，头顶着杂志《少年》的重荷，头颅之门仿佛关死了，写作的瘾头逃之夭夭。不过此刻浑身轻松，头颅仿佛随南风朝八方飘去。

现在您送给我一座花园多好啊！我迫切需要河畔、树影、旷野上的清风、芒果花蕾、杜鹃的鸣啭、春天的艳纱、巴库花花环和您这位文友。春暖花开，加尔各答城里的政治纷争实在叫人难以忍受！斯里索先生，您的花园在哪儿？您在哪儿？

一位梵文诗人说过：聚首和离别比较，离别好于聚首，聚首无足轻重。因为，久别重逢，只有另一个人在我身边。而离别时三界与我相伴。但我与维德贾尔查先生的看法截然不同。我觉得，与您分离，三界处处有一群群斯里索先生，也不如身边有一个斯里索先生好。有一条英语成语说，灌木丛中有四只鸟，也不如我手里有一只鸟。我和英国人一样讲究实际，我很想知道您对此有何高见。

泰戈尔

1886年4月17日

二

斯里索昌德拉兄：

不久前的一天，我登门造访格先生，同他谈起您的大作《孟加拉的春节》。令我惊讶的是，他和他的朋友交口称赞这部力作。惊讶的原因在于，喜欢作品是一回事，赞扬作品是另一回事。优秀之作理当被人喜爱，为之辩论、争吵不是件愉快的事。

然而一旦进行批评，在心中审慎地剖析，脱口说喜欢某某人的作品，恐怕是罕见的。心中必然琢磨：我读的作品是谁写的？有无耐人寻味的内容？有无新意？别的评论家如何看待这部作品？它属于哪个层次的作品？等等，等等。接着，批评家闪烁其词地说出"如果、但是、好像、似乎、也许"等一大串叫人猜不透意思的字眼，让人觉得它们像蚂蝗要吸人的血。他们在方圆两英里之内，不允许进入一个意思明确的单词。"喜欢"这玩艺儿柔软而雅致。慢慢吞吞地说明"是否喜欢"这个简单道理，是要累死人的。有些评论家昧着良心强词夺理，明明喜欢某部作品，却偏偏摆出一大堆理由，说他不喜欢。这就是批评的玄妙。

尽管如此，我还是想知道您的书售完之后，一般读者有什么看法。大概他们也会喜欢。我认为他们喜欢的原因之一，是您在您的著作中展示了我们熟悉的孟加拉的生动形象，迄今为止，没有第二个孟加拉作家获得这么大的成功。

浏览目前的大部分孟加拉语书籍，我觉得，当代孟加拉文学中能否看到真实的孟加拉,将来有可能发生争议。您也许听说过,一位印裔美国语言学家宣称:《帕尼尼》①这部书罗列了一种语言的语法现象,可那种语言其实根本不存在。他发现,在《帕尼尼》中找到的许多词根,在梵文中一个也找不到。摆出这些理由,他断言《帕尼尼》中的语法是马从未下过的蛋。有不少语言的语法书至今未写出来,可又有谁知道,某些语法不是在流行语言的基础上写的呢?鉴于这种状况,我认为,今后出生的一位学者将毫不胆怯地论证:现在的孟加拉文学作品流行的地区,压根儿不存在②。那时般吉姆先生企望的"景色秀丽、稻谷飘香的恒河平原"将在考古研究的洪水中漂逝。

有的学者说,孟加拉文学是学院文学,不是孟加拉地区的文学。但那所学院在哪儿?这个问题谁也回答不了。但在您的著作中,找得到孟加拉地区,能使人对印度东部边陲这个地区充满信心。在您著作的绝大部分章节中,可以听到孟加拉的男男女女不讲学院的语言,不做学院的事情。可以发现,他们每天说在家里说的话,做在家里做的事。包括渺小的我在内的其他作家的作品中,没有那样的情景。然而我无意大肆吹捧您,所以对您大作的评论到此结束。

泰戈尔
1886年5月7日

---

① 关于古梵文的一部语法书。
② 当时的孟加拉文学作品用文言文写成,与口语完全不同。

三

斯里索昌德拉兄：

今年的暴雨又开始下了，整整下了七天，至今没有停息的征兆。我关闭了游廊所有的玻璃窗，默默地坐着，没有什么不舒服的感觉。自己控制着自己的情绪，心中不曾勃生激情。

外面持续着暴风骤雨。裸露无助的大海，咆哮着，翻腾着，飞溅着泡沫。注视着大海，我觉得它仿佛是一个五花大绑的巨大的魔鬼，在拼命挣扎，跳跃。我们安然地站在海边。面对大海张开的巨口，我们建造一幢幢房屋。我们仿佛一把抓住了大海这头雄狮的鬃毛，可怜的雄狮却说不出一句话。海洋真的获得自由，世界上哪里还有我们凡人的踪迹！大海又像是铁笼里的一只猛虎，甩动它铁鞭似的长尾巴，我们站在两尺开外，嘿嘿地冷笑。

你看，大海显示着无穷力量！狂涛巨浪仿佛是妖怪身上隆起的肌肉。从地球形成第一天起，陆地和海洋之间亿万年进行着这样的搏斗。陆地缓慢地，默默地，一步步扩大自己的势力范围，为自己的儿女扩张宽广的胸怀。失败的海洋一步步后退，哀嚎着，痛不欲生地擂击自己的胸膛。

请记住，海洋一度拥有绝对的霸权，那时它完全是自由的。陆地从它的腹中升起，夺取了它的御座。疯癫的大海，口吐白沫，如同李尔王[①]，面对暴风雨肆虐的暗空，失声痛哭。

泰戈尔

潘多拉 海滨

1886年6月24日

四

斯里索昌德拉兄：

　　一个个星期接踵而来，但周刊《星期》暂时不可能出版，所以，诸位文友放心好了，我不会马上向他们约稿。您猜猜看，我在干什么？我打着出版《星期》的旗号，一个星期一个星期地牺牲我的韶华。如今，我每周获得七天，可每周也丧失七天。一个个月鱼贯而至，但其间的"星期"销声匿迹了。每一天的时光手执棍棒，追逐我驱赶我。我不知道哪儿有我的立足之地。如同神话中的太阳族的国王哈利斯·昌德拉把大千世界赠给修道士毗萨·米特拉，立即陷入困境，末了连天堂也未保住，我把我的年华白送给他人，最后也毁灭我的天堂。事实上，为报刊撰稿，迄今为止没有一个作家上了"天堂"！

　　春天姗姗来临了，南风习习吹拂，这是唱歌弹琴的大好时光！这时节，如果只允许我关注俄国、中国和帕坦族聚居区的

---

① 莎士比亚创作的悲剧《李尔王》中的主人公。

无政府主义，缅甸边境玛格族聚居区动荡的局势，有关部门从事的毒品贸易，贷款的利息，广播的消息，以及世界上张牙舞爪的魔鬼，我还能活下去吗？充当世界的"侦探"，没有一丝快乐可言。

　　人一生中的春天屈指可数，而且年轻时期才有几个名副其实的春天。我向来认为万万不可浪费春天的时光，报刊到了晚年再办也不迟，那时心扉大概不再敞开，歌声停歇，尽可用破锣嗓子宣传政治纲领。眼下有一大筐要紧的话要说，先把这筐话倒出去，再奢谈别的，您以为如何？

　　读了您信中关于拉妮·莎腊德逊姐莉的一段话，我深受感动。您得到她无微不至的照顾，是您走了好运。若简要介绍一下她的近况，您这封信就更有价值了。印度许多崇高的榜样鲜为人知，应采取切实措施把他们引入我们的视野。

泰戈尔
1887年2月

五

斯里索昌德拉兄：

　　在大吉岭疗养了将近一个月，最近返回加尔各答，发现您的来信在焦急地等我。好几天都想给您复信，只因病魔缠身，迟迟

写给斯里索昌德拉·马宗达的信

没有动笔。平心而论,这怨不得我呀。我的腰扭伤了,静卧了一段时间,现在尚未痊愈,不过已能从床上坐起来,但仍不能坐得太久。除了我这倒楣的腰,世界到处是祥瑞。

我的妻子和女儿仍在大吉岭。我一个人待在空荡荡的屋里,饱受离别之苦。腰间敷上了檀香药膏,不知为何疼得越发厉害,这几日夜晚高悬的圆月,非但未给我丝毫慰藉,反而增添了我的伤感,清凉的夜风也令人畏惧。

从迦梨陀娑到拉兹克里斯纳·罗易,没有一位作家写过一行关于关节痛的诗,大概是因为他们未患过这种病的缘故吧。可我今后是要写的。如何写好,请不吝赐教,离愁别绪为何可成为诗的题材,而关节痛为何不容入诗呢?

以前我认为腰是人体无关紧要的部位,现在我心目中它的地位提高了。心碎了,人照样可以昂首挺立,但腰受了伤,可就惨了,怎么也站不直了。即使传来爱的呼唤,祖国的呼唤,整个世界的呼唤,也置之不理,只顾一门心思往腰上抹松节油。

人的腰不扭伤,一般难以深切地感受地球的引力。您博览群书,也恐怕未必晓得,大地母亲怎样用力拽着我们的腰。等到关节疼痛,对大地母亲的强大引力的感受才会铭心刻骨。

说句肺腑之言,斯里索先生,获悉您朋友的悲惨处境,今后千万别冷落您的腰啦。所谓运道不济,是抽象之物,但腰伤是实实在在的,感受它无需想象力。它是可感可触的真实,此刻,我疼得不能再写下去了。关于童婚制,您提的一个问题,我看先搁置起来,今后再探讨吧。我要说的最后一句话是:谁赞成童婚制只管去娶他看中的小女孩,但我不希望第二个人的腰再扭伤。

泰戈尔
1887年10月

六

斯里索昌德拉兄：

十点钟刚敲过，收到您的来信。

外面天气热得要命。门窗全关上了，屋里显得有些暗。头上的电风扇不停地转动。强劲的西风从窗缝里钻进来，经过屋里湿气的过滤，吹到身上已经有点凉爽了。待在屋里还算舒服。

我伏在旧桌上写回信。拜读您发表在《婆罗蒂》上的新作时，起过给您写信的念头。后来转念一想，每回您复信很晚，这次去信您若不回信，这不是意味着太"惯宠"您了吗？所以迟迟没有动笔。

您的作品我读了爱不释手。它中间没有小说虚构的影子，在读者心扉上镌刻了印度其他作品无力镌刻的深刻印象。您展现的是纯朴人心的深挚情愫和交织着卑微苦乐的、人们日常生活永乐的进程。凉荫，芒果和榴莲树，池塘堤岸，杜鹃的啼鸣，宁静的朝夕，它们中间隐秘回荡的喃喃絮语，融合了悲欢离合、欢笑哭泣，形成人们永远奔腾的生活之河，您以生花妙笔把它描绘了出来。自然的静谧中，柔影斑驳的绿野之巢中，幽居着弱小心灵的

写给斯里索昌德拉·马宗达的信

憧憬，杜鹃、喜鹊和"妻说话①"的歌鸣，与人心众多的欲望的呢喃浑然交融，袅袅地向天空升腾，您的作品中看得见那动人的情景，听得见那美妙的歌声。

您不会以繁杂结构、性格分析或出格的驾驭不了的激昂，搅浑安静、温馨、澄明的世事之河。我相信，您只要节制地使用夸张手法，就能与最优秀的孟加拉作家平起平坐。迄今为止，无人抒写普通孟加拉人内心的喜怒哀乐，抒写的重任落到了您肩上。

般吉姆先生在倾诉十九世纪的养子——现代孟加拉人的心声方面，获得了巨大成功，但是在抒写旧时代的孟加拉人的心语时，他不得不借助于编造。他在作品中塑造了昌德拉·塞格尔、波罗达卜等大人物。（他们也可以是其他任何一个国家或民族的人，他们身上没有某个国家或民族的独特标志）他无力刻画孟加拉人的形象。在世界一块幽僻的土地上，我们这些历来受压迫的，吃苦耐劳的，热爱亲人的，眷恋故土的，极为勤劳的，性格温和的孟加拉人的故事，至今无人绘声绘色地讲述。

泰戈尔
1888年

---

① 孟加拉地区一种鸟的叫声听似"妻说话"，故而得此名。

写给洛肯德拉纳特·帕里特①的信

---

① 洛肯德拉纳特·帕里特是泰戈尔留学英国时的同学。

洛肯：

"文学是作者的自我表现"，这种看法如果在我信中流露了出来，那么只要有可能，就不得不为它论战；把这种看法中间存在的一些真实统统挖掘出来，之后，把它像嚼尽甜汁后的甘蔗渣儿扔掉，也无所谓了。

你说，文学如果是作者的自我表现，那莎士比亚的戏剧该如何定位呢？一两句话回答不了这个问题，所以我想稍微详尽地谈一谈。

保护个我和保护家族，是生物界实行的两条规则。从某个角度而言，可以给两者一个名字。因为，保护家族实际上是广义的保护个我。文学的作用同样可以分为两部分，即自我表现和家族表现。抒情诗和戏剧，可以分别命名为自我表现和家族表现。

所谓自我表现，没有必要繁琐地叙述。但家族表现这个概念，需要进一步解释。

作者的心里，有一种人性；作者的外部社会中，有另一种人性。因有经验的纽带和友情的纽带，加上潜能的作用，这两者相聚了。这种相聚的结果，使文学中诞生新人。在这些新人中间，作者的本性和外部的人性建立联系，否则，就没有生动的创作。迦梨陀娑笔下的豆扇陀、沙恭达罗，与《摩诃婆罗多》的作者笔下的豆扇陀、沙恭达罗，是不一样的。其主要原因，是迦梨陀娑[①]

---

① 印度古代名剧《沙恭达罗》的作者。

和广博仙人①，不是一个人。两者的内在性格不是用一个模子做出来的。因此，他们以自己内在的人性和外部的人性塑造的豆扇陀、沙恭达罗的形态，是不同的。但不能因此说，迦梨陀娑笔下的豆扇陀，完全是迦梨陀娑的画像。不过，可以说，其中有迦梨陀娑的一部分，否则，就是另一个形象了。同样，莎士比亚的众多文学之子②，一个个显露了个体特性，我不能承认其中没有莎士比亚的一部分本性。接受了这种认识，世界上大部分男孩才从父亲的某一部分游离了出来。在优秀诗剧中，作者的本性和外部的人性相融，保持不可分割的共性，将两者剥离，是不可能的。

莎士比亚让他戏剧中的男性人物在他的生活中复苏了，让他们吸吮内心血管中流淌的天才的母乳，于是，他们成了人，否则，他们就只是文章。所以，从某种角度而言，莎士比亚的作品，也是自我表现，但融合更加广大，更加多姿多彩。

歌德曾写过有关植物的书。书中揭示植物的奥秘，可书中没有或极少地表现了歌德。但歌德写的文学作品中，表现了最重要的人。作为科学家的歌德的一部分，也不为人知地融于其间。不管谁怎么说，在莎士比亚诗作的中央部位，可以找到一个无形却有着情感躯体的莎士比亚，从那儿，他一生的全部观察、学识、经历、情爱、离愁、信念和经验，像天然的光芒，以多种色彩射向各个领域；从那儿，对伊阿古的憎恨，对奥赛罗的怜悯，对苔丝德蒙娜的友爱，对福尔斯答夫充满好奇的友情，对李尔

---

① 史诗《摩诃婆罗多》的作者。
② 指莎士比亚的文学作品。

王的悲悯，对卡德利亚①深深的慈爱，世代崭露和扩展着莎士比亚的人心。

接下来谈谈何谓文学的真实。

学习、说话、聆听、观察、思考，凭借这一切和整个人生阅历，我们每个人，大体上获得了有关自己、有关他人、有关世界的真实。这是我们人生的主调。我们把这样的主调融入整个世界的富丽的乐曲，并用这样的主调谱写人生之歌。

雪莱也罢，叶芝也罢，丁尼生也罢，他们所有作品虽有高下之分，可均有内在的最根本的东西——它支撑着上面一首首诗的永恒和圣洁。那些东西就是全部诗歌的真实。每次分析诗歌，我们不是总能把它分离出来的，可我们明显地感受到它的制约。

不妨把戈迪耶②和华兹华斯作个比较。华兹华斯诗歌中表现的美的真实，比戈迪耶作品中法国的美的真实，广阔得多。在他看来，鲜花、草叶、河流、清泉、山脉、平原，处处显露新鲜的美。不仅如此，他在其中还看到，在一种灵性的绽放中，美获得无限的广度和深度。因此，读这样的诗歌，读者不会厌倦，不会疲惫，也不会动辄就满足。华兹华斯诗歌中有广阔的美的真实，因而获得赞誉，具有恒久的魅力。

我为何说广袤的真实呢？换句话说，为何说"广袤"，为何说"真实"呢？看来还得说得稍微明白一点儿。是否全明白，不敢说。

---

① 伊阿古、奥赛罗、苔丝德蒙娜、福尔斯答夫、李尔王和卡德利亚系《奥赛罗》等剧本中的人物。
② 戈迪耶（1811—1872）系法国诗人、小说家和艺术评论家。

但趁此机会，把该说的全说出来为好。

我们的心儿只有一条进入一朵花的路，那就是外表的美。花朵不思考，不爱人，花朵没有苦乐，它只带着美的姿态开放。因此，通常人和鲜花没有关系，我们靠感官才认识到它的美。因此，通常在花中间，我们整个人性得不到满足，只有些许快乐。但当诗人不只把鲜花视为固体的美，而在其中注入人的情愫再观察时，它就能扩大深化我们的快乐。

这是一个永恒的真实：富于想象力的人，不会死板地看待美。他们感觉到，尽管美依赖景物显示自己，可它又是超越景物的，它中间似乎有心灵的特性。于是觉得，美似乎有意志力，有快乐，有灵魂。鲜花的灵魂似乎在美中愉快地绽放，世界的灵魂似乎在无边的外在美中展示自己。内心的无限可以向外展示自己的地方，似乎就有美。展示越是不充分的地方，就越缺少美，就越有粗糙、呆板、挣扎、犹豫和大面积的不和谐。那极小的花中间，不会产生我们充分的自我满足。因此，单是花的描写，在文学中得不到读者最多的喜爱。在某首诗中，我们的心愿实现得越多，我们就越尊重这首诗，把它归入佳作的行列。一般来说，某样东西中，只有我们一个或极少几个心愿能够实现，但诗人若能以特殊方式将它呈现，从而让我们大部分心愿得以实现，这就意味着诗人为我们发现了享受快乐的新方法，为此我们要向他致谢。诗人华兹华斯把心灵美融入外在的自然景色，从而受到我们极大的尊敬。华兹华斯假如把整个世界当作麻木的机器，着手创作，那么不管他以怎样美的语言写诗，也不能很长时间吸引广大的人心。"世界是僵硬的机器"和"世界是精神的绽放"这两种观点中，哪一种是真实，文学未就这个问题进行辩论。但这两种想象中，哪种想象中有人们持久而深淳的快乐，这样的真实，就是诗人的真实，诗的真实。

罗毗
1892年

写给普达德卜·巴苏①的信

---

① 普达德卜·巴苏(1908—1974)系孟加拉诗人。

一

普达德卜:

我对我的既往人生并不了如指掌,对人生旅程并无清晰的印象。在我居所外面了解并收集我有关资料的人,才有资格讨论我的人生。波罗桑多·昌德拉①积累了大量资料,已做成此事。此后,阿米亚和波罗维特古玛尔也写过文章介绍我的生平。在这方面,最没有话语权的是罗宾德拉纳特·泰戈尔。他做了他应该做的事情,已活了整整七十年。他挨骂挨了很多,但不幸的是,他还没有寿终正寝。

你如想简单介绍我的情况,就去一趟圣蒂尼克坦吧。我下星期四或星期五回去。之后你再去,可和阿米亚详谈。他不是个吝啬鬼,这一点,我可以向你保证。介绍自己,我之所以如此犹豫,是怕有人散布谣言,说我通过你们宣传我。其实我从不这样做,但饶舌者传播流言蜚语,向来是不遗余力的。

罗宾德拉纳特·泰戈尔
卡尔达哈
1932年11月5日

---

① 波罗桑多·昌德拉写的泰戈尔传记于1918年至1919年在《外乡人》上发表。

二

普达德卜:

几天前,你的小说《洞房》送到了我的书桌上。我拖了几天没有翻阅。我是担心不喜欢这本书。由此可见我岁数大了。人年轻时有冷酷的勇气。这从我当年的作品中可以找到实例。如今已不敢贸然下笔指谪别人让别人难受了。因此,读新书,尤其是读有建树的作家的书,便有些忐忑。发表看法,往往是迫不得已。心里犹豫不决,不经意间,有时说轻了,有时则说重了。规避不说,心里才踏实。

毫无疑问,我是喜欢你这本书的,所以心里很坦然。作为小说,你这部作品,可谓别具一格。这是诗人写的小说。对情节铺陈有所忽略,对白之河则快速流淌。一个男人和一个女人这两岸之间,是情感的急流。急流中常出现漩涡,产生的动力不是来自外部,而是很深的河底。假如来自外部,就会有源自历史的大量故事内容。那样的话,从内部照样可形成一个故事。你似乎强悍地阻止了它的出现。你把从外面挑选的两个人物,带进你的庭院。他们的性格得到了表现,但未获得机会进入故事的核心部位,广阔地展示复杂人生。你似乎强硬地宣称,你们不要对此进行干预,所有的门全上了锁,强行进入是令人讨厌的。你让美兜圈子,关注它的许多读者,也许焦急地期待它受到意外打击。你心里如果固执己见,就会把它推到墙外无从看见的地方。你不让伸出托盘的读者接受文学趣味。他们也许只好缩回贪婪的舌头,悻悻地回去了。从头到尾,这本小说端坐在爱情的趣味之座上,两管情笛一起演奏，时而甜美，时而高亢，旋律不断变化。这部作品中，情节发展如此神速，情味如此丰盛，其间没有"繁复的缺席"造成的冷清场面。为作品从外面采撷的素材，是大千世界的。没有的话，就无法建造洞房了。你娴熟地构建了两者的关系。你的故事的特点在于，结束之处，小说继续向后延伸。你展示了轰响着扑来的大浪，之后说，够了，不用更多的东西了。破坏即将开始，这是势在必然的。你展示的大潮是惊心动魄的，有美也有荣耀。它是纯洁的也是可怕的。你展示了炽热爱情中伤及自身的矛盾和其中必然的凶恨，两颗彼此吸引的星中间保持一定的距离，它们各自的运行才是安全的。狂野的激情中，安全减少，将至的毁灭般的冲突就非常令人担忧了。你能用已说的故事把未说故事支撑起来，得益于你的诗性表述。

罗宾德拉纳特·泰戈尔
圣蒂尼克坦
1935年10月25日

三

普达德卜：

　　我已过了能定期向你的杂志提供诗歌的年龄。作品之篮曾一度装满。售完储存的产品，我如释重负。现在不再捉笔，不想再给自己增加负担。现给你寄去一首诗，不过是为表达敬意而已。

你们的杂志是新一代诗人的渡船，要把手中有一定数量船费的乘客送到民众认可的彼岸。我的事情早已做完。我已登岸，大概已走到很远的地方，身影渐渐模糊了。虽然我与你们的岁月相连，其实和你们不是同代人。换句话说，我手头已没有提供新作的订单，不要再相信我还能舞文弄墨。

你们的杂志是你们旅伴的航船。当下在争取名望的人，是它的乘客。不要再给名人立足之地。"现时"如果发火，对他们不尊重，是件好事。没有必要再关注他们，他们并不特别需要别人关注。所以，把心思从他们身上收回来，才有摆"现代"之椅的大片土地。你们如果承认，我们曾协助开拓那片领域，就足够了。让我们满心喜悦地祝愿：那把椅子，由你们专用。

罗宾德拉纳特·泰戈尔
圣蒂尼克坦
1936年1月3日

四

普达德卜：

我从未想到《赞美孟加拉母亲》这首歌，会在孟加拉的印度教徒中引发愤怒的狂潮。谩骂，是我今生意料之中的东西。我出生在孟加拉,挖苦讽刺之波涌起时,我感觉到,我是在吸民族之风。我从未为此抱怨,提出抗议。我哀伤的日子已经过去了,但感到惊讶的能力尚未退化。我承认,读了《欢呼》上发表的你就《赞美孟加拉母亲》写的文章,我十分惊讶①。

你的文章说,这首歌词中有口号。国大党把它和另外一些枝权插在国歌之地里,由此引发争议,徒劳地发泄了一腔怒火。

你没有骂我。但这是不够的。前因后果,你要对我讲清楚。

印度国歌大概应是这样一首歌:其间,不光有印度教徒,也应提到满怀敬意和虔诚的穆斯林、基督教徒,甚至婆罗门。你是想说,印度教徒赞颂吉祥女神、艺术女神、知识女神等女神,在寺庙中对她们的雕像叩拜。全体国民演唱的这首歌中,女神们的圣名,要让穆斯林吞下。印度教度可以辩解说,这些名字不过是个概念。但对于禁止偶像崇拜的人来说,打出概念的幌子,毫无意义。你可以气呼呼地摇着头说,我们不管他们有什么想法。然而,这不是生气能解决的问题。有这种想法的人,是我们国家一个重要组成部分。你不要去对他们宣传印度教的重要性,也不要以穆斯林的方式挥舞大刀,逼他们领悟印度教非同寻常的宏伟。不这么做,印度妇孺皆知的赞歌中不提杜尔迦女神,能有什么不堪忍受的痛苦和损失?

你请我为《诗歌》杂志就诗歌创作写篇散文。我本已拿起笔,

---

① 泰戈尔曾为般吉姆的长篇小说《欢乐的寺院》中的诗《赞美孟加拉母亲》谱曲。这首歌激发了印度民众的爱国热情。由于穆斯林的反对,这首歌未能成为印度国歌。在国大党的会议上,只演唱第一段。普达德卜在其文章中认为这首歌的歌词是极好的宣传口号。

但一看国家的神情，心里又拿不定主意了。目前写文章，不与时下的观点相吻合，恐要引起仇恨。面对这样的风暴，落下征帆，默不作声地坐在码头上为好。

也许不用说，这封信不是为公开发表的。

罗宾德拉纳特·泰戈尔
圣蒂尼克坦
1937年12月28日

五

普达德卜：

你们是朝气蓬勃的年轻人。你们的力量像刚刚涨涌的大潮。你们不会想到，我人生的流水已触到河底。残剩的细流上，用船运货，必须用许多竹篙使劲儿撑，才能缓缓行进。

以前写作，内心的欲望，是创作的助手。如今那种欲望已经老死了。内心的冲动极为微弱。为满足外来的约稿要求，不得不挽袖束腰坐在书桌前写，不一会儿精力就锐减。因此，当我的名声放到泰戈尔后时代的天平上秤分量，引起一片哗然时，我不禁笑了。收获的作物极少时，我的心也参与由此产生的各种争论。疲惫的季节，收割作物的黄昏时分，觉得那些议论是极不切合实际的。这个年龄段，是很不利于提供作品的。在花匠已干完活儿的花园里，这儿那儿偶尔可看到旧时的遗物。哪天突然捡到那种东西，就给你寄去。你不要抱太大的希望。此外，没有提供分量更重的作品的可能性。

你的罗宾德拉纳特·泰戈尔
圣蒂尼克坦
1939年7月1日

六

普达德卜：

　　昨天我和你讨论文学中的历史特征时，心里就明白，我说那些话纯属多余。明知多余还要说的主要原因，是什么地方憋着一股怨气。我一次次听说，我们完全受历史的掌控，可我在心里一次次摇头。这个话题争论的结果，就在我心里。在那儿，我不是别的，只是一个诗人，一个创造者。在那儿，我独自一人，我是自由的。我没有被外面的事件之网遮得严严实实。当历史学家把我从诗歌创造中心拖走时，我觉得难以忍受。

　　让我回到诗歌生涯的初期吧。

　　冬夜。黎明时分，灰蒙蒙的曙光开始穿透黑暗。我们一家人的日常生活几乎跟穷人差不多，没有冬天穿的昂贵衣服。我上身只穿一件衬衣，从被子里一跃而起。其实，没有必要那么早起床。

写给普达德卜·巴苏的信

我可以和其他人一样，舒舒服服蜷缩在温暖的被子里，至少睡到早晨六点。但没有办法，我们家的花园，和我一样贫穷。它的主要财富，是东边围墙旁边的一行椰子树。阳光快要落到椰子树颤抖的叶片上，露珠闪闪发光。我担心观察不到，才急忙起床。我以为，欢快地迎接清晨，能唤起每个孩子心里的兴趣。果真如此，所有男孩的天性中，就很容易找到早起的原委了。在勃生浓郁好奇方面，我就不是与众不同的人了。知道我是普通人，就不必解释"古怪举动"了。但长了几岁我发现，其他孩子心里，根本没有常常观察枝叶上阳光闪烁的兴致。我发觉，和我一起长大的孩子，从未进入痴迷的境地。岂止他们，我周围也没有一个人每天一大早不离开热被窝，不去看阳光的游戏，会觉得吃了亏似的。在这种客观现实后面，没有历史造人的任何模具。假如有的话，早晨那无人光顾的花园里就会人满为患，就会出现竞争，看谁最早把一幅幅美景收入眼底了。那儿，只有诗人。

下午四点半左右，我放学回家，看到我家罗望子树上空浓密的紫色云团，觉得实在太奇妙了。那景色至今宛若眼前。但那天，除了我，没有第二个人一看见那云团便兴奋不已。在那种氛围中只出现一个人——罗宾德拉纳特·泰戈尔。

有一天从学校回到家里，站在西边的游廊里，看到一幅令人十分惊奇的场景——从洗衣房回来的驴在吃草。这些驴不是英帝国的政策炮制出来的，是古往今来印度土生土长的驴。它们的举动和古代的驴毫无二致。一头牛在亲切地舔它的身子。这动人心弦的一幕，映入我的眼帘，至今难以忘怀。然而，我确信，在那天的历史上，只有一个罗宾德拉纳特·泰戈尔入迷地注视着这一幕。那天的历史没有对任何人讲述那种观察的深邃内涵。在自己的创造领域，只有罗宾德拉纳特一个人。历史没有把他与大众捆在一起。在历史属于大众的地方，有英国臣民，但没有罗宾德拉纳特。那儿进行着国家演变的神奇游戏。椰子树叶上闪烁的阳光，不是英国政府进口的商品。

　　许多事件等待着人们去认知。那种认知是出人意料的。以前，我阅读过的一些佛教故事和历史故事，凝成清晰画面，在我心中呈现，赋予我创作激情。《故事和叙事诗》的一系列故事，像源泉奔放地流进大大小小的支流。在当时的教科书中，可以读到这些故事，因此可以说，《故事和叙事诗》是那个时代的特有作品。但《故事和叙事诗》的诗歌形象和意蕴只在罗宾德拉纳特心中掀起快乐的波澜，其原因不是历史，而是罗宾德拉纳特的心灵——所以说灵魂是主宰。将灵魂推到后台，大肆渲染史料，对某些人来说，是件光荣的事情，在那儿，人心可以在一定程度上把创造者的欢乐拽到自己身边。但创造者知道，这是次要的。在佛教的浩繁史料中，托钵僧乌波古卜达①以极其高尚而仁慈的面目，只在罗宾德拉纳特的面前出现。此前此后，没有第二个人看到他现身的画面。事实上，读者之所以从诗中获得快乐，是因为诗人具有非同寻常的创作能力。

　　我乘船在孟加拉的大河上航行，感受到河流生命的游戏。那时，我的灵魂无比快乐，把水乡种种苦乐的缤纷暗示收在心中，接连几个月塑造孟加拉的乡村形象。此前没有人以这种方式从事

---

① 《故事和叙事诗》中《幽会》中的主人公。

创作。那些日子，诗人①目睹的乡村形象中，无疑有本国历史上各种势力的摩擦。但他的创作中，人类生活苦乐的历史，超越其他历史，进入农田，进入村庄，带去每日的喜悦和忧伤。

时而在莫卧儿王国时期，时而在英国统治时期，时刻展现的极其质朴的人性，反映在我的一束短篇小说中，它既不是封建主义，也不是国家主义。现在的评论者自由地漫步在悠长的历史中，那种历史的四分之三，是我不知晓的。为此也许我特别恼火。我的心随口说："远远地滚开吧，你的历史！"在我创作之船上掌舵的灵魂，为了展示自己，需要对儿子的慈爱。广收博取人世各种景色和苦乐的人，在佳作中获得快乐，散布快乐。生活的历史当然没有全部摘录，可那种历史是次要的。他们世世代代的期望，是表现作为创造者的人。你把它放大了观察吧，由创造者一人驾驭着在宏大时空中前进的历史，超越历史，进入人的心灵中央。

罗宾德拉纳特·泰戈尔
圣蒂尼克坦
1941年5月24日

---

① 指泰戈尔自己。

写给比希诺·代①的信

---
① 比希诺·代(1909—1982)系著名孟加拉诗人。

一

比希诺·代：

　　我几乎已不写信。最近感到身体疲乏，一天比一天懒，可是工作压力并未减少。肩上的重担，没法一下子全放下来。所以尽量忘掉一些琐碎小事。大小事一把抓的力气，早已没有了。因而不得不像吝啬鬼那样，慎用不多的余力。我以前收到信立即回复，这为我赢得了声誉。看来没有希望把这种声誉维持到最后一天，再挥手告辞。

　　你们在文学之路上开始了新的征程。你们需要一两辆装载作品的车辆。最近，我看到出版了不少小型月刊，大致可满足你们的需要。当然，并非坐这种车的每个旅人都能抵达目的地，这取决于川资。究竟谁有足够的川资，到时候自会有证据。不过，目前乘车的便利，人人可以享受。在我的少年时期，我依靠《婆罗蒂》杂志，走上文学的大路。即使没有它的扶持，可能也有其他路子，但机会这东西，不应忽视。

罗宾德拉纳特·泰戈尔
圣蒂尼克坦
1928年11月26日

二

比希诺·代:

　　繁忙中读完了你的诗集。你写诗显示了非凡勇气。许多人在文坛吹嘘风格新颖,其实走的是老路。你有开辟名符其实的新路的毅力。起初路面坑坑洼洼,高低不平,这是不可避免的。常常不小心还会摔一跤。可我听说,你仍用力挥镐刨地。在岁月移动的脚底下,这条路会渐渐平坦。但真平坦了,新时代强壮的行人,又不喜欢它了。

　　到了我们这个岁数,文学创作不仅要付出体力,也需要放松心情。确定文学的新目标,是为今后的创作。而以前保存的精力,对我们的暮年来说已经足够了。

　　衷心祝愿在获得成就的道路上,你的诗笔不落入新的或旧的窠臼。在创作领域,要规避新旧两种时代。要把信心建立在永恒时代之上。

罗宾德拉纳特·泰戈尔
圣蒂尼克坦
1933年7月13日

写给迪琼德拉纳特·穆伊达拉① 的信

---
① 迪琼德拉纳特·穆伊达拉系加尔各答市立医院著名外科和眼科医生。

一

尊敬的迪琼德拉纳特先生：

我的朋友穆诺朗昌·邦达巴达亚先生不慎脚底划伤，久治不愈，为此，我极为忧虑。我深信由您治疗，他能很快痊愈。他在您的医院，一定能得到无微不至的照顾。所以，我劝他住进市立医院。

此前，我就知道您乐于助人。所以，为了我的朋友，我再次毫不犹豫地向您求助。近来，他常常唉声叹气。这一段时间，这只受伤的脚让他饱受煎熬，十分沮丧。得到您的关照和鼓励，他一定能鼓起勇气，很快康复。怀着这样的信念，我把他托付给您了。您一定会收下他，让我放心的。

你的罗宾德拉纳特·泰戈尔
加尔各答　朱拉萨迦
1906年11月29日

二

尊敬的迪琼德拉纳特先生：

  我派人把持信者和一位失明的老实人送到您那儿去了。他孤苦伶仃，无依无靠，到处流浪，来到我们的学校。现从学校送他到加尔各答治眼睛。您如仁慈地让他住院，为他诊治，将是这位苦命人的洪福。

  请接受我新年的祝福！

你的罗宾德拉纳特·泰戈尔
朱拉萨迦
1910年4月27日

三

尊敬的迪琼德拉纳特先生：

  在您的精心诊治和照顾下，我的仆人转危为安，已出院回来了。请接受我充满感激的敬意。

你的罗宾德拉纳特·泰戈尔
1910年5月18日

四

尊敬的迪琼德拉纳特先生：

　　持信者阿苏都斯·马宗达是我们田庄一位安分的贫穷佃农。他十几岁的女儿手骨折了。当地医生想尽一切办法，也没接好。现把她送往您的医院。我知道，您一定会仁慈地为她精心治疗。姑娘的父亲希望在医院陪护病人。因为他女儿年纪小，一个人在医院心里害怕。若不违反有关规定，请给予特殊照顾。

你的罗宾德拉纳特·泰戈尔
希拉伊达哈
1910年11月21日

写给法尼布松·奥迪卡尔①的信

---

① 法尼布松·奥迪卡尔是泰戈尔家族世交、著名梵文学家贝尼马达卜的儿子。

一

亲爱的法尼布松·奥迪卡尔先生：

我的身体垮了。按照医生的说法，我生命力的宝库已经破产。器官虽说仍然完好，但驱动它们运行的动力已消耗殆尽。他们建议我像个木头人似的静养一段时间，在体内积蓄活力。这让我明白，要尽快做完剩余的事情。我已毫不吝啬地为印度效力五十多年。其中如有一些为民造福的实事，印度早晚会接受，将留在国家手中。除此，我别无奢望。眼下我有一种紧迫感，来日无多，要赶快做未做完的事情。

你们也许不很清楚，但肯定知道，在欧洲还有我要做的事。在我的人生之灯熄灭之前，我一定得做成此事。所以，我打算休息两个月，五月初前往欧洲，冬季来临之前回国。明年夏天再去欧洲，大约六个月后返回。船票已经预订。

你们的罗宾德拉纳特·泰戈尔
加尔各答
1925年4月8日

二

亲爱的法尼布松·奥迪卡尔先生：

请耐心听一下我的恳求：你必须坐在我们文学院研究部的领导岗位上，对此，你切不可犹豫。这项建议，实际上是下命令，而不是请求。原因是，我们迫切需要你。七月份，你就来接受这个职位吧，我已让人通知学生七月份入学。如不能准时开学，对我们寄予希望的学生们，必然对我们的资质产生怀疑，这将有损于我们学校的形象。

指导研究部的三四名学生，并不费力。此外，其他学生有时向你请教，想必你不会拒绝。除了像在印度古代学生的林居期，师父应尽的义务之外，不用你做更多的工作。你一生潜心研究，无事可做，对你来说不是合适的休息。年近八旬的我，已获得相关的足够证据。

按照学校的规定，你的月薪是一百卢比，对你来说，标准是很低的。不过，钱的数目，不是荣誉的尺度。穷人家里经常缺钱花，但不缺少尊敬。对你说这句话当然是多余的。

读到这儿，请不要摇头。

你们的罗宾德拉纳特·泰戈尔
圣蒂尼克坦
1938年4月22日

写给拉努·奥迪卡尔①的信

---
① 拉努·奥迪卡尔(1904—?)是法尼布松·奥迪卡尔的三女儿。

一

拉努：

　　昨天我在加尔各答，今天回到波尔普尔，看到你的一封信在等我。抬头望窗外，天上乌云密布。雨季已做了充分准备，只是因为我不在这儿，才没有下雨。雨云的宿愿，是为我演唱卡查里歌①，我也唱我写的歌，答谢雨云。所以，刚吃完中午饭回到书房坐下，天就开始下雨了。

　　东风跳起优美的舞蹈，阵雨挥舞着湿纱，从一片田野走向另一片田野。淅淅沥沥的歌声仿佛已把天空遮严。你如果想看陆地上水面上新雨欢度的节日，那就走到我们这儿的田野边上，静静地坐在窗前。

　　这儿看不到山区雨天的模样。山里的浓云互相交融，密密麻麻，浑然一体。整个天空被严密地遮住。造物主仿佛受凉感冒了，在贝纳勒斯②老态龙钟，裹着披毯，坐在地上。

　　现在说说我为什么不喜欢大山。走进山里，就觉得五花大绑，被人双手抱着交到一群卫兵手中，当作人质。我们是凡人，爱看无垠天空的自由形象。你那儿的山假如是你的喜马拉雅山，像一

---

① 孟加拉雨季演唱的一种歌曲。
② 印度圣地，拉努当时和父亲住在那儿。

群水牛,用牛角乱拱乱顶,我可是受不了的。我是袒露无遗的蓝天的信徒,在孟加拉胸襟宽广的大河边,把苍天当作师傅,在他面前,练习唱歌。我在这儿,向远在天边的你们的索隆山致意。

听说雨季告别之前,你们将成为我们田野的客人,不胜欣喜。我要收集几首你们喜欢的歌曲。另外,准备一些熟透的紫酱果、素馨花和莲花。可能的话,再找些下雨天说的笑话。总之,动身不要太晚,就像清泉从山中汩汩流出,快步朝我们走来吧。

你的罗毗爷爷
圣蒂尼克坦
1916年6月18日

二

拉努:

刚才收到你生日那天寄来的信。衷心祝愿你又长了一岁的同时,内心世界也更成熟。我们的内心世界越是广阔,就越能突破私利的小圈子,打破个人苦乐的束缚,学会为他人活着。愿你的感情烧毁你对个人幸福的企望,闪射出纯洁之光。愿这种纯洁之光照耀整个世界,照耀你登上成功的人生之巅。如同我们的肉体在母腹中诞生,我们的灵魂诞生在骄傲的桎梏中。提升我们自己的良好愿望,打破那些桎梏,灵魂就能获得新生。衷心祝愿你的灵魂一天天、一年年,克服展现之路上的重重困难,为获得完全自由做好准备。

你的罗毗爷爷
圣蒂尼克坦
1921年11月12日

三

拉努:

一路上我不停地发表演讲。我仿佛是西南风,所到之处,转达印度春天的问候。

前天我抵达南京。你在地理书上一定读到过南京这个名字。它是中国古都。一所大学的演讲厅里为我举行欢迎会。演讲厅很大。二层靠墙是听众席,挤满了听众。我尽量提高嗓门,开始演讲。刚讲了两三句话,忽听到"咕咚"的一声巨响。演讲厅颤动了一下。所有的人惊慌地转脸望着出口处的大门。在听众的重压下,我站着演讲的讲台上方的楼座,突然下垂了四五英寸,压力有可能使之坍塌,仅靠几根柱子支撑着。坍塌的话,一瞬间我就遇难了。我头上落下的,就不是花瓣之雨,而是男女听众的躯体之雨了。埃尔姆赫斯特吓得脸色苍白,加里达斯急忙拉着我往外走。我纹丝不动,举手示意大家保持安静。我假如吓得惊惶失措,夺路逃生，三千听众全往外跑，互相踩踏，后果不堪设想。我使劲推开加里达斯的手，继续演讲。

奇怪的是，大家都说这是我最精彩的一场演讲。加里达斯到了外面对我说："是你的吉星救了我们的命。"我演讲的过程中，他一直提心吊胆，生怕楼座塌下来。我那天倘若露出逃命的慌张神情，顷刻之间，难近母串编项链，就不缺少骷髅了①。

结束了在南京的访问，昨天上午乘车离开。东道主为我们安排了一节车厢，非常舒适。有一队卫兵负责我们的安全。

你的罗毗爷爷

济南

1924年4月22日

四

拉努：

来到北平快三个星期了。在这儿与许多人会见，忙得不得了。这几天大约作了四十场演讲。有时一天作三场演讲。此外，每天会见各界名流，参加各种招待会。

东道主的接待，无懈可击。你知道，几个世纪之前，印度的僧人们翻山越岭来到中国传播佛教。从那时起，心连心的纽带，

---

① 印度神州中难近母的项链是用骷髅串成的。

使中国历史和印度历史密切相连。中国朋友告诉我,我这次访华,为印中交流史增添了新的一章。听了这话,我全身的疲惫顿时烟消云散。

人类历史上,战争以浸透鲜血的字母,写了许多篇章。但以肝胆相照的各国民众的纯洁心声书写的历史篇章,是最神圣的。过些日子,你会看到,中国学生将进入圣蒂尼克坦的国际大学学习。国际大学的学生和学者也将来中国学习交流。我已承诺,派我们的毗杜塞克尔·夏斯特里先生到这儿的大学任教两年。他们听了非常兴奋,连声表示感谢。这儿的一个学生[①]放弃了去美国学习的奖学金,决定去圣蒂尼克坦学习梵文、巴利文,研究佛教典籍。这几天他和吉提先生形影不离,手里拿着一本语法书,学习梵文语法,拼组梵文句子。他既聪明过人,又有非凡毅力。

5月7日,东道主为我举行了隆重的生日庆祝活动。具体情况回国后详告。

你的罗毗爷爷
北平
1924年5月20日

[①] 指精通梵文和藏文的于道泉先生。

给甘地的回信

亲爱的圣雄甘地：

　　各种形式的力量，是非理性的——它像一匹蒙着眼睛拉四轮车的马。其间的道德元素，只体现在驾驭马的车夫身上。消极抵抗是一种力量，其间不需要道德成分；为别人或为自己，它可能对抗真理。当各种力量似乎可能获得成功，具有诱惑力时，其内在危险迅速增加。

　　我知道，借助善行与邪恶交战，是你的教诲。但这样的战斗任务，是交给英雄的，而不是交给一时冲动的人的。一方面邪恶必然繁殖邪恶，另一方面，非正义导致暴力，侮辱别人召来报复。不幸的是，这种力量已开始被启用了。通过制造恐慌，或者发怒，我们的当局已对我们昭示，他们伸出爪子的必然后果，是驱使我们中间的一些人走上充斥愤恨的秘密之路，使另外一部分人走上彻底堕落之路。面对这样的危机，作为群众的一位杰出领袖，你站在我们中间宣布您对理想的信念，您深知，这种理想就是印度的理想。——这种理想既反对暗中报复的怯懦，也反对被恐怖吓出来的屈服。您说过，佛祖释迦牟尼为他的时代和后代所做的是：以不发怒的力量制服愤怒，以善行的力量制服罪恶。

　　这善行的力量，必须证明它的真实性和实力，以它的无所畏惧，也以它对种种欺诈的拒绝——这种欺诈为了它的成功，依靠自身能力进行破坏。这善行的力量，不会用它的破坏工具去恐吓手无寸铁的群众，让我们感到羞耻。我们应该知道，道义上的征服，并不体现于成功，失败不会剥夺它的尊严和价值。相信精神

给甘地的回信

生活的人知道,胜利紧随着对物质力量中各种错误的抵制——这是理想中生机勃勃的信念的胜利,也是经受挫折之后的胜利。

我经常感到,也经常说,自由的珍贵礼物,从不施舍给人。我们必须夺取它,拥有它。印度某一天有机会获得它时,能对凭征服的霸权统治她人表明,她在道义上是优胜者。她应当自觉进行忍受苦难的修练,苦难是崇高的桂冠。她应用对善德的执着信念武装自己,泰然自若地面对嘲笑精神力量的傲慢。

您在需要提醒她认识自己使命的时候回到您的祖国,带领她走上真正获胜的道路,消除她目前政治的软弱,这种软弱头上插着施展外交计谋弄来的彩翎,招摇过市,想象着它已达到自己的目的。

泰戈尔和甘地

这就是我真诚祈祷的原因，但愿任何企图削弱我们精神自由的东西，挤不进您前进的队伍，但愿为真理事业所作的牺牲永不退化为光说空话的狂热。

作了简短的开场白，请允许我呈上两首短诗，作为一个诗人对您崇高事业的支持。

一

让我高昂着头，坚信你[①]是我们的庇护所，各种恐惧是对你拙劣的不信任。

对人的恐惧吗？可世界上哪有这样的人？这样的国王？啊，王中之王，谁与你势均力敌？世世代代，谁在真理中支托着我？

人世间，哪种势力能夺取我的自由？你的手臂难道不穿过地牢的厚墙，抚摸囚徒，让他获释？

难道我必须怀着对死亡的恐惧，抓住这具躯体，像守财奴守护他不多的财产？我的灵魂难道年年岁岁不曾呼唤你永恒生命的盛宴？

让我知道，一切痛苦和死亡，不过是片刻的影子；弥漫在我和你的真理之间的黑暗势力，不过是红日东升前的白雾；只有你，永远属于我，你比威胁、嘲笑我男子气概的权力的一切骄傲，高尚得多。

---

① 这两首诗中的"你"指创造大神梵天。

给甘地的回信

二

　　我由衷地对你祈求——请赐给我至高无上的爱的勇气；赐给我敢说敢为的勇气；赐给我为实现你的愿望甘愿受苦的勇气；赐给我离弃万物或被万物摈弃独自生活的勇气。

　　我由衷地对你祈求——请赐给我至高无上的爱的信念；赐给我死亡中生命的信念；赐给我失败中获胜的信念；赐给我隐藏在最柔弱的美中那力量的信念；受到伤害而不进行报复，是痛苦的，请赐给我这种痛苦中的尊严的信念。

泰戈尔
1919年

抗议镇压政策的公开信

按照我们现代法律制定者的教诲，我们拒绝相信我们未经审判就受到惩处的国民是犯了任何罪行的罪人。

选择捷径走进法律，就像为了烤某个人养的一头猪，放火烧他的整座房子——这是专制的原始形式。我们面前发生了这种事，令我们惊愕的是，最好的赞美仍送给在印度的英国行政当局。我们知道，甚至在西方，某些千方百计寻求忠诚的政府，盲目采用草率的惩罚方法，毫无顾虑，从不受到法律的限制。统治者的不幸，是统治经济上无助的人民，他们的思想每日被吸入堕落的深处。由于缺少足够的反抗，他们常受到诱惑，通过打破自己的法律框架，去简化行政问题。因此，他们不仅对国民，更为自己做一些不公道的事情。由于他们部分地麻痹了代表良知的正义法庭，我们无依无靠，只好呼唤英国人的高尚本性，并提醒他们，文明为证明自己，为使它最好的理想之灯不熄灭，带来了无尽的麻烦。这就是为何较之罪人有机会逃逸，更让人担心的，是无辜者受到惩处。

我们不能期望从统治我们的种族获得亲属的同情，从另一方面来说，当我们暗示要报复时，我们只会使我们的无能显得很可笑。我们的要求，只能是人类的要求，如被拒绝，报复就会悄悄走来，伤及那些不理睬我们要求的人。

泰戈尔
1927年2月3日

抗议在基里昂瓦拉巴格屠杀群众的公开信

阁下[①]：

政府在旁遮普省为平息当地动乱所采用的有关罪行的尺度，令人极为震惊，并让我们意识到，作为在印度的英帝国平民，我们处于无助的境地。

不适当的严厉惩处，伤害了不幸的人们，也损害带他们走出不幸的方法。我们相信，除了在近代和较远时代一些明显的例外，在文明政府的历史上，是没有此类事件的。想到一个掌握极为有效的行政机构、能破坏人民生活的政权，对手无寸铁、束手无策的民众采取的这种措施，我们只得坚定地认为，把道义抛在一边，它不能指望获得政治上的任何好处。

有关我们旁遮普省的兄弟受到侮辱和迫害的报道，已经穿透受压的沉默，传到印度的每个角落；我们人民心中持续迸发的义愤，受到统治者的鄙夷。也许他们想象着给了当地人"有益的教训"而自鸣得意。这种冷漠态度，受到大部分英治印度报纸的称赞。在某些情况下，这些报纸甚至非常冷酷，它们嘲笑我们的苦难，却未受到同一个当局的最低限度的检查。而当局听着代表受害者的组织要求审判的悲怆呼声，无动于衷。获悉我们的呼吁毫无作用，在我们的政府内部，惩罚的狂热，正眩惑我们政府内部高贵的政治眼光；政府宽宏大度本来是很容易的，而这有利于它的体制和正常传统，这时，我能为印度做的唯一事情，是与恐惧

---

① 指当时的印度总督切姆斯福特勋爵。

中惊愕的亿万国民同声抗议,并承担一切后果。

当荣誉的徽章令我们羞愧,不合时宜地在屈辱中闪光时,对我来说,我只希望消除一切特殊差别,站在被认为无足轻重、必定沉沦、不配当人的印度人民一边。在此情形下,这是迫使我不得不怀着敬意和遗憾,请求阁下让我放弃爵士称号的原由,不言而喻,我曾荣幸地从你前任的手中接过英国女皇陛下授予的称号,我至今赞赏他的高尚情怀。

您忠实的罗宾德拉纳特·泰戈尔
加尔各答
1919年5月30日

写给波罗桑多·昌德拉·穆赫兰比斯[①]的信

[①] 波罗桑多·昌德拉·穆赫兰比斯(1893—1972)系著名统计学家,自1921年至1931年,在国际大学任秘书。

波罗桑多：

　　我感到快慰的是我终于到了俄国，不访问俄国，今生今世，我的朝觐就不圆满。在判断俄国人所做的事孰是孰非之前，我首先要说他们具有非凡的勇气。称之为"陈规陋习"的东西像粉末儿，贴附着人的骨髓、灵魂，世世代代从不同的方向进入不同的领域，征收山一般高的赋税。俄国人一把攥住它的发髻，抡起来摔打，毫无顾忌，毫不胆怯。他们清扫它的破烂，为新生事物安置新的宝座。我曾暗暗称赞西方世界凭借科学魔力创造的奇迹，但最使我惊叹的是俄国的巨变。单纯的摧枯拉朽不会使我惊讶，他们的破坏力早已闻名世界。我发现，他们在极其广阔的领域全力以赴地创造着一个新世界。他们容不得拖拉作风，因为许多人与他们为敌，许多国家对他们设置障碍。他们必须尽快地站起来，手携手肩并肩地宣告，他们为之奋斗的不是谬误，不是虚幻。他们发誓干十几年，胜过以前的一千年。与其他国家相比，他们的资金很少，但他们却有改天换地的雄心壮志。

　　历史耐心等待的俄国的这场革命，酝酿的时间很长。鲜为人知的、赫赫有名的革命者，前赴后继，有的慷慨献身，有的忍受难以想象的痛苦。革命的因素遍布世界每个角落，但相对集中于一两个地区。世界遍体血迹斑斑，但只有一两个虚弱的地方脓包破裂，流出一股殷红的鲜血。俄国无权的穷人从掌权的富人手里接过的是空前的苦难。双方极端的不平等在革命中毁灭。

　　不平等曾触发法兰西起义。法国的劳苦大众懂得不平等的耻

写给波罗桑多·昌德拉·穆赫兰比斯的信

辱和灾难是全球性的，法国革命喊出的平等、自由、博爱的口号，因而越过国界，响彻世界，但不久便隐逝了。俄国革命也喊出震惊世界的口号，起码俄国人民在本国利益之上考虑了全人类的利益。谁也不敢预言俄国革命的口号是否永远在世界的天空回荡，可是应该承认，俄国的问题是全人类的问题。俄国的革命是当代的革命。

我收到莫斯科的邀请信的时候，脑子里对布尔什维克没有清晰的印象。耳闻关于他们的流言蜚语，我心存疑虑，起初他们毕竟搞的是暴力斗争。但我注意到，欧洲的敌对情绪已经缓和。支持我访问俄国的大有人在。我甚至听到英国人对俄国的褒赞。有人说俄国人正进行令人震惊的试验。有人吓唬我，说那儿生活艰苦，只供应咽不下肚的黑面包。也有人一本正经地提醒我注意，俄国接待单位允许我参观的大都是虚假的典型。诚然，我已年近古稀，拖着衰老之躯访问俄国是冒险的举动。然而，收到世上正举行最隆重的历史祭礼的国度的请柬而踟蹰不前，在我是不可宽宥的。

俄国不理会西方国家的讥笑、嘲讽，在富强的西方世界的文明的殿堂前，安放穷人的强盛的宝座，我泰戈尔不去观瞻，谁去观瞻？俄国人要摧毁的是列强的势力，要轰击的是富豪的金库，我何必害怕，何必生气！我们印度有多少实力，有多少财富！我们是世上饥寒交迫的苦命人！

我在俄国有幸瞻仰了崇高事业的光辉形象，这儿，贫穷的土地上长出了金色的庄稼——花钱在集市上是买不到的。考察俄国的教育领域，我见到了勇气、智慧、不懈的努力和自我牺牲精神，只要其中极少的一部分归我所有,我就是一位伟大的成功者。

你们的罗宾德拉纳特·泰戈尔

莫斯科
1930年9月25日

泰戈尔会见俄国儿童

写给阿莎·奥迪卡尔①的信

---

① 阿莎·奥迪卡尔（1903—?）是法尼布松·奥迪卡尔的大女儿。

阿莎：

访问俄国结束，动身前往美国之际，收到了你的来信。

考察俄国的教育，是我此次俄国之行的主要目的。参观的每所学校，都让我大开眼界。过去的八年中，教育的发展使俄国人的精神面貌焕然一新。哑巴似的人，开口说话了；遮盖卑贱者心灵的厚幔揭去了；低能者的潜能苏醒了。被凌辱压瘫的人，跃出社会的枯井，获得了平等的地位。这么多人的精神面貌变化得如此之快，简直难以想象。遥望俄国沉寂的旧时代之河汹涌的教育大潮，我兴奋不已。从东到西，从南到北，亿万平民正胸怀大志，埋头苦干。他们面前，崭新的希望之路，越过地平线，朝未来延伸；俄国处处洋溢着勃勃生机。

俄国人民在三个领域，即教育、农业和工业领域里，发愤图强，开辟新的道路。他们不知疲倦地劳动，生产尽可能多的粮食，完善着整个民族的心灵。同印度一样，俄国大部分人是农民。可印度的农民愚昧低能，且又被剥夺了接受教育、增长才能的机会。他们唯一的脆弱的依怙——陋俗，像旧时的管家，大权在握，却好吃懒做，若将它当作旅伴，无从加快它的步履，它一瘸一拐，慢吞吞地走过了几百年。

1917年十月革命爆发之前，俄国百分之九十九的农民未见过拖拉机。他们和印度的农民一样，是孱弱的罗摩——日日忍饥挨饿，孤苦无助，沉默无语。时过境迁，俄国的大地上突然驶来了千万台拖拉机。用我们的话说，他们过去是黑天弱小的伙伴，如今则是一群大力罗摩。

但拖拉机不是真正的人,单有拖拉机无济于事。俄国土地上的农业与俄国人心田上的农业,携手并进。

俄国的教育手段生动活泼。我反复强调,教育应与生活旅程相结合,两者一旦脱节,它便沦为仓库里的物件,无力供应精神食粮。

我发现俄国人把教育办得有声有色的原因,是他们未将学校逐出凡世。他们的教育宗旨是培养大批人才,而不是仅仅让学生通过毕业考试,塑造一批书呆子。

我多次与我的学生交谈,发现他们脑子里一片空白,他们不

泰戈尔访问俄国

向我提任何问题。求知和知识面的扩大之间有着内在联系，而在他们那儿已断为两截。从入学的第一天起，按照刻板的教学大纲，向他们灌输书本知识，他们把学到的书本知识重抄一遍，考试就能获得高分。

俄国正就教学方法进行的各种实验，我今后再作详细介绍。俄国的五年计划宏大而复杂，时间紧迫，他们不敢懈怠。他们面对着整个资本主义世界设置的重重障碍，当务之急是在尽可能短的时间内，自力更生，提高国民生产总值。

令人宽慰的是，不是一部分人，全体俄国人民同心同德，正在为实现这伟大目标而艰苦奋斗。

沙皇时代建造的大剧院里演出高雅的歌舞和戏剧，去晚一点就买不着票。在戏剧领域，能与俄国戏剧大师比肩的外国艺术家，寥寥无几。旧时代只有王公贵族享受高雅艺术。穷人无钱买皮靴，身穿褴褛的脏衣服；为寻求精神解脱而向神职人员行贿，在权贵们的面前跪倒磕头，自轻自贱。如今他们坐满了剧院。

我应邀观看了根据托尔斯泰的长篇小说改编的歌剧《复活》。若说普通观众都能完全体味此剧的意蕴，那是夸张。但自始至终这些观众静静地专注地倾听。不能想象英国工人、农民能像他们这样全神贯注地欣赏，印度人就更没有这份耐心了。

再举一个例子。莫斯科举办我的画展。不消说，展出的全是抽象派作品。这些虽是外国画，却没有任何国家的艺术风格。但展览厅里观众摩肩接踵，几天中观众人数超过五千。不管评论家如何评论，我不能不赞扬他们的审美趣味。

你不承认审美趣味也行，只管认为那是空泛的好奇。但产生好奇，这恰恰说明心灵是苏醒的。记得我们从美国进口一台空气压缩机，挖了一眼井，水从井底喷涌而出。可当我发觉，它未能从学生的心底抽出丝毫兴致，心里沮丧极了。印度也有发电厂，可又有几个学生对它表现出浓厚兴趣！尽管他们出身于名门富家。情感麻木之处，兴趣必然衰竭。

我们收到许多学生赠送的画作，看了大为惊讶。这些作品是学生施展想象画出来的，是创作，不是临摹之作。

纵览俄国的建设和创造，我深感欣慰。在俄国的日日夜夜，我依然牵挂着印度的教育，常想以我孤寂的微力汲取、借鉴俄国的成功经验。可是，唉，人生苦短——我恐怕实现不了我的"五年计划"。以往的三十余年，我孤单地撑篙，搏击风浪，看样子还得再撑两三年。我知道，航程不会太长，然而我无怨无悔。

今天没有时间再写了，马上要乘夜车前往海港，登船渡海。

你们的罗宾德拉纳特·泰戈尔
柏林
1930年10月2日

写给妮尔穆库玛利·玛赫兰比希的信

一

妮尔穆库玛利：

我们应邀到吉亚诺王宫作客。举行午宴之前，苏尼迪与王宫的婆罗门祭司热烈地讨论神学。入席后，藩王请我朗诵梵文诗。我略加思索，朗诵了三四行。

目睹当地印度古代文学的残破塑像，我的脑海里闪现这样的图像：地震突然发生，一座古城崩塌陷入地下。若干年后，这儿开荒种地，建造房舍；有的地方残剩的古代文物浮现上来，两者融和，凝成今日的城镇。

从古代印度的这些遗迹，大致可以想象到当时的状况。巴厘岛上的所谓印度教，以毁灭大神湿婆为核心。他们也有杜尔迦女神①，但没有编织命运花环、伸吐着血红舌头的赤裸的柯丽②。他们不知道向神献祭牲畜。许多年前，举行祭祀，宰马杀驹，但不向女神敬献动物的鲜血。由此可见，古代印度猎人膜拜的神灵，未进入属于上等种姓的印度庙宇，宣传以鲜血祭神的必要性。

这儿印刷出版的史诗《罗摩衍那》和《摩诃婆罗多》，在内容上与我国的版本差别甚大。当然，没有必要严厉地指责他们的史诗典籍是荒谬的。他们的《罗摩衍那》中，罗摩和悉多是兄妹俩。

---

① 湿婆之妻。
② 湿婆之妻的另一个名称。

他们几经波折,结为伉俪。我与一位荷兰学者讨论过这本书。他说,在他看来,遥远时代的故事,被以后的岁月篡改了。

这种观点若可被认为是正确的话,那么,我们在史诗《罗摩衍那》和《摩诃婆罗多》中就能发现一些共同点。首先,两大史诗故事的基石是两桩婚事。用雅利安人的习俗来衡量,这两桩婚事是不合适的。在佛教的历史上,听说有兄妹结婚的例子。但它完全悖违我们的教典。另外五兄弟娶一个女人作妻子,无疑是荒唐的、违反教义的。第二个共同点是:举行比武,择选乘龙快婿。其实比武并非择选女婿的最佳途径。第三个共同点是:两位新娘均非女人所生。悉多是大地的女儿,是遮那迦国王从垄沟里捡到的;而黑公主则为祭祀仪式所生。第四个共同点是:两部史诗的男主人公都被废黜,被放逐到森林里。第五个共同点是:两位女主人公都受到仇敌的凌辱,最后她们的仇敌均受到严惩。

当我们有机会对照阅读爪哇的史诗书籍,我们更清楚地看到,《罗摩衍那》《摩诃婆罗多》的故事,融合了印度完整的历史。交谈中,听当地一位学者讲,德罗纳派怖军去完成一项危险的任务,企图借他人之手将他杀害。德罗纳憎恨遮那国的木柱王,并未站在般度王子们的一边。其证据也许从这儿的《摩诃婆罗多》中能够找到。

我们许多宗教信徒欣喜地承认,巴厘岛的群众与自己亲如一家。而就在那一刻,又把他们远远地推出自己的社会。巴厘岛上的竞争中,我们被穆斯林击败了。穆斯林与穆斯林能够片刻之间不分彼此,印度教徒则做不到这一点。所以绝大部分印度教徒的团结是摇摇晃晃的。穆斯林所到之处,不仅显示勇气、品格,阐述道义，把当地人吸引到自己的教派中，而且一代接一代，生动而系统地传播教条。他们不反对本教派的人通婚，也不阻挠与异教徒通婚。通过自由通婚，他们在各地扩大自己的社会权力。他们不仅沿着浴血之路，而且沿着混血之路，抵达遥远的地方。印度教徒假如亦能如此，那么，巴厘岛上的印度教不久便能保持永恒的纯正，并进一步扩大影响。

你们的罗宾德拉纳特·泰戈尔
吉亚诺亚
1927年8月1日

二

妮尔穆库玛利：

　　访问爪哇即将结束，我已经疲惫不堪，我住在一位藩王的王宫里，明晚他请我们观看皮影戏。后天，我们前往婆罗浮屠，在那儿逗留两天，然后在婆罗浮屠登船回国。

　　昨天晚上，我们观看了《罗摩衍那》中神鸟都吒优私被害这段故事的戏剧表演。我们所说的戏剧，其主要部分是对白，其余的部分是描写与各类人物的情感相关的事件。但爪哇的戏剧别具一格。爪哇戏剧的要素是画面和动律。所谓画面，不是相片，而是夺魂摄魄的形象。我们在世上每时每刻看到的景致，与真实的很不一致，但不妨碍其展现。人在地球上站着走动，爪哇的戏剧演员却是蹲着走路，而且不是单纯的蹲着走路，要一面蹲着走，一面跳舞。他们在心田营构的意境中，每个人都是蹲着跳舞的。这些假残疾人假如是丑角之国的人，他们那样表演是可以理解的。可他们不是那种人，他们是史诗之国的居民。他们无意关注人的本性。然而，本性并未嘲讽他们，并未进行报复，也未使他们显得滑稽可笑。他们决心让本性的扭曲看上去也很顺眼，他们仿佛在傲慢地宣告：他们的目标是画面，而不是性格的模仿。想象一下他们演的第一幕吧，十车王和大臣们坐在宫殿里，之后，交抱着胳膊，下蹲着走向战场。似乎没有比他们这种姿势更古怪的了。你想想，要使这种场面看上去不可笑是多么难哪。然而，我们看了并未产生厌恶情绪。他们是十车王或者是大臣，那是次要的。第二幕，吉迦伊①等几位王妃和宫女，也是蹲着摇摇晃晃跳着舞入场的，八九岁的几个男孩，扮演乔萨哩雅②和几位妃子。扮演乔萨哩雅的儿子罗摩的演员，至少25岁。这样选演员是多么不合适！可无人考虑这个问题。因为观众看的是画之舞，只要不出现纰漏，没有任何理由抱怨。别国的人问他们，那是什么意思，他们回答："我不知道，但看得挺带劲儿的。"说文雅一点就是：我们得到了艺术享受。一位荷兰学者告诉我，巴厘人根本不懂他们依照习惯举行的祭祀的含义，但他们也从中得到了快乐。也就是说，他们心里明白什么是美，什么是圆满。祭祀仪式激发他们的美感，他们的欢乐可以说是属于精神范畴的。

---

① 吉迦伊是王妃，婆罗多的母亲。
② 乔萨哩雅是王后，罗摩的母亲。

昨晚，舞台前的空地上聚集了数不清的观众。他们静静地观看，享受着观看的乐趣。他们心中装着《罗摩衍那》的许多故事。故事之流和画面之流汇合，就把他们带进辉煌的想象世界。

令人惊奇的是，他们并未试图在形象中表现故事情节。罗摩立为太子，将登基称王，王妃吉迦伊对此十分恼怒。演员的姿态和话音，使我们的眼睛和耳朵感受到的恼怒的情绪，并未通过整个戏剧场面流露出来。八九岁的男孩穿着女人的服装，扮演吉迦伊，演不出吉迦伊一丝一毫的狡猾阴险。尽管如此，他们不感到有什么缺陷。如果这完全是儿戏，或者类似乡村的野蛮行为，这样做，不足为怪。但在这出戏里，有无限的艺术美和技艺的娴熟，任何细微的动作都不是没有含义，花费大量人力物力，使美学艺术完全臻于成熟，如此不重视演员的挑选，是不应该的。但应当承认，他们对形象和动作的韵律极为敏感。我们不像他们在心中用那么多的形象和动作的语言说话。在"佳美兰"弹奏的乐曲中，我们也看到这种特点。"佳美兰"由木琴、竹片琴、锣、鼓、排钟、悬锣等多种乐器组成，精心安排的乐队阵容古朴、典雅。而演奏的乐师表情肃穆、庄重。欣赏这华丽场面，对他们来说，是十分必要的。有了眼睛观看的快乐，乐曲的演奏便是乐音之舞。在他们看来，音律的游戏比乐音的流动更为重要。但那种音律的游戏，绝不是印度比哈尔邦的艺人击钹发出的哐哐声给人带来的难忍折磨。他们的舞蹈，是身着华丽服装的肢体的舞蹈。他们的乐曲中的韵律之舞，不是锣鼓的喧闹。那舞蹈由悦耳的乐音铸成，他们的乐曲可以称为音符之舞，他们的表演可称为形象之舞。千百年之前，舞王湿婆从印度来到爪哇的寺庙，受到爪哇人的膜拜，他给爪哇人的恩典是舞蹈。而他难道只为我们留下焚尸场上的骨灰？！

> 你们的罗宾德拉纳特·泰戈尔
> 万隆
> 1927年9月20日

写给玛格雷德·桑吉尔①的回信

---

① 玛格雷德·桑吉尔是英国《生育控制》周刊的编辑。

亲爱的玛格雷德·桑吉尔：

依我看，生育控制运动之所以是十分重要的运动，不仅在于它让妇女摆脱被迫生育和不乐意生育的痛楚，还因为它能帮助减少国家的过多人口这项平安事业，为国家获得合法界限之外的粮食和空间。像印度这样一个被饥馑折磨的国家，比起精心养育孩子，不加考虑地让许多孩子降生，是一桩残酷的罪行，这为他们带来无穷痛苦，把恶化的生存环境强加给整个家庭。显然，日益扩大的贫穷造成的极端无助的困境，很难扮演控制过多人口负担的检查人员的角色。这说明，在这种情形下，本性的强烈愿望得到的严厉警告，来自文明的社会生活的深谋远虑。所以，我相信，一直等到人的道德观念变得比现在更健康，一直等到让一代代无数孩子并非因为自己的过错，却缺吃少穿，相继夭折，是巨大的难以容忍的社会不公正。

您亲自参与这项事业，为此受苦受累，对此，我心存感激之情。

我怀着急切心情等候您信中所说的已寄给我的文字资料。作为与您的《生育控制》的交换，我已吩咐我们的秘书把国际大学的刊物寄给您。

泰戈尔

1925年9月30日

写给亨利·保尔布斯[①]的回信

[①] 亨利·保尔布斯（1873—1935）系法国小说家、记者、共产党人。他是1927年在巴黎举行的首次反法西斯会议召集人。

亲爱的朋友：

不用说，你的呼吁引起了我的共鸣。我确实感到，它代表着对从文明深处突然迸发的暴行感到恐慌的许多人的心声。

人们自然而然地想起，原始人的信念，产生于泼洒人血的膜拜伟力的仪式。对无情的自然力，由畏惧产生的他们的尊崇，起初强迫，之后诱惑它的牺牲品，成为凄惨的唯命是从的奴隶。这样一种心态，只能显示道德觉悟的不成熟，好像青春时期没有头脑的暴虐行为，可以逐步纠正，企求趋于健全的未来。

但当类似的现象出现在有教养的人中间时，它足以说明，第二个婴儿期的衰弱，已丧失对兽性般狂热的控制。它的贪婪，不是动辄冲动的青春的贪婪，而是冷硬的老年的贪婪——彻头彻尾的肆无忌惮。它的传染是带毒的，它从中心部位向外扩散腐烂和死亡的有害臭气，它的表皮肿胀，变红，大量腐肉喜气洋洋。

我之所以感到欣慰，是因为看到现实中有些人依然相信人类的崇高命运，这表明在他们的苦难中，人类不朽的生命和灵魂，时刻准备与自身的畸变进行战斗。

只要有一些闲暇，我将回忆您请我出席支持你建议举行的国际会议，随着我步入暮年，这样的闲暇越来越少了。

你真诚的罗宾德拉纳特·泰戈尔

1927年7月

写给一位欧洲女士的回信[①]

[①] 这封信发表于1929年4月至7月的国际大学季刊。

东方就是东方

尊敬的夫人：

每个人拥有天赐的自然环境和自己创造的社会氛围。通过他的内在世界和外在世界，他的一生经历，是一个不断调节的过程。如果其中一些异常元素，冲击某一个人，他的一些能力因此有了明显提高，他有了独特需求，有了特殊目的，这些不仅与其他人不一致，甚至常常具有伤及他人的敌意——这造成纷乱结局，导致这个人陷入困惑，再也不能显示他的优长。

当今的人类世界，欧洲是一个具有优势的要素。但她不幸来到远东，她随身带的，不是一个理想，而是首先关注自身利益的个人目的。这自然使欧洲人疑神疑鬼地、神情紧张地热衷于开辟新领域，以谋取利润；他们手中无权，只得进行不平等的竞争，他们选择的方式方法，不可能是坦诚的。他们渐渐习惯于被人误解，这有助于他们的拓展。他们隐藏自己思想的习性，是为了自尊和自我保护。这就使西方人很难拥有"同情心"这种天生的赠礼，也使他们难以与具有正义感和爱心的东方伙伴相处。

您肯定能够理解的是，一个中国人通常为什么心里会感到局促不安，会关闭他的心扉，甚至对欧洲人——一个种族的成员，展现他本性中最灰暗的一面。这个成员[①]，为了牟取利润，麻醉广

[①] 指英国。

大的中国人民,从不感到愧疚,因中国人流露反抗情绪而羞辱他们。假如欧洲人来到中国,为中国提供他们的文明生产的精品,中国与他们的关系中,也会有机会公正行事,展示她最好的一面。

请允许我向您说句实话,您的来信给了我纯正的快乐,为此对您表示感谢。

泰戈尔
1929年

致《纽约时报》编辑的信

我接受采访，就当下印度的问题谈了我的想法，有关报道中未经反驳的错误描述，是我不能允许的，可它在今天上午发行的你的报纸上出现了。应该让世人清楚地知晓，在我看来，对于印度的自治而言，这给它带来的，是磨练的一个机会，而不是让外国镇压的机会。表面上维持的、来自外部的安宁，不会带来真正的安宁。经历了一个不可避免的痛苦和斗争的阶段，才会有太平盛世。

泰戈尔
1930年10月10日

抗议纳粹的公开信

亲爱的朋友①：

感谢您请我关注1934年4月《以色列先驱报》上发表的题为《文明欠亚洲的债》的您的文章。

在我看来，任何形式的种族仇恨，都是偏执的野蛮。某些国家某些人，以某种事业的名义，放纵残暴的贪婪，我不能认可这种事业的价值。在印度，我们努力保护健康成长的民族精神，使之不陷入种族仇恨的危险深渊。当我看到，西方国家把它们的信念建立在这种野蛮的基础上，精心准备用科学的手段进行屠杀时，我不能不为我的人民感到骄傲。他们是贫穷的，受到压迫，但不愿意采用野蛮的方法去赢得人权。它在亚洲不死的精神之上重建了我的信念。

至于德国的希特勒政权，我们阅读过有关它的各种译文。当然，不可否认的是，战胜国强加给德国人的耻辱②，激励他们去做许多愚蠢的冒险的事情。尽管如此，我们读到的有关残忍行径，如果是真的，那么，文明的良知就不能允许和他们妥协。对我的朋友爱因斯坦的侮辱，使我大为震惊地质疑我对现代文明的信任。"这是迷醉状态下做的一件令人不快的事情，而不是像德国人这种有天赋的人的清醒选择"，我只能从这样的希望中得到些许安慰。

我一生一直大声反对分裂人群的盲目歧视。我呼吁全球的志同道合者手拉手，肩并肩，齐心协力，在我们每个人中间，实现

---

① 指《以色列先驱报》编辑恩·伊·比·埃兹拉。
② 指第一次世界大战，德国是战败国。

人类的崇高目标。当下，当这份来自各种竞争中真正伟大一方的持续最久的遗产，遭到高举黑旗的侵略集团或高举红旗的狂热的物质理想主义的攻击时，我再次提高我谦和的声音，提出抗议，提出警告，尽管随着年纪增长，声音是微弱的。在我们极端绝望中维持共识，不让我们以散漫的个人行为去打乱各个高尚教派的步伐，人类已取得长足进步。

泰戈尔
1934年8月3日

致捷克斯洛伐克的公开信

一

亲爱的朋友①：

我仿佛是贵国人民的一员，强烈地感受着他们的苦难。贵国发生的这一事件②，是一大灾难，它可以获得我们最多的同情。这是一幕悲剧，为了人类各种原则的命运，三个世纪以来，许多西方人成为殉道者，可它依然掌握在怯懦的监护人手中。这些监护人为保全自己的脸面，正将这些原则出卖。它使人愤慨地看到，强悍者怒目对峙时，一些民主人士竟背离了他们的道义。

我注视着这一切时，心里感到莫大耻辱，感到极为无助。我心里感到羞耻，是因为看到，给予现代文明的价值观，值得它拥护的价值观，相继被摒弃了。我感到无助，是因为我们无力阻止它。我国也是这种邪恶的牺牲品。我的语言，已无力制止这些疯子的攻击，也无力阻止以前装扮成人类救星的某些人的逃避。我只能提醒尚未完全糊涂的人，当人变成野兽时，早晚是要互相撕咬的。

至于贵国，我只能希望，虽然它被抛弃被劫掠，它将保持本国完整，依凭不容剥夺的资源，重建比以前更富裕的民族生活。

我准备寄给您译成英文的我最近写的一首诗③，这首诗中，表

---

① 指维·雷斯尼教授。
② 指签订《慕尼黑协定》。
③ 指诗作《忏悔》。

达了我的悲愤心情。您可以随意引用。这首诗将在十一月国际大学季刊上发表。您要是喜欢的话，我可以寄给您孟加拉文原作。

致以良好的祝愿和真诚的敬意。

泰戈尔
1938年10月15日

二

我亲爱的雷斯尼：

读到您信中有关英国和法国大规模出卖你们高尚人民的消息，心里非常难过。几天前，我会见了尼赫鲁。悲剧发生时，他在中欧。他对我详细介绍了捷克斯洛伐克被肢解的惨况。但那种情形下，您不得不受制于命运。我希望，你们英勇的人民不会丧失灵魂，并非不能重建自己的未来。

泰戈尔
1939年2月14日

致日本诗人野口的信

一

野口先生：

读了您的来信，我万分惊讶。阅读您的作品，以及您我个人之间的交往，使我了解到的值得称道的日本精神，与您来信的情调和内容极不协调。想起来令人难过的是，在战争狂热的熏染下，某些领域卓有创见的艺术家竟陷入迷惘，天才人物竟把自己的名望和真诚供奉在战争魔鬼的祭坛下面。

记得您曾和我站在同样的立场上，谴责法西斯意大利蹂躏阿比西尼亚①。但您试图从不同的角度评判日本对中国的侵略，评判应有原则基础的承托。日本采用从西方学到的野蛮方法，对中国人民发动一场残酷的战争，践踏文明的一切道德原则。这铁的事实，是任何辩解也改变不了的。您声称日本有特殊的社会情况，但您忘了扩军备战总有其特殊背景。那些高贵的军界头目相信能为他们的暴行找到新的理由，进行大规模的屠杀和破坏，他们从不向别人求教如何在自己头上罩上神灵的光环。

人类有许多缺点，但依然相信社会道德规范。所以，当您说，尽管惊心动魄，可是为了在亚洲大陆开创一个新世界，这是不可缺少的手段（我认为其含义是，为了亚洲，作为拯救中国的手段，

---

① 今埃塞俄比亚。

致日本诗人野口的信

要对中国妇女和儿童狂轰滥炸，夷平一座座古老的庙宇和大学）时，您把一种生活方式强加给了人类，这种生活方式在野兽中也不是无法避免的。它绝对不适合于东方，尽管东方偶尔脱离正确的道路。您想象中的亚洲，架在地狱的凯旋柱上。您说得很对，我相信亚洲的使命。但我没有想到，有人竟把这种使命与能让帖木儿①开心的惨酷屠杀相提并论。访问日本发表演讲时，我表示反对仿效西方。我把欧洲一些国家扩张帝国版图的野心与佛陀和耶稣宣扬的理想境界，以及凝成亚洲和其他大陆的文明的伟大文化和睦邻友好，作了比较。我认为有责任告诫因伟大的英雄主义和武士道精神而闻名于世的国家：科学的野蛮吞噬了西方的人道主义，把残忍注入困惑的群众心中。这是不值得任何英雄的国家，在崛起的道路上奋进的国家，以及前景辉煌的国家模仿的。您在信中阐述的"亚洲是亚洲人的"理论，不过是政治掠夺的一件武器，是应受到抨击的对欧洲的模仿。其中没有超越狭隘的政治、使我们团结起来的博大的人道主义。

近日我读了东京一位政治家发表的讲话，不胜惊诧。他说，日本与意大利和德国建立军事联盟，有"崇高的精神和道义方面的原因，不存在利益的得失问题"。讲得多么冠冕堂皇！然而，艺术家和思想家道出了把军事野心美化为精神崇高的险恶用心，这种险恶用心是不容轻描淡写地一笔带过的。

西方不缺少伟人，他们在战争狂热日益高涨、危机四伏的年代，以人道主义的名义挞伐战争贩子的卑鄙行径的正义之声，压倒了战争的叫嚣。他们蒙受巨大的痛苦，但不欺骗本国的良知。

---

① 帖木儿（1336—1405）系帖木儿帝国的创立者。

亚洲如向他们学习，就不会对欧洲亦步亦趋了。我至今相信，日本也有这类伟人。我们从日本报纸上未听到他们的呐喊，因为那些报纸害怕被查禁，不得已做了军阀的传声筒。

第一次世界大战结束后，一位著名的法国作家谈到的"知识分子的背叛"，正是当代的一个严重病症。您曾谈到日本人艰辛地积敛钱财，默默地忍受苦难，甘愿作出自我牺牲。您骄傲地承认，他们可怜的自我牺牲被利用于扩充军备，对邻国发动侵略战争，毫无人性地劫掠人类的宝贵财富。我知道，当今娴熟的宣传成了一门高超的艺术，通过宣传，每时每刻散布毒气，缺少民主的国家的人民不能不深受其害。尽管如此，人们依旧企望知识分子和思想家珍惜自由的思辨能力。但显而易见的是，他们不能时时做到明辨是非。荒唐的论据后面，隐藏着效忠本民族的变态愿望。被这种愿望迷惑的当代知识分子，吹嘘他们的理想主义，诱逼本国人民走上毁灭的道路。我熟悉日本人，所以每每想到实施引诱中国的男男女女抽鸦片上瘾的罪恶计划的过程中，许多日本人充当帮凶的角色，我便义愤填膺。但他们是糊里糊涂地做坏事的。在当今中国，一批日本文化的代理人，对被玷污人类的阴谋之网罩住的不幸男女施展卑鄙的伎俩。从可靠的途径，已获得在满洲和中国其他地区迫使人走上歧途的确凿证据。然而，从日本未传来抗议的声音，日本诗人也未挺身而出表示反对。

贵国不少知识分子持有这样的观点，所以贵国政府允许他们"自由地"发表意见，对此我并不感到惊奇。我希望，他们为赢得这种自由而高兴。您规劝日本艺术家放弃自由，进入幽静的洞穴，遐想"幸福的未来"，品味些许乐趣，给枯燥刻板的生活抹上一些

致日本诗人野口的信

新奇的色彩。依我看，大可不必如此。我不赞同把艺术家的职责和良知截然分开的主张。我认为，与顽固地捣毁国家生活基础的政府紧密勾结，从而得到政府的特别宠爱，而同时，把欺骗当作高尚职业，回避摆在面前的责任，是现代知识分子背弃人道主义的一个典型例子。不幸的是，有些国家担心伸张正义日后给本国带来祸患，像懦夫一样缄口不语。于是那些倒行逆施者无所顾忌地玷污他们的历史，永远抹黑了他们的名誉。但恰如隐形的病毒在病人一无所知的情况下放肆地蚕食生命，倒行逆施者不虑及受惩罚的行径最终必然将他们送进坟墓。

我为日本人民感到悲伤。收到您的来信，我更加痛心。我知道日本人民总有一天会从噩梦中苏醒，花几百年时间清除疯狂的军阀摧毁的文明的废墟。他们终将明白，日本民族的优秀品质正走向衰颓，军事行动与这种损失无法相比。中国是不可战胜的。突然面临一场残酷的战争，中国以气贯长虹的英雄气概保卫自己的山河。它彻底觉醒的灵魂，不会因暂时的失利而沮丧。在完全受西方精神鼓动的日本军国主义势力面前，巍然屹立的中国显示着大大多于日本的高尚的道德精神。心胸宽广的日本思想家冈仓为什么那样热情地对我说"中国伟大"？其原委，此刻我比以往任何时候更加清楚地认识到了。

您不明白，您宣扬贵国的光荣，是在为邻国增光添彩。关于这个话题，暂不多说。令人愤慨的是，日本正在培植各种鬼魂。您也许读过《观众》上发表的蒋介石夫人的文章。文章中说，它们是永世值得铭记的中国艺术中的鬼魂，是无可比拟的中国体制中的鬼魂，是受毒瘾折磨的喜欢宁静的男女中的鬼魂。蒋介石夫人问道："谁来驱赶这些鬼魂？"

但愿不远的将来，中国和日本携起手来，抹去令人悲痛的昔日的回忆。真正的亚洲获得新生，诗人们高唱和平之歌，人类社会的兄弟们不再用科学发明的武器互相残杀，而能毫不愧疚地宣告彼此的信任。

您忠实的罗宾德拉纳特·泰戈尔
圣蒂尼克坦
1938年9月1日

二

野口先生：

我感到荣幸的是，您觉得仍有必要不辞辛劳地说服我接受您的观点。但十分遗憾的是，我难以理解您要我理解的偏见。对我来说，似乎劝说对方接受我观点的努力，也是白费力气。因为我绝不能像您那样坚信：日本拥有不容置疑的权力，胁迫亚洲其他国家成为日本政府的政策的支持者。我不相信把别国的权益和幸福当作牺牲品供放在本国祭坛上的行动是爱国主义，您嘲笑我这种态度是"精神流浪汉沉默不语"。

如果您能使中国人民相信，贵国军队轰炸他们的城镇，用您的话说，妇女、儿童未被炸成"残废"，而成了无家可归的乞丐，这是出于好意的举动，最后能使他们的国家得到"拯救"，那您不必再费唇舌，说服我相信贵国的崇高目的了。您对"卑劣的民族"表示正常的恼怒，斥责他们焚烧自己的城镇和艺术宝藏（也许还对本国居民开炮），借此诽谤贵国军队；您这话使我想起当年拿破仑进入杳无人迹的莫斯科，望着熊熊燃烧的宫殿露出的正人君子般的愤怒表情。

您是诗人，我有理由希望您想象到，一个民族在难以忍受的绝望中，才会主动焚烧自己古老的艺术宝藏。作为一个民族主义者，难道您相信两国之间由于堆积如山的血淋淋的尸体，由于炸毁的城市废墟日益增多，你们两个国家才容易伸出双手，建立永久的友谊吗？

您指责说，"不诚实"的中国人正在进行充溢仇恨情绪的宣传，而日本人诚实，不愿干那种勾当。我的朋友，如果你们有高尚的行为，何需惧怕中国人的"狡诈伎俩"？如果日本国内不剥削穷人，工人们认为他们受到公正的待遇，那您全然不必害怕"共产主义"这个魔鬼。

感谢您对我阐述印度的哲学；您机巧地援引雪山神女和湿婆神的故事，为日本在中国的大肆破坏辩护，以期得到我们的赞同。依我看，您从您极为谙熟的宗教撷取了一则教条，叩请佛陀支持您的论据。而我一时忘了，你们的艺术家和寺庙里的主持早已那么做了。我在1938年9月16日的《东京新闻报》和《大阪日报》上，看到巨型佛陀雕像的照片，塑造这尊佛像，是为祈求他的祝福，保佑日本士兵去屠杀邻国人民。

您若觉得我说话过于尖刻，请您原谅。您肯定知道，我写此信，不是出于恼怒，而是因为深沉的哀戚和羞惭。中国人民遭受的苦难无疑是令人震惊令人悲痛的，但不是我伤心的唯一原因。我深感悲哀的是，日本宣扬自己伟大，我却不能骄傲地向任何人举出日本伟大的一个例子。当然，其他地方也未出现更令人钦佩的楷模。西方所谓的文明国家也并未少暴露一点野蛮，它们甚至更不值得信赖。您若把贵国与它们比较，我无话可说。在它们面前，您如能树立更高尚的榜样，我将感到欣慰。关于印度，我不想说什么。自豪地谈论成就，只能在国策彻底贯彻之后，而不是之前。

  我心里清楚，您在信中欲赋予我交战双方之间和平缔造者的殊荣。假如我能使中日两国停止惨烈的战斗，和睦相处，共同为建立"亚洲的新世界"而奋斗，我认为这是我一生的荣幸。可您知道，除了您辛辣地嘲讽的"扩大道德影响"之外，我别无所长。您要我站在公正的立场上，但是，侵略者如不首先停止进攻，您说，我如何呼吁中国人停止自卫？您听了兴许吃惊，上星期，一位日本朋友向我发来访问贵国的邀请。我像愚蠢的理想主义者，有片刻工夫竟觉得，我也许真能为贵国服务，用慰藉的纱布包扎亚洲淌血的心脏，从它伤痕累累的躯体取出仇恨的子弹。下面是我给那位朋友的复信：

  "我目前的身体状况，完全不适应长久的出国旅行。另外，亚洲两个伟大的国家正在交战。如果让我按照心意，宣传重建两国的文明关系和友谊，也许我能认真考虑您的建议。但日本军事当局看来执意要实现既定方针，灭亡中国,是否允许我随意行动,是令人生疑的。所以现在赴日本参观访问在我是不适宜的,此行造成误解的可能性极大。不管什么缘由,倘若我抑制不住访问日本的欲望,我将终生难以宽恕自己。由于某种原因,我真心热爱贵国。现在我如访问贵国,我将亲眼看到,接到统治者的命令,一群群日本人全副武装开赴邻国,参与惨无人道地屠杀平民的军事行动,在人类历史上,永远留下他们污黑的姓名。我无法忍受目睹那种惨况的痛楚。"

暮年泰戈尔

信寄出后，传来了广州、香港相继沦陷的消息。无力抵抗的残疾人被强悍的敌人击倒在地，对他们来说，这不足为奇。但我不像您那样认为能够很容易地叫他们忘记身体的一部分已经被斫除。

我不能祝愿我爱的贵国取得胜利，我祈祷它心中萌生悔悟。

您忠实的罗宾德拉纳特·泰戈尔

圣蒂尼克坦
1938年10月27日

支持中国人民抗日战争的公开信

一

亲爱的朋友们：

你们的一个邻国极大地受惠于你们赠送的文化财富之礼，为其自身的根本利益，它本应培养与你们的友好情义，可它突然扩散从西方引进的帝国主义贪婪阴毒的传染病；它把建造东方美好命运之厦的巨大可能性，变成了阴森的灾难。它炫耀武力的叫嚣，它滥杀无辜时的狂呼乱叫，它摧毁教育中心，它对所有人类文明准则的极度蔑视，玷污了亚洲的现代精神，而亚洲在当今时代的前沿正努力寻找自己的尊贵席位。更为不幸的是，西方某些高傲的国家，扛着它们庞大的财富，步履踉踉跄跄，怯懦地宽恕它们受到盛赞的文明的旗手们从事的沾血的政治活动，卑下地跪在肮脏的成就的祭坛上，这种肮脏的成就已经推倒了一些曾被岁月称颂的神圣人权的堡垒。

在这个道德沦丧、危机四伏的时代，我们自然而然只得期盼，曾产生两大伟人——释迦牟尼和基督的两大洲，在人类事业的整个发展过程中，面对富于邪恶才华的人从事的无耻科学活动，仍履行其责任，继续彰显最纯洁的人格。甘地站在被充斥诋毁的世纪所黯淡了的历史的地平线上，在他的身上，难道没有闪现人们期待的尽责的第一束闪光？然而，日本荒谬地摈弃其美好前景和宝贵遗产——武士道，在卑劣的冒险中，给予我们的，是令人极

支持中国人民抗日战争的公开信

为痛心的希望破灭，日本在冒险中表面上取得的一些胜利，必将化为齑粉，并让它承载惨败的重荷。

唯一能给人慰藉的期望是，对你们国家发动的周密而凶残的侵略，将使你们英雄般忍受的苦难具有崇高意义，它可能导致民族灵魂的新生。你们是当今世界上唯一的伟大人民，从不低三下四地赞美军事力量是什么民族精神的一种光荣特征；当同一个野兽般的军事力量以可恶的速度占领你们的国家时，我们由衷地祈祷：在这个准备证明其背叛自己最好理想的怯懦的世界上，经受了这场考验，你们能够再次证明，你们相信高尚的人拥有真正的英雄气概。即使你们一时不能单凭膂力取得胜利，你们的精神成果不会丧失，经过艰苦卓绝的斗争，胜利的种子正播入你们的心中，并将一次次证明，它是不朽的。

泰戈尔
1938年6月

二

亲爱的朋友[①]：

中国是伟大的。在令人难以置信的苦难和所作出的牺牲中，

---

① 指蒋介石。

您每天都在证明这一点。您的人民所表现的英雄气概,是一部宏伟史诗。我确实感到,不管发生什么,在人类奋斗的精神领域,您的胜利将永放光芒。

泰戈尔
1939年12月26日

泰戈尔1924年访问中国